*Felix Hecht*

# Bankwesen und Bankpolitik in den süddeutschen Staaten 1819 - 1875

Auxo

*Felix Hecht*

**Bankwesen und Bankpolitik in den süddeutschen Staaten 1819 - 1875**

*ISBN/EAN: 9783956223327*

*Auflage: 1*

*Erscheinungsjahr: 2014*

*Erscheinungsort: Worpswede, Deutschland*

Auxo

# BANKWESEN UND BANKPOLITIK

IN DEN

# SÜDDEUTSCHEN STAATEN.

1819—1875.

MIT STATISTISCHEN BEILAGEN.

VON

DR. FELIX HECHT.

JENA,
VERLAG VON GUSTAV FISCHER
VORMALS FRIEDRICH MAUKE.
1880.

Von demselben Verfasser sind erschienen:

**Die römischen Kalendarienbücher**, eine Abhandlung aus dem Gebiete des römischen Verkehrslebens. Heidelberg, Verlagshandlung v. J. C. B. Mohr, 1868.

**Ein Beitrag zur Geschichte der Inhaberpapiere in den Niederlanden.** Erlangen. Verlag von Ferdinand Enke, 1869.

**Die Creditinstitute auf Aktien und auf Gegenseitigkeit.** I. Band. Das Börsen- und Aktienwesen der Gegenwart und die Reform des Aktiengesellschafts-Rechts. Mannheim, Verlag von J. Schneider, 1873.

**Die Rheinische Hypothekenbank in Mannheim.** 3. Auflage. Mannheim. Verlag von J. Schneider, 1874.

**Das badische Steuersystem und die Gesetzentwürfe eine Kapitalrentensteuer und eine allgemeine Einkommensteuer** betreffend. Mannheim. Verlag v. J. Schneider, 1874.

**Die Mündel- und Stiftungsgelder in den Deutschen Staaten.** Verlag der J. G. Cotta'schen Buchhandlung, 1875.

# Inhalts-Verzeichniss.

Dritte Abtheilung.

## Das Grossherzogthum Hessen-Darmstadt.

# Einleitung.

Eine Geschichte des Bankwesens und der Bankpolitik in den deutschen Staaten wäre ein wichtiger und sehr wünschenswerther Beitrag zur Geschichte des deutschen Wirthschaftslebens und der deutschen Wirthschaftspolitik. Soll diese Arbeit den höchsten Anforderungen echt historischer Forschung entsprechen, so wird sie unter besonderer Berücksichtigung des jeweiligen Standes unseres deutschen Handels und unserer industriellen Entwicklung, sowie der diese Materien betreffenden Gesetzgebung geschrieben werden müssen. Dabei werden die Impulse und Anlehnungen nachzuweisen sein, welche durch die Organisation des Credits im Auslande jeweils veranlasst wurden.

Die allmälige Ausbildung des Personalcredits durch die Creditbanken unter Mitwirkung der Notenbanken, die Entwicklung des Realcredits durch die Pfandbriefinstitute müsste aus einem solchen Werke klar ersichtlich sein.

Eine Geschichte des Bankwesens und der Bankpolitik in diesem Sinne fehlt uns bis zum heutigen Tage. v. Poschingers überaus fleissige Untersuchungen, sind als eine äusserst schätzenswerthe und nothwendige Vorarbeit zu betrachten.

Indem v. Poschingers Untersuchungen — die Bankgeschichte im Königreich Bayern, im Königreich Sachsen, Bankwesen und Bankpolitik in Preussen — nicht nach Materien, sondern nach den einzelnen deutschen Staaten gegliedert wurden, ist der tiefere Einblick in die Geschichte des Personal- und Realcredits durch die Darlegung der Entstehungsgeschichte der einzelnen Personal- und Realcreditinstitute verschleiert worden, und wiederum ist die Entstehungsgeschichte der Institute im Vergleich zur Darlegung ihrer Organisation und Wirksamkeit, nachdem sie einmal entstanden waren, bisweilen zu sehr in den Vordergrund getreten. Auch war die Pietät gegenüber dem massenhaft vorliegenden Material vielleicht eine allzugrosse und sie hat einzelnen Abschnitten des bedeutenden Werkes den Character von Regesten gegeben. Nicht Alles, was einmal gelegentlich in die Erscheinung getreten ist, bleibt geschichtlich relevant. Nicht jeder beliebige Gründungsgedanke bedarf der Aufzeichnung, und dass die geschriebenen oder gedruckten Statuten eines projectirten Unternehmens sich zufällig in einem Archiv finden, rechtfertigt nicht die Nothwendigkeit der Erwähnung innerhalb einer Arbeit über die Geschichte des Bankwesens und der Bankpolitik.

Diese Erwägungen können den Werth der Untersuchungen des Herrn v. Poschinger nicht beeinträchtigen. Es ist vielmehr sogar der Zweck der nachfolgenden Arbeit, gemäss einer mit Herrn v. Poschinger schon vor geraumer Zeit getroffenen Verabredung, durch die Darstellung der Organisation des Credits in Württemberg, Baden und Hessen-Darmstadt eine Ergänzung der durch Herrn v. Poschinger gelieferten Vorarbeit für eine dogmatisch gegliederte Geschichte des deutschen Bankwesens und der deutschen Bankpolitik zu geben.

Vielleicht regen diese Vorarbeiten zur Lösung der erstbezeichneten grösseren wissenschaftlichen Aufgabe an.

Abgesehen von dieser wissenschaftlichen Anregung können aber die nunmehr vorliegenden Untersuchungen auch für weitere Kreise vielleicht von einigem Werthe sein.

Zunächst möge man erkennen, wie lange es währte und welche Kämpfe zu bestehen waren, bis eine grössere Anzahl gesunder Creditinstitute in den einzelnen deutschen Staaten zur dauernden Wirksamkeit gelangt ist, wie creditbedürftig und hilflos jene Zeit war, in welcher eine Organisation des Credits in den einzelnen Staaten noch nicht bestanden hat.

Unsere Tagesliteratur ist unablässig bemüht, die Schattenseiten unserer wirthschaftlichen Organisationen darzulegen. Aber von Zeit zu Zeit ist es doch nicht ohne Vortheil, auch der wirthschaftlichen Errungenschaften sich bewusst zu werden, welche im Laufe der Jahrzehnte uns geworden sind und durch einen unbefangenen Blick in die Vergangenheit uns in der Ueberzeugung zu bestärken, dass wir im Grossen und Ganzen auf der Bahn des Fortschritts uns bewegen.

Und ferner werden wir durch umfassende Untersuchungen über die Organisation des Credits auf die Lücken aufmerksam, welche allmälig noch auszufüllen sind, auf die Arbeit, welche durch den Ausbau der bestehenden oder hier und da auch durch die Herstellung neuer Creditorganisationen zu vollbringen ist. So wird man beispielsweise erkennen, wie sehr die Organisation des Corporationscredits noch der Pflege bedarf und dass bis jetzt eine besondere Credit-Organisation zu Gunsten industrieller Etablissements überhaupt nicht besteht. Noch seltsamer bleibt es, dass in Süddeutschland eine bankmässige Organisation des Depositenwesens kaum angestrebt und gar nicht durchgeführt worden ist.

Innerhalb der einzelnen Abtheilungen der vorliegenden Schrift war die chronologische Ordnung des Materials geboten. Nur für das Königreich Württemberg konnte eine Ausnahme gemacht werden, indem es zweckmässig erschien, die Realcreditinstitute im Zusammenhang zu besprechen und dann erst die s. g. Bankfrage in allen einzelnen Stadien zu beleuchten. Die Organisation des Realcredits hat sich in Württemberg frühzeitig und ohne lebhafte öffentliche Discussion vollzogen.

Dem Verfasser wurde gestattet, das Archiv des K. Ministeriums des Innern in Stuttgart einzusehen und dieser Güte verdankt er die werthvollsten Aufschlüsse über die Geschichte des Bankwesens und der Bankpolitik in Württemberg. Für Baden haben die Archive der Mannheimer und Karlsruher Handelskammer manche interessante Notizen geliefert. Für jedes in diesem Werke besprochene Institut wurden die Statuten mit allen seit der ersten Redaction entstandenen Aenderungen und Umarbeitungen, alle Geschäftsberichte und Bilanzen in eingehende Berücksichtigung gezogen. Die bezüglichen Materialien sind von den Vorständen der Institute in dankenswerther Bereitwilligkeit dem Verfasser zur Verfügung gestellt worden. Die tabellarischen Uebersichten über die Wirksamkeit der einzelnen Institute sind in einem besonderen Hefte enthalten. Die Tabellen über die Jahresresultate des Württembergischen Creditvereins in Stuttgart und der Allgemeinen Versorgungsanstalt in Karlsruhe wurden auf Grund der vom Verfasser gegebenen Materialien von befreundeter Seite bearbeitet.

Die tabellarischen Uebersichten schliessen mit dem Jahre 1875 und auch für den Text der Arbeit ist diese Grenze eingehalten worden. Durch diese Tabellen soll ein Beitrag zu dem grossen Unternehmen einer internationalen Bankstatistik geliefert werden, welches von Bodio, dem verdienstvollen Director des Statistischen Büreaus für das Königreich Italien, mit grosser Sorgfalt durchgeführt wird.

## Erste Abtheilung.

# Das Königreich Württemberg.

### §. 1. Der Württembergische Creditverein.

Der Württembergische Creditverein ist das älteste und ein seinen organischen Einrichtungen nach sehr eigenartiges Realcreditinstitut des Landes. Die ursprüngliche Organisation ist aus den unter dem 26. December 1826 publicirten Vereinsstatuten ersichtlich. Die Statuten hatten am 25. September 1825 die landesherrliche Genehmigung erhalten. Es war ein provisorischer Ausschuss gebildet worden, welchem folgende Mitglieder angehörten: der Fürst von Fürstenberg, Prinz Carl von Oettingen Wallerstein, der Staatsminister Graf von Reischach, Freiherr Gültlingen auf Berneck. Dieser Ausschuss hatte am 1. August 1826 zum Beitritt zum Verein aufgefordert und es waren Anmeldungen im Gesammtbetrag von nahezu zehn Millionen Gulden eingelaufen.

Als wesentliche Ergänzung der Statuten wurden im Jahre 1831 die Verwaltungsgrundsätze des Württembergischen Creditvereins und im Jahre 1834 ein Anhang zu den Verwaltungsgrundsätzen publicirt. Mannigfache einzelne Aenderungen der organischen Satzungen sind in den Berichten des Ausschusses an die allgemeinen Versammlungen des Vereins vorgeschlagen und von diesen genehmigt worden. Im Jahre 1845 erschienen die revidirten Verwaltungsgrundsätze des Creditvereins, welche bis heute für den Verein maassgebend geblieben sind. Einige im Jahre 1875 beschlossene Statutenänderungen haben im Laufe des Jahres 1877 die staatliche Genehmigung erhalten.

Der Creditverein ist eine Verbindung von Grundeigenthümern zu Kapitalaufnahmen auf gemeinschaftliche Rechnung, mit der Bestimmung, die aufgenommenen Kapitalien zu Anlehen an seine Mitglieder zu verwenden und mittelst der von diesen zu zahlenden Renten zu tilgen.

Organe des Vereins sind: 1. Die allgemeine ordentliche Versammlung der Vereinsmitglieder, welche alle drei Jahre stattfinden soll, während die Berufung einer ausserordentlichen Versammlung jederzeit statthaben kann. 2. Der von der allgemeinen Versammlung gewählte Ausschuss von fünf Mitgliedern. 3. Der aus der Mitte des Ausschusses, zugleich als Vorstand des Ausschusses gewählte Director. Neben dem Director steht ein von dem Ausschuss zu wählender, in Stuttgart domicilirter Rechtsconsulent. Von der ordentlichen Generalversammlung werden alle drei Jahre drei Personen gewählt, welche die Controlcommission bilden und umfassende Befugnisse besitzen. 4. Von Anfang an war ferner dafür gesorgt, dass die Vereinsgläubiger ein Mitwirkungsrecht bei allen Verfügungen haben sollten, „welche auf ihre Interessen einen wesentlichen Einfluss üben.“ Die Vereinsgläubiger können sich durch einen bis drei Bevollmächtigte vertreten lassen, welche von den bei den Anlehen am höchsten Betheiligten in deren eigenen und im Namen aller Vereinsgläubiger aufgestellt werden. 5. Zur Prüfung und Genehmigung der Schuldurkunden des Vereins und der jährlichen Bilanz sowie zur Verpflichtung des Dienstpersonals ist von der Staatsregierung ein Regierungscommissär bestellt. Als Wirkungsgebiet des Vereins war schon in den Statuten von 1826 Württemberg sammt denjenigen Staaten bezeichnet, mit welchen wegen Rechtshilfe ein Staatsvertrag bestehe. In den Verwaltungsgrundsätzen vom 15. November 1831, §. 28 ist die Beitrittsfähigkeit jedem Grundeigenthümer zuerkannt, sowie jeder Gemeinde und Corporation in Württemberg, Bayern, Baden, Hohenzollern-Hechingen und Hohenzollern-Sigmaringen und ausnahmsweise auch andern deutschen Staaten, „wenn die Gewissheit der Rechtshilfe durch ausdrückliche Zusicherung der zuständigen Gerichtsstelle beurkundet wird.“

Mitglieder des Vereins sind nur diejenigen aber auch alle diejenigen, welche von dem Verein ein Darlehn erhalten haben. Der Verein gibt nur hypothekarisch gesicherte Darlehen, die mittelst Entrichtung einer den Zinsenbetrag nicht bedeutend übersteigenden Rente allmälig zu tilgen sind. Die Darlehen werden nur auf solche Objecte gegeben, deren Ertrag den Betrag der Rente in reglementmässiger Weise deckt. Stat. 1826, §. 1, Anm., §. 2, Anm. Z. 1, V. Gr. 1845, §. 4, Abs. 2. Die Grundsätze der Darlehnsbewilligungen sind in Reglements niedergelegt, welche von Zeit zu Zeit eine entsprechende Revision erfahren haben. Das letzte Reglement datirt vom 10. September 1875.

Das Betriebskapital wird durch die Ausgabe von Vereinsobligationen beschafft. Die Vereinsobligationen werden auf Grund der von den Vereinsmitgliedern gegebenen Hypotheken durch den Vereinsausschuss ausgestellt. Stat. v. 1826 §. 12. V. Gr. v. 1845, §. 11.

Das erste Vereinsanlehen, welches zunächst in Höhe von 6 Millionen Gulden in Aussicht genommen war, wurde am 13. December 1826 zur öffentlichen Subscription ausgeschrieben. Den Statuten gemäss wurde ein Tilgungsplan sofort entworfen. Die Grundlage dieses Planes war eine Annuität oder Rente, vermittelst welcher unter Berücksichtigung der seitens der Vereinsschuldner zu leistenden Zahlungen nicht nur das Kapital in steigender Summe sammt Zinsen abgetragen, sondern auch ein Assecuranzfond geschaffen und die Anschaffung sowie die Verwaltungskosten bestritten werden sollten.

Für die Kapitalien sollten numerirte Vereinsobligationen im Betrag von 100, 500, 1000 fl. ausgegeben werden. Die Obligationen waren kündbar oder auf Verlangen auch verloosbar. Die kündbaren Obligationen sollten nach der Zeitordnung der Aufkündigungen aus dem für jedes Jahr planmässig regulirten Tilgungsfond bezahlt werden. Es konnte daher jeweils bei der Aufkündigung zum Voraus der Tag der Rückzahlung bestimmt werden. Wenn in einem Jahr die aufgekündigten Summen unter der planmässig zu tilgenden Summe zurückbleiben würde, so sollte nach dem Prospect das Fehlende durch das Loos ergänzt werden. Der Zinsfuss der Obligationen war $4\frac{1}{2}$ % oder 4 %, im letzteren Fall mit einem bei der Heimzahlung des Kapitals eintretenden Zuwachs von $1\frac{1}{4}$ % für jedes Jahr. Ein Kapital, welches zwölf Jahre lang stehen blieb, wurde also mit einem Zuschlag von 15 % abgelöst. Eine Verloosung der Obligationen sollte statt der Kündigung dann Platz greifen, wenn die Inhaber eines Obligationenbetrags von 100,000 fl. dies verlangen. Es wurde ferner in dem Prospect 1 % Provision demjenigen zugesichert, welcher die Gelder franco an die Casse einliefere, und wer als Commissionär Geldanschaffungen machen wolle, sollte noch ausserdem ½ % für seine Bemühungen in Rechnung bringen dürfen. Von den auf das eröffnete Anlehen eingehenden Geldern sollten die Vereinsmitglieder, welche sich zur Theilnahme an dem gemeinschaftlichen Anlehen gemeldet hatten, nach dem Verhältniss des stärkeren oder schwächeren Geldzuflusses und nach der Ordnung, in welcher die von ihnen auszustellenden Pfand- und Rentenverschreibungen einkommen würden, ihren Antheil erhalten. Der Schuldner sollte conform einer Bekanntmachung vom 1. August 1826 eine Rente von 5½ % von dem Tage des Geldempfanges an zahlen. Die Zahlung musste in halbjährigen Raten, jedesmal spätestens sechs Wochen vor der Verfallzeit kostenfrei an die Vereinscasse erfolgen. Der durch die jeweils erfolgende frühere Zahlung für den Verein entstehende Zinsengewinn sollte dem Reservefond zufliessen. Als längster Tilgungszeitraum waren für ein Darlehn bei Zahlung von 5½ % 54 Jahre in Aussicht genommen, doch wurde zugesichert, dass diese Tilgungszeit bei einer günstigeren Gestaltung des Geschäftsganges sich auf 50 Jahre oder darunter stellen könne.

Bis zum Februar 1830 waren seitens des Vereins bereits fl. 2,695,160 ausgeliehen. — Lt. Bekanntmachung vom 22. Februar 1830 (Schwäb. Merkur Jahrg. 1830, Nr. 48) wurde für diejenigen Mitglieder, welche seit dem 22. Februar in den Verein eintraten, der Betrag der ordentlichen, höchstens 52 Jahre dauernden Rente von 5½ % auf 5 fl. 4⅕ kr. herabgesetzt. Die ursprüngliche Zinsberechnung basirt auf der Ausgabe von 4½ %igen Vereinsobligationen, allein seit dem Jahre 1828 hatte man bereits 4 %ige Obligationen emittirt und es war sonach auch eine Herabsetzung des Zinsfusses für neue Darlehen möglich. Am 1. Oktober 1832 hatte der Verein im Ganzen fl. 3,589,378 ausgeliehen; diese Darlehen waren im Betrage von fl. 2,193,378 in Württemberg angelegt. Der Rest vertheilte sich auf Bayern (fl. 1,200,000), Baden (fl. 170,000), Hohenzollern-Hechingen (25000). Die Darlehen waren zu einem kleineren Theil an Gemeinden, zum grösseren Theil an private

Grundbesitzer gegeben. Von der per 1. Oktober ausgeliehenen Summe waren fl. 355,457. 19 wieder zurückbezahlt worden und der Nettobetrag der auf Renten ausgeliehenen Gelder belief sich auf fl. 3,233,920. 41. Die Summe der per 1. Okt. desselben Jahres emittirten Obligationen betrug fl. 3,287,100.

Aus dem Anhang zu den Verwaltungsgrundsätzen des Creditvereins vom 6. Februar 1834 und aus der diesen Verwaltungsgrundsätzen conformen Instruction für die Agenten ersehen wir, dass inzwischen der Zinsfuss für die Vereinsobligationen auf 3½ % heruntergesetzt worden war. In Folge hiervon wurde auch die Herabsetzung des Zinsfusses für Vereinsdarlehen beschlossen.

Nachdem neben den 4½ %igen Obligationen auch 4%ige und 3½ %ige emittirt wurden, entstand die Rechtsfrage, ob neu aufgenommene oder neu aufzunehmende Gelder zur Ablösung höher verzinslicher Vereinsobligationen verwendet werden dürften? Die Frage wurde so lebhaft ventilirt, dass man in der ausserordentlichen Generalversammlung des Vereins vom 18. August 1834 beschloss, die Frage dem K. Obertribunal zur Entscheidung in erster und letzter Instanz vorzulegen und zur compromissarischen Entscheidung auch noch die Frage zu unterstellen: ob den zur Ablösung älterer Obligationen aufzunehmenden neuen Anlehen dieselbe hypothekarische Sicherheit zukomme, welche den mit diesen neuen Anlehen abzulösenden Obligationen bestellt worden sei? — Wir unterlassen es, auf diese Fragen näher einzugehen und verweisen, was die Geschäftsthätigkeit des Vereins seit dem Jahre 1838 betrifft, auf die Tabellen des Beilagehefts S. 1—8.

Nach den Statuten vom Jahre 1826 haften für die Vereinsobligationen in erster Reihe die Hypotheken, ferner aber auch der Asseccuranz- oder Reservefond, der nach und nach auf 5% des Gesammtanlehens gebracht werden sollte, endlich haften sämmtliche an dem gemeinschaftlichen Kapital betheiligten Vereinsmitglieder in wechselseitiger Bürgschaft dahin, dass sie die Rentenzahlung, wenn durch ausserordentliche Ereignisse der Assecuranzfond erschöpft sein sollte, so lange fortsetzen, „bis alle für das gemeinschaftliche Kapital, woran die Vereinsmitglieder Theil genommen haben, ausgestellte Obligationen eingelöst sind.“ Nach den Statuten sollte sonach eine Solidarhaft mit der Wirkung, dass jedes Vereinsmitglied für das ganze gemeinschaftliche Kapital hätte haften müssen, nicht stattfinden. Die Bürgschaft erstreckte sich auch nicht auf die einmalige Zahlung des Obligationenkapitals, sondern nur auf die allmälige, den Emissionsbedingungen entsprechende Tilgung der Obligationen. Für eine bestimmte Serie von Vereinsobligationen haftete diejenige Serie von Hypotheken, welche aus den durch diese Vereinsobligationen beschafften Mitteln gewährt worden war. Für die planmässige Amortisation dieser Obligationenserie hafteten aber nicht nur die Hypotheken d. h. die in denselben verpfändeten Objecte und deren Erträgnisse, sondern auch die Hypothekenschuldner d. h. die Eigenthümer der verpfändeten Objecte. Indessen ersehen wir schon aus den Verwaltungsgrundsätzen von 1831, dass eine wichtige Modification der ursprünglichen organischen Grundbestimmungen bald eingetreten ist. Die wechselseitige Bürgschaftsverbindlichkeit der Vereinsmitglieder hatte Viele von dem Eintritt in den Verein zurückgehalten. In Erkenntniss dieser Thatsache hatte man daher zunächst den Vereinsmitgliedern freigestellt behufs Lossagung von der Bürgschaft zwei weitere Jahresrenten, als der Tilgungsplan sonst erfordert hätte, einzusetzen. Bald wurde dies die Regel. Der auf diese Weise gewonnene Rentenbetrag wurde als Surrogat der wechselseitigen Bürgschaft zu den jährlichen Beiträgen für den Reservefond geschlagen. V. Gr. §. 12.

Abgesehen von dieser Dotirung des Reservefonds erhielt derselbe noch folgende Zuwendungen:

1. Von je hundert Gulden aufgenommenen Kapitals wurden nur 96 Gulden an die Mitglieder des Vereins ausgeliehen. Die von den Mitgliedern zu entrichtenden Beiträge waren aber für die Tilgung eines Kapitals von 100 Gulden berechnet. „Die Rente aus einer ausgeliehenen Summe von 100 Gulden war zur Tilgung eines aufgenommenen Kapitals von 104$\frac{1}{6}$ Gulden in Anrechnung gebracht.“ V. Gr. §§. 9, 10.
2. Dem Reservefond sollte ein Theil der jährlichen Rente zufliessen, „welche über die zur Kapital- und Zinszahlung jährlich erforderliche Summe noch einen Ueberschuss gewährt.“ V. Gr. §. 8 Z. 2, §. 11.

3. Die Rente war in halbjährlichen Raten zu entrichten. Die Zahlung der ersten Rate in jedem Rentenjahre sollte zum Voraus, also am Beginn, nicht am Schluss des ersten Halbjahres geschehen, während bei den Darlehenstilgungsplänen nur ganze Jahresfristen in Berücksichtigung gezogen wurden. Der Verein hatte sonach für sechs Monate den Zinsengenuss aus der Hälfte der Jahresrente und diese Zinsen sollten dem Reservefond zufliessen. V. Gr. §§. 40, 13, 8 Z. 4.

Zum Verständniss der Geschichte und der Entwicklung des Vereins sind in Bezug auf den Reservefond noch folgende Momente zu beachten:

Der Reservefond kommt, insoweit er nicht zur Deckung der bei einzelnen Mitgliedern sich etwa ergebenden Ausfälle erforderlich ist, den Vereinsmitgliedern d. h. den Rentenschuldnern zu gut. Die Zuflüsse zu dem Reservefond werden, sobald das Anlehen geschlossen ist, zur ausserordentlichen Kapitalheimzahlung verwendet, und es wird dadurch die planmässige Dauer der Rentenzahlung zum Besten sämmtlicher Vereinsschuldner abgekürzt. V. Gr. §. 14. Denjenigen Vereinsmitgliedern, deren vertragsmässige Verbindlichkeiten erfüllt sind, ehe es möglich ist, über die endliche Verwendung des Reservefonds eine Bestimmung zu treffen, sollten nach §. 16 der V. Gr. auf den Inhaber lautende Urkunden darüber ausgestellt werden, dass sie bei der endlichen Abrechnung über den Reservefond an denselben nach Verhältniss ihrer Rentenschuld Anspruch haben. Diese Bestimmung verwies die Vereinsmitglieder mit einer unbestimmten Summe auf eine fernliegende Zeit. Dem entgegen wurde in der ausserordentlichen Generalversammlung vom 2. November 1837 solchen Schuldnern das Recht eingeräumt, unter Verzichtleistung auf alle weiteren Ansprüche, die Abfertigung von dem nach der letztgestellten und abgehörten Rechnung vorhandenen Reservefond zu verlangen. Nur solle in diesem Falle die Abfertigung nicht in baarem Geld, sondern mittelst Promessen in Form von verzinslichen Obligationen geschehen, welche den eigentlichen Vereinsobligationen nachgehen und erst nach Ablauf der ordentlichen Rentendauer von 50 Jahren aus den Mitteln des Reservefonds eingelöst, bis dahin aber von den

Inhabern nicht aufgekündigt werden können. Der Zins aus diesen Obligationen sollte jährlich bezahlt werden und der Zinsfuss derselbe sein, wie bei den Vereinspassivobligationen. S. öffentl. Bekanntm. des Vereins vom 30. Dec. 1837. (Schwäb. Merkur v. 13. Jan. 1838.) Abändernd wurde in der allgemeinen Versammlung vom 30. Dec. 1838 (s. öffentl. Bekanntm. vom 24. Jan. 1839) in Rücksicht auf die obigen Ansprüche an den Reservefond beschlossen: es sollen den Ausgetretenen für ihre Reservefondantheile eine oder mehrere Promessen eingehändigt werden, welche nur $^1/_2$ % niedriger als die geringst zinsenden Vereinspassivobligationen verzinslich seien und sich nach den damaligen Verhältnissen auf 3 % stellten. Der Zins solle jedoch nicht jährlich gezahlt, sondern mit Zinseszinsen zum Kapital geschlagen werden, das vor Ablauf der ordentlichen Rentendauer von 50 Jahren nicht aufkündbar sei. Die Urkunden sollten auf den Inhaber lauten. Auch dieser Beschluss erwies sich als unpractisch. In dem Berichte an die allgemeine Versammlung vom 9. Januar 1842 legte der Ausschuss dar, wie einerseits durch eine solche Promessenausgabe die Verwaltungs- und Rechnungsgeschäfte der Anstalt und somit auch deren Verwaltungskosten ausserordentlich vermehrt würden, auch eine so gar entfernt liegende Aussicht auf baare Abfindung wohlerworbener Ansprüche den Beitritt zum Verein weniger zu empfehlen geeignet sei und wie anderseits eine stete Anhäufung des Reservefonds, nachdem derselbe gemäss der Rechnung von 1841 sich auf fl. 229,993. 47 belaufe, durch das Vereinsinteresse nicht verlangt werde. Auf Grund dieser Darstellung beantragte der Ausschuss, die Sistirung des Beschlusses vom 30. December 1838. Die Versammlung ertheilte unter Annahme dieses Antrags dem Ausschuss den Auftrag, einer ausserordentlichen allgemeinen Versammlung Vorschläge zu machen, auf welche Weise die aus dem Verein ausgetretenen Mitglieder wegen ihrer Ansprüche an den Reservefond gänzlich abzufinden wären? In einer ausführlichen Darlegung des Sachverhalts kam der Ausschuss am 28. Juli 1842 zu folgenden Anträgen an die allgemeine Versammlung:

1. Die Ansprüche ausgetretener Mitglieder an den Reservefond werden als wirkliche Schuld der Vereinskasse anerkannt.

2. Der Betrag des Antheils jedes einzelnen Mitgliedes an den Reservefond zur Zeit seines Austritts aus dem Verein wird in 50 gleiche Theile, nämlich in so viele zerschlagen, als die ordentliche Rentendauer begreift, und
3. so viele Antheile, als der Ausgetretene Jahre in dem Verein wirklich gewesen war, und zu den Verwaltungskosten und Ausfällen seine Beiträge geleistet hatte, werden baar ausgezahlt.
4. Für die weiteren Jahrestheile werden dem Betheiligten unverzinsliche auf den Namen lautende Promessen für jedes Jahr ausgestellt und solche an dem jeweiligen Verfalltermin von der Vereinskasse eingelöst. Für die vom 1. Jan. 1843 an aus dem Verein tretenden Mitglieder sollten diese Bestimmungen definitiv gelten, den früher ausgetretenen aber es freistehen, ihre Befriedigung nach dem Beschluss der allgemeinen Versammlung vom 30. Dec. 1838 zu verlangen. — Diese Bestimmungen sind in die §§. 9, 10 der Verwaltungsgrundsätze vom Jahre 1845 mit einigen weitern Ergänzungen übergegangen.

Die Verwaltungsgrundsätze enthalten ferner eingehende Bestimmungen für den Fall, dass die vertragsmässigen Beziehungen zu dem Verein seitens eines Mitgliedes ganz oder theilweise früher als dies ursprünglich vorgesehen war gelöst werden sollen oder müssen. In diesem Fall soll die Rentenschuld abgekauft werden, indem das Vereinsmitglied den vollen Werth der abzukaufenden Rente zahlt. V. Gr. §. 43 fgde. Der Werth, welchen eine Rente zur Zeit des Abkaufs hat, wird in der Weise berechnet, dass man das Kapital ermittelt, welches mit Zinseszins nach Ablauf der bedungenen Rentendauer die nämliche Summe abwirft, welche die sämmtlichen rückständigen Renten nebst Zinseszinsen in gleicher Zeit abgeworfen hätten. Die Festsetzung dieser Abkaufssumme hatte manchen Grundbesitzer vom Eintritt in den Verein abgeschreckt. In Rücksicht auf diese Thatsache gestattete man jedem austretenden Mitglied ein neues Mitglied zu suchen, „welches gegen Einlegung einer gleichen oder einer höheren Hypothek die Bezahlung der Rente für das austretende Mitglied übernimmt.“ Der Ausschuss behielt sich indessen die Prüfung der solchermaassen angebotenen neuen Hypotheke vor. Instruction für die Agenten v. 6. Febr. 1834, S. 10, 11.

Eine andere schliesslich hier noch zu erwähnende Modification der ursprünglichen Grundlagen ist folgende: Nach den älteren organischen Bestimmungen sollten die bis zum Betrag der projectirten Vereinsschuld von sechs Millionen Gulden gewährten Darlehen insgesammt im Laufe von 52 Jahren getilgt sein. Demgemäss musste für alle Darlehen ein gemeinsamer äusserster Termin festgesetzt sein, bis zu welchem die Darlehen zu tilgen waren. Als dieser äusserste Termin wurde nachträglich durch Beschluss der Generalversammlung des Vereins vom 7. Dec. 1832 das Jahr 1884 bezeichnet. Damit bis zu diesem Termin ein Darlehn getilgt sei, wurde beschlossen, dass die Darlehen, welche im Jahre 1833 contrahirt wurden, in 51 Jahren rückzahlbar sein sollten. Zu dem Zweck war eine verhältnissmässige Erhöhung der jährlichen Tilgungsquoten nöthig, und je nach Ablauf eines weiteren Jahres sollte die Höhe der Tilgungsquote so festgestellt werden, dass jedes Darlehen äussersten Falles im Jahre 1884 getilgt sei. Diese Beschränkung ist nicht beibehalten worden. Die V. Gr. v. 1845, §. 22 setzen die Dauer der ordentlichen Rente auf 50 Jahre fest, jedoch mit der Erklärung, dass die Tilgung nach Wahl der Schuldner auch in kürzerer Zeit, bis auf zehn Jahre abwärts, erfolgen kann.

### §. 2. Die Allgemeine Rentenanstalt.

Die Allgemeine Rentenanstalt in Stuttgart wurde im Jahre 1833 gegründet. Ihre Einrichtungen litten an grossen Gebrechen, unter welchen der Umstand, dass sie mit Ausschluss der Gegenseitigkeit unter den versicherten Mitgliedern vorzugsweise auf den Gewinn der Unternehmer und Directoren berechnet war, als einer der empfindlichsten betrachtet werden musste. Die hieraus entspringenden Streitigkeiten zwischen Unternehmern und Mitgliedern führten zu dem Plan, die Anstalt, unter Beseitigung der ersteren und Einführung vollkommener Gegenseitigkeit, einer den Anforderungen der Wissenschaft und der Erfahrung entsprechenden, durchgreifenden Reform zu unterwerfen. Es gelang mit den früheren Unternehmern und Directoren am 15.—29. December 1853 und

4. Januar 1855 Abfindungsverträge abzuschliessen, welche in den Generalversammlungen vom 2. Februar 1854 und 24. Februar 1855 genehmigt wurden. — S. Vorwort zu den Statuten der Allg. R. A. Ausgabe v. Jahre 1857 [1]).

Die Generalversammlung vom 24. Februar 1855 genehmigte die provisorischen Statuten, beschloss deren Einführung und wählte einen Ausschuss, welcher sich am 27. Februar constituirte und einen Director sowie einen Rechtsrath wählte. Am 12. März erfolgte die Einsetzung des neuen Verwaltungsrathes und die Uebernahme der Geschäfte seitens des letzteren. In der Generalversammlung vom 27. December wurden die sorgfältig ausgearbeiteten Statuten der Anstalt genehmigt und als Termin der vorläufigen Einführung, unter Vorbehalt der Staatsgenehmigung, der 1. Januar 1856 festgesetzt. Die Statutengenehmigung erfolgte am 29. Oktober 1856. Gleichzeitig erhielt die Anstalt das Recht der juristischen Persönlichkeit.

Nach den neuen Statuten wurden als zum Bereich der Anstalt gehörig alle diejenigen Geschäfte bezeichnet, wodurch gegen Einzahlung an die Anstalt für die Einlagen das Recht auf einen periodisch wiederkehrenden oder einmaligen Bezug gewisser Summen erworben wird, unter der Voraussetzung, dass dieselben den betreffenden Zeitpunkt erleben.

Durch diese Präcisirung ihres Geschäftskreises war eine Grenze gegenüber den Lebensversicherungsanstalten gezogen. Während letztere auf den Tod des Einlegers ihre Leistungen zusagen, ist bei den Rentenanstalten das Leben des Einlegers die Bedingung des Bezugs. Die Lebensversicherungsanstalten gewinnen, wenn ihre Mitglieder länger leben als die durchschnittliche Sterblichkeit erwarten lässt. Die Rentenanstalten sind dagegen dann im Vortheil, wenn dieselben früher sterben, weil dann ihre Renten nur kürzere Zeit zu entrichten sind. Eine vorherige ärztliche Untersuchung ist daher bei dem Eintritt in eine Rentenanstalt nicht nöthig.

Die leitenden Grundsätze der durchgreifenden Reform waren folgende:

1. Vollkommene Gegenseitigkeit unter den Mitgliedern,
2. Verwaltung der Anstalt durch von der Generalversamm-

---

1) S. auch Jahresber. der Stuttg. H. K. für 1858, S. 34 fgde.

lung der Anstalt mittelbar oder unmittelbar gewählte Organe,

3. Feste Bestimmungen der Leistungen, welche die Anstalt den Mitgliedern nach dem Betrag ihrer Einlagen, dem angenommenen Zinsfuss und der wahrscheinlichen Sterblichkeit gewähren kann und zusichert,
4. Vorsicht bei Vorausberechnung dieser Leistungen, so dass mit Wahrscheinlichkeit auf Ueberschüsse zu hoffen war, welche nach erfolgter Ergänzung des Reservefonds den Mitgliedern neben den fest zugesicherten Leistungen als Dividende zu gut kommen sollten.

Am 24. Februar 1857 fanden einige Ergänzungen und Statutenänderungen von untergeordneter Bedeutung die Genehmigung der Generalversammlung.

Auf diesen Grundlagen sind die einzelnen Versicherungsformen für die Anstalt ausgebildet worden. Hierauf näher einzugehen, liegt ausserhalb unserer Aufgabe [1]). Auch in den tabellarischen Uebersichten ist das Versicherungsgeschäft der Rentenanstalt nicht zu berücksichtigen. Die Tabellen erstrecken sich nur auf zwei Zweige der Wirksamkeit dieser Anstalt. Die Ausdehnung des einen Geschäftszweigs ist aus den Activen der Bilanzen, die Ausdehnung des anderen aus den Passiven ersichtlich. Aus den Activen ersehen wir, welche Ausleihformen die Anstalt für den bei weitem grössten Theil ihrer Fonds wählte. Aus den Passiven entnehmen wir die Wirksamkeit der Anstalt als Spar- und Depositenkasse, sowie die Ausdehnung der Betheiligungsform durch Kapitaleinlagen mit festem Zins und einer hinzutretenden Dividende, nicht minder die Bedeutung der Rentenanstalt als Pfandbriefinstitut.

Schon in den ersten Monaten des Jahres 1856 wurden die näheren Vorschriften in Betreff der Spar- und Depositencasse festgestellt, insbesondere wurde ein Reglement für die Depositen von Werthgegenständen ausgearbeitet. Bei der Sparkasse wurde als Regel ein Zinsfuss von $3\frac{1}{2}$ % angenommen und im Laufe des Jahres festgesetzt, dass die Zinsberechnung stets 15 Tage nach gemachter Einlage beginnen, sodann je mit dem 1. December eines jeden Jahres der Zins zu dem Ka-

1) Wir haben daher auch nicht zu erörtern, in welcher Weise die Lebens- und Ueberlebungserscheinungen allmälig Eingang fanden.

pital geschlagen und aus den kapitalisirten Zinsen der Zins wiederum gutgeschrieben werden solle. Einlagen waren von 5 Gulden an gestattet. Die Rückzahlung sollte auf Verlangen sogleich erfolgen, wenn die Kasse disponible Zahlungsmittel habe, für den anderen Fall wurden je nach dem Betrag der Einlagen kürzere Aufkündigungstermine vorbehalten, deren längster aber bei einem Betrag von über 5000 fl. die Dauer von drei Monaten nicht überstieg. Indessen wurden thatsächlich die gekündigten Einlagen jeweils sofort ausgezahlt. Um die Kasse nicht für alle Zukunft zu binden, wurde auch ihr das Recht der Heimzahlung nach vorausgegangener dreimonatlicher Aufkündigung ausbedungen.

Schon im ersten Jahre wurden Einzahlungen in die Sparkasse von 5 fl. an bis zu 27000 fl. gemacht. Die Einrichtung wurde zu den verschiedensten Zwecken benutzt, vor Allem um kleinere Ersparnisse dauernd auf Zinseszinsen anzulegen, sodann um heimbezahlte Kapitalien oder sonstige grössere Summen vorübergehend und solange gegen eine mässige Verzinsung unterzubringen, bis der Einleger eine angemessene Gelegenheit zu deren bleibenden Wiedereinlegung gefunden hatte. Viele benutzten die Einrichtung zur Ersetzung eines grösseren Hauskassenbestandes, indem sie ihre laufenden Einnahmen in die Kasse niederlegten und ihre Ausgaben auf die Kasse anwiesen.

Die Direction bemühte sich, die Einrichtung der Kasse dem Bedürfniss mehr und mehr anzupassen. Waren schon die einfachen, für die Einlagen ausgestellten Schuldscheine zum Nachtrag späterer Einzahlungen eingerichtet, so führte man daneben förmliche Einlagebücher mit zweckmässiger Einrichtung ein. Man beschloss ferner, denjenigen, welche sich im Voraus dahin erklärten, ihre Einlagen wenigstens drei Jahre hindurch bei der Anstalt stehen und deren Zinsen und Zinseszinsen aufwachsen lassen zu wollen, im Fall der Einhaltung dieser Erklärung einen Zins von 4 % zu gewähren.

Die Anstalt führte auch im Interesse derjenigen, welche dieselbe für ihre laufenden Einnahmen und Ausgaben zu benutzen wünschten, nach englischem Muster in Hefte gebundene Anweisungsformulare ein, welche den Einlegern zugestellt, von diesen aber nach Bedarf ausgefüllt und auf die Anstalt abgegeben werden konnten. Die Sparkasse theilt sich sonach in drei Abtheilungen, nämlich

a. in Einlagen à $3\frac{1}{2}$ % verzinslich, welche mit kurzer Kündigungsfrist oder sogleich, wenn die Kasse gerade Zahlungsmittel hatte, zurückgezogen werden konnten,

b. in Einlagen à 4 %, bei deren Uebergabe der Einleger erklärte, sie wenigstens drei Jahre stehen lassen zu wollen,

c. in Einlagen auf laufende Rechnung, über welche der Einleger gegen Ausfüllung des ihm von der Anstalt übergebenen Anweisungsformulars verfügen konnte.

Die Form der laufenden Rechnung unter Benutzung von Anweisungsformularen fand auch bei Eröffnung eines Credits gegen Hinterlegung von Werthpapieren als Faustpfand ihre Anwendung.

Im Jahre 1858 ertheilte das Cultusministerium den unter ihm stehenden öffentlichen Verwaltungen die Ermächtigung zur Anlegung ihrer Gelder bei der Sparkasse der Anstalt.

In Rücksicht auf die Hinterlegung von Werthgegenständen wurde ein Reglement unter dem Titel „Vorschriften für das Depositengeschäft der Allgemeinen Rentenanstalt zu Stuttgart" in weiteren Kreisen verbreitet.

Der stets wachsende Betrag der Sparkasseneinlagen machte die Einführung einer neuen Betheiligungsform nothwendig. Es wurde daher bereits in dem Geschäftsbericht für das Jahr 1858 auf die Möglichkeit von Einlagen hingewiesen, bei welcher die Einleger auf die Garantie des Versicherungskapitals verzichten und zu den Mitgliedern der Anstalt durchaus in dem Verhältniss der Gegenseitigkeit stehen, insbesondere also an den Dividenden sowie vorkommenden Falles an etwaigen Ausfällen Theil nehmen würden. Es wurde bei dieser Art von Einlagen neben längeren Kündigungsfristen der weitere Vorbehalt zu Gunsten der Anstalt ins Auge gefasst, dass dieselbe im Laufe eines Jahres nur zur Zurückzahlung einer gewissen Quote des Gesammtbetrages der Einlagen dieser Kategorie verpflichtet sein soll. Durch Beschluss der Generalversammlung vom 12. November 1860 wurden solche Kapitaleinlagen für zulässig erklärt. Man hoffte, dass die Aussicht auf bessere Verzinsung und auf Dividende einen grösseren Theil der bisher der Sparkasse zugeflossenen Gelder in diese neue Betheiligungsform hinüberleiten werde und damit eröffnete sich die Möglichkeit, von einer Beschränkung der Sparkasseneinlagen Umgang zu nehmen. Man ging also für die Einführung der neuen Betheiligungsform von dem Grundgedanken aus, dass die Einleger Mitglieder der Anstalt werden und gleiche Rechte mit den übrigen Mitgliedern geniessen. Wie bei den letzteren das Deckungskapital, so sollte für die Kapitaleinleger der Betrag ihrer Einlagen das Verhältniss ihrer Betheiligung und den Maassstab ihrer Theilnahme an der Dividende bezeichnen. Der Bericht für das Jahr 1859 führt aus, dass auch die übrigen Mitglieder nach einer Seite hin nichts anderes sind als Kapitaleinleger, welche ihr zusammengelegtes Vermögen gemeinschaftlich verwalten und sich aus dessen Ertrag nach dem Verhältniss ihrer Einlagen Zinsen und Dividenden ausbezahlen. „Wenn bei ihnen der weitere Gesichtspunkt einer auf das Leben oder auf den Tod eingegangenen Confraternität hinzutritt, wonach je nach der Art der Versicherung der Ueberlebende oder der früher Sterbende gewisse durch die Sterblichkeitstafel und die darauf gebauten Tarife bestimmte Vermögenstheile der übrigen Mitglieder seiner Kategorie für sich oder für seine Hinterbliebenen gewinnt, so steht doch nicht das mindeste Hinderniss im Weg, die Versicherten in ihrer Eigenschaft als Kapitaleinleger mit Solchen gleich zu behandeln, welche durch ihren Beitritt zur Anstalt nichts weiteres als den gesicherten und nutzbringenden Umtrieb ihres Kapitals bezwecken.“ Aus diesen Erwägungen ergab sich weiter, dass die Mitglieder der letzteren Kategorie von dem Einfluss der Sterblichkeit auf die Bezüge der Versicherten in keiner Weise berührt werden durften, dass insbesondere etwaige Ueberschüsse, welche die wirkliche, gegenüber der vorangenommenen Sterblichkeit gewährt, nur den Versicherten der betreffenden Kategorie selbst zu gut kommen konnten. Es waren die hierdurch gebotenen Veränderungen in dem Vermögensstand der Versicherten auf besonderen Contis (Mortalitätsconto, Sicherheitsfond) zu verrechnen, deren Ueberschuss oder Mangel auf den Bestand des Vermögens und auf die Bezüge der blossen Kapitaleinleger ohne Einfluss sein mussten. Dagegen sollte der sonstige Ertrag der Verwaltung, sowie der Verwaltungsaufwand allen Mitgliedern der Anstalt gemeinschaftlich sein. Ebenso sollten Alle an dem allgemeinen Reservefond und den hieraus sich ergebenden Dividenden gleichmässigen Antheil haben. Durch diese gleiche Stellung sämmtlicher Mitglieder war der Zinsfuss für die vorgeschlagenen Kapitaleinlagen mit 4 % gegeben, da zu diesem Zinsfuss auch die Deckungskapitalien der Versicherungen verzinslich waren. Die Dividende wurde nach den gemachten Erfahrungen auf $\frac{1}{4}$ % in Aussicht gestellt.

Die für die Einlagen auszustellenden Scheine sollten auf den Namen lauten und mit Zinscoupons versehen sein. Zur Einführung von Einlagen dieser Kategorie mit aufwachsendem Zins schien kein Bedürfniss vorzuliegen, da denjenigen Personen, welche ihre Zinsen nicht beziehen wollten, durch die Sparkasse die Möglichkeit eröffnet war, die jährlich verfallenden Coupons sofort wieder verzinslich anzulegen.

Den Einlegern wurde ein Recht zur Kündigung nur je unter Einhaltung einer sechsmonatlichen Aufkündigungsfrist gestattet. Es wurde ferner, in weiterer Einschränkung der Kündbarkeit solcher Einlagen, bestimmt, dass die Anstalt das Recht haben solle, den Gesammtbetrag der in einem Jahr zu leistenden Rückzahlungen auf 5 % des Gesammtbetrags der Einlagen dieser Kategorie festzusetzen.

Im Zusammenhang mit diesen Bestimmungen stand die Trennung des bisherigen Reservefonds in einen allgemeinen Reservefond und in die beiden Sicherheitsfonds (worauf hier nicht näher einzugehen ist).

Die Ueberschüsse der beiden Sicherheits- und des allgemeinen Reservefonds sind die Dividende. Behufs Ermittlung des zur Dividendenzahlung disponiblen Betrages und in Rücksicht auf den Vertheilungsmaassstab wurden zweckmässige statutarische Aenderungen in Vorschlag gebracht und genehmigt.

Da diejenigen, welche der neuen Betheiligungsform sich bedienten, Mitglieder der Anstalt werden sollten, mussten sie auch das Recht der Theilnahme an der Generalversammlung erhalten. Dieses Recht wurde indessen nur denjenigen zugestanden, welche seit mindestens drei Jahren mit einer Einlage von mindestens 500 Fl. als Mitglieder eingetragen waren.

Durch die neue Betheiligungsform hatte die Rentenanstalt

drei Hauptklassen von Mitgliedern: mittelst Kapitaleinlagen, mittelst Kapital- und Rentenversicherungen, mittelst Lebens- und Ueberlebensversicherungen.

Die Genehmigung der am 12. November 1860 beschlossenen, ihrem Inhalt nach oben dargelegten Statutenänderungen erfolgte seitens der Staatsregierung am 30. November 1860.

Die Direction war sonach für das Jahr 1860 auf die früheren Einlegeformen angewiesen, und sie musste, um dem raschen Steigen des Gesammtbetrags der Sparkassengelder Einhalt zu thun, neben anderen beschränkenden Bestimmungen insbesondere festsetzen, dass der Zinsfuss für kurze Einlagen nur 3 % betrage.

Am 14. Februar 1860 schloss das Ministerium des Innern wegen Anlegung der Abfindungskapitalien für Baulasten von Kirchen-, Pfarr-, Schul- und Messnergebäuden mit der Anstalt einen Vertrag ab und ermächtigte die Verwaltungen der Kirchen- und Schulgemeinden, sowie der Stiftungen zur Benutzung der Sparkasse für die genannten Gelder. Diese Abfindungskapitalien hatten die Bestimmung, für die Hauptreparaturen und Neubauten derjenigen Gebäude, zu deren Gunsten die Baulast bestand, den erforderlichen Fond anzusammeln, was selbstverständlich nur im Weg des Anwachsens von Zins- und Zinseszinsen möglich ist. Wie nun einerseits für die Verwaltung dieser Gelder die Benutzung einer Kasse, welche den Zins auf den Verfalltag zum Kapital schlägt, und sofort gleichfalls in Verzinsung nimmt, förderlich war, so waren für die Kasse Einlagen der gedachten Art desswegen erwünscht, weil sie ihrer Natur nach stabil waren und voraussichtlich eine lange Reihe von Jahren bei der Kasse angelegt blieben. Uebrigens wurden für willkürliche Aufkündigungen geräumige Kündigungstermine zugesichert.

Nachdem am 30. November 1861, wie oben erwähnt, die Staatsgenehmigung der Statutenänderungen erfolgt war, befasste sich die Direction mit einer neuen Redaction der Statuten, um dieselben zu einem einheitlichen Ganzen zu verbinden, zugleich arbeitete sie in Folge der Einführung der Kapitaleinlagen für die eigentlichen Sparkasseneinlagen und die Einlagen auf laufende Rechnung neue Vorschriften aus, über welche einer Generalversammlung für das Jahr 1861 Bericht erstattet wurde. Hiernach wurde der Zinstermin für die Sparkasseneinlagen, welcher bisher der 31. December war, auf den 30. Juni verlegt. Die Einlagen bleiben auch nach den neuen Vorschriften doppelter Art: solche, welche auf mindestens drei Jahre gebracht werden und desswegen einen höheren Zins geniessen, sodann die gewöhnlichen Einlagen, welche unter Einhaltung kürzerer Kündigungstermine jederzeit zurückgezogen werden können. Werden die ersteren vor Ablauf von drei Jahren zurückgezogen, so werden sie nur mit der Hälfte des jeweiligen Zinsfusses verzinst und unter allen Umständen sind dieselben an eine sechsmonatliche Kündigungsfrist gebunden. Die gewöhnlichen Sparkasseneinlagen können wie bisher entweder gegen Ausstellung eines förmlichen Sparkassescheines oder auf laufende Rechnung gegen Cassaquittung gemacht werden. Der Zinsfuss ist in beiden Fällen derselbe, nur darf für die Eröffnung eines Contocorrents eine entsprechende Gebühr in Rechnung gebracht werden. Die Erhebung der auf laufende Rechnung eingelegten Gelder mittelst Cassenanweisung wird beibehalten. In den früheren Sparkassevorschriften war die Möglichkeit der Ausstellung von Sparkassescheinen auf den Inhaber mit zum Voraus bestimmten Verfallterminen vorgesehen. Diese Vorschrift ist nun beseitigt, da ein Bedürfniss dieser Form nach den gemachten Erfahrungen nicht vorlag. Der Zinsfuss für gewöhnliche Sparkasseeinlagen wurde im Jahre 1861 in Folge des allgemeinen Sinkens des Zinsfusses von 3½ % auf 3 % herabgesetzt. Die bis dahin gemachten Einlagen wurden jedoch im Genuss des bisherigen Zinsfusses belassen. Der Zinsfuss für Einlagen auf längere Zeit wurde mit 4 % beibehalten.

Die beschränkenden Bestimmungen für die Sparkasseeinlagen und die Einführung der Kapitaleinlagen hatten den Erfolg, dass dem raschen Steigen der Sparkasseeinlagen Einhalt gethan wurde. Bis zum 31. December 1861 waren bereits Fl. 180,600 in Form der neuen Betheiligung angelegt. Die Dividende für diese Einlagen wurde erstmals auf den 31. December 1862 den am Schluss dieses Jahres vorhandenen Mitgliedern gutgeschrieben und kam am 30. Juni 1863 erstmals zur Auszahlung, „wie überhaupt diejenigen, welche im Laufe eines Jahres Kapitaleinlagen machen, erstmals am 30. Juni des übernächsten Jahres Dividenden zu beziehen haben". Auf den neuen Grundlagen entwickelte sich die neue Betheiligungsform in dem Masse, wie dies aus der Tabelle zu entnehmen ist.

Die Placirung der auf Grund von Kapitaleinlagen ausgefertigten Obligationen war mit Schwierigkeiten verbunden, weil sie auf den Namen lauteten. Man fasste daher den Entschluss auch Kapitaleinlagen mit Obligationen auf den Inhaber zuzulassen, die jedoch auch auf den Namen sollten eingetragen werden können. Die hierauf bezüglichen Anträge des Verwaltungsrathes und Gesellschaftsausschusses wurden in der Generalversammlung vom 20. Juni 1866 genehmigt. Die diesbezüglichen Beschlüsse kamen indessen nicht zur Ausführung, vielmehr legten die Verwaltungsorgane im Jahre 1867 der ausserordentlichen Generalversammlung vom 25. März neue Anträge in dieser Richtung vor, welche von dieser Generalversammlung unverändert und zwar in derjenigen Fassung gutgeheissen wurden, in welcher die §§. 115 ff. in die neuen Statuten vom Jahre 1871 Aufnahme gefunden haben. Die Staatsgenehmigung erfolgte am 30. April 1867. Die erste Serie der auf Grund dieser Bestimmungen emittirten „Pfandbriefe der Allgemeinen Rentenanstalt", welche zugleich die erste Emission von Inhaberobligationen der Anstalt überhaupt bilden, datirt vom 30. Juni 1867.

Nach den Statuten muss dem Nominalbetrag dieser Pfandbrief jederzeit ein mindestens gleicher Betrag unterpfändlich angelegter Gelder der Anstalt entsprechen. Was die rechtliche Stellung der Inhaber dieser Pfandbriefe betrifft, so sind auch sie Mitglieder der Anstalt und participiren an dem Gewinn und Verlust der Gesellschaft. In Rücksicht auf die Erhebung von Dividenden werden für je fünf aufeinander folgende Jahre 6 Coupons in der Art ausgegeben, dass am Schluss jeder fünfjährigen Periode oder im Fall der früheren Ausloosung auf die Rückzahlungstermine die Dividenden der abgelaufenen Jahre gegen Rückgabe der Dividendencoupons erhoben werden können. Durch die Einführung des Pfandbriefinstituts trat die Rentenanstalt in die Reihe der deutschen Hypothekenbanken. Auch bisher hatte die Anstalt, wie die Tabelle zeigt, kündbare und unkündbare Hypotheken gewährt und das Realcreditbedürfniss mit den Mitteln, welche durch die anderen Geschäftszweige ihr zur Verfügung standen, befriedigt. Durch die Einführung des Pfandbriefinstituts schuf sie eine selbständige Quelle für die Befriedigung des Realcredits im grossen Styl und den technisch vollendeten Apparat, welcher zur wirksamen Abhilfe des Realcreditbedürfnisses derzeit unentbehrlich ist.

Wir gelangen hiermit noch zum kurzen Hinweis auf die Art, wie die Anstalt ihre Activen jeweils angelegt hat. Die Tabelle des Beilagenhefts gibt hierüber genügenden Aufschluss. Sie zeigt, dass das Activvermögen zum grossen Theil in kündbaren und unkündbaren Hypotheken, zu einem anderen Theil auf Faustpfänder und in Contocorrenten angelegt war. Diese Contocorrente sind regelmässig nur gegen Deckung zugelassen worden. Daneben hat die Anstalt auch ein Wechselportefeuille, dessen jeweiliger Bestand in der Tabelle ebenfalls registrirt ist.

### §. 3. Die Lebensversicherungs- und Ersparnissbank in Stuttgart. Der Kapitalistenverein.

Am 22. März 1854 ertheilte der König den von einem provisorischen Comité ausgearbeiteten Statuten einer Lebensversicherungs- und Ersparnissbank in Stuttgart die Genehmigung und verlieh der Bank die juristische Persönlichkeit. Am 17. April 1854 fand von Mitgliedern, welche ihren vorläufigen Beitritt erklärt hatten, eine Generalversammlung statt, in welcher sich die Gesellschaft constituirte. Der Verwaltungsrath hielt am 22. April 1854 seine erste Sitzung. Mit dem Monat Juni begann die Geschäftsthätigkeit dieser auf voller Gegenseitigkeit gegründeten Gesellschaft. — S. Mittheilungen des ersten Geschäftsberichts. —

In Vollziehung des §. 12 der Statuten wurde schon im Frühjahr 1855 zunächst der Entwurf eines mit der Bank zu verbindenden Kapitalistenvereins ausgearbeitet. Diese Statuten wurden in der ausserordentlichen Generalversammlung vom 24. Juni 1855 genehmigt, sie erhielten durch Decret des Ministeriums des Innern vom 3. Okt. 1855 die Staatsgenehmigung; der Verein wurde sodann im Oktober 1855, nachdem die erforderliche Anzahl von Theilnehmern sich gemeldet hatte, für constituirt erklärt. S. 1. Geschäftsber. vom Juni 1854 bis 1855 S. 6. — Durch Entschliessung vom 28. März 1860 wurde dem Verein die Eigenschaft einer juristischen Persönlichkeit zuerkannt.

Der Kapitalistenverein hat den Zweck, die von den Theilnehmern eingelegten Kapitalien für gemeinschaftliche Rechnung ausleihen und arbeiten zu lassen. Mitglied des Vereins wird jeder, der ein Kapital von mindestens 200 M. einlegt. Stat. §. 1. Die Lebensversicherungs- und Ersparnissbank führt durch ihre statutenmässigen Organe die Verwaltung des Vereins und vertritt den Verein gegenüber Dritten in allen rechtlichen und administrativen Angelegenheiten. Stat. §. 2. Ueber die Verwaltung des Vereins wird besondere Rechnung geführt. Stat. §. 4. Die Verbindung des Vereins mit der Bank ist bis zum 35. Jahr vom 3. Okt. 1855 an unwiderruflich und erst von dieser Zeit an gegenseitig kündbar. Stat. §. 8. Die Theilhaber des Vereins erhalten für ihre Einlagen Vereinsscheine auf den Inhaber Stat. §. 11. Die Vereinsmitglieder haben das Recht, ihre Einlagen zu jeder Zeit zu kündigen und sind ihnen solche innerhalb sechs Monaten von der Kündigung an zu bezahlen Stat. §. 18. In der Regel sollen die Gelder des Vereins an Gemeinden oder Grundbesitzer auf Hypotheken in Beträgen von nicht unter 1000 M. ausgeliehen werden und zwar auf Annuitäten von regelmässig nicht mehr als 35 Jahren. Stat. §. 21 .... „Im Uebrigen sind beim Ausleihen der Gelder des Vereins die Bestimmungen und Reglements einzuhalten, nach welchen die Fonds der Bank angelegt werden.“ Stat. §. 23. Das Reglement schliesst sich im Wesentlichen an die für die Anlage von Pupillengeldern gegebenen Vorschriften an. Hiernach werden die Gelder vorzugsweise in Hypotheken angelegt, kurzfristige Anlehen gegen Wechsel und pfandweise Hinterlegung sicherer Werthpapiere sind nicht ausgeschlossen. S. 1. Geschäftsber., S. 12. — Auch die Fonds der Lebensversicherungs- und Ersparnissbank sind stets vorzugsweise in Hypotheken angelegt worden. Indessen bemerkte bereits der Geschäftsbericht für 1856, S. 4: „Die neueren Erscheinungen des gewerblichen Lebens lassen erkennen, dass auch in Württemberg ausser dem Landbau durch Darlehn auf gewerbliche Unternehmungen sich ein grösseres Feld für nutzbare Kapitalanlage eröffne und dass solche nicht selten gegen pfandweise Hinterlegung von Werthpapieren mit gleicher wenn nicht grösserer Sicherheit als auf Grundhypotheken gemacht werden können". Nachdem nun überdies der entstandene Kapitalistenverein die Bedürfnisse des Realcredits im erhöhten Maasse befriedigte, sah sich der Verwaltungsrath veranlasst, eine Revision und Erweiterung der anfänglich aufgestellten Ausleihbestimmungen eintreten zu lassen. Durch Beschluss vom 20. November 1856 wurde das Ausleihreglement genehmigt, welches in erster Linie daran festhält, dass die Kapitalien auf Unterpfänder mit genügender dinglicher Sicherheit sowohl gegen Annuitäten als mit Kündigungs- oder bestimmten Heimzahlungsfristen gegeben werden sollen, das aber in zweiter Reihe auch die Anlegung auf Werthpapiere berücksichtigt und endlich von den bei Geldanlehen überhaupt zu beobachtenden Formen handelt.

Aus der tabellarischen Uebersicht ergibt sich, in welchem Umfange die beiden eng mit einander verbundenen Institute insbesondere dem Realcredit gedient haben. Die vorübergehende Beschaffung flüssiger Mittel wurde seitens des Instituts den Kapitalisten durch den ziemlich ausgedehnten Betrieb des Lombardgeschäfts ermöglicht. Bemerkenswerth sind zwei Thatsachen, dass nämlich die hypothekarischen Anlagen keineswegs in Württemberg allein erfolgt sind, sondern sich überallhin erstreckten, wohin auch das Versicherungsgeschäft der Bank ausgedehnt worden ist. Der Geschäftsber. für 1873, S. 16, 17 motivirt dies mit den Worten: Es ist Grundsatz der Verwaltung nach allen den Staaten, in welchen die Bank ihr Versicherungsgeschäft betreibt, insoweit die dortigen Hypothekargesetze es für zulässig erscheinen lassen, auch Darlehen zu gewähren. Dadurch wird dem Princip der Gegenseitigkeit volle Rechnung getragen und die Bank erlangt hierdurch die Berechtigung sich überall gleichsam als einheimisches Institut einzuführen. Die Anschauung Vieler, man sollte das Geld nicht ausser Landes tragen, wird hierdurch von selbst beseitigt. Die einschlägigen Hypothekengesetze des bezüglichen Staates oder Gebietes werden selbstverständlich vorher einer gründlichen Prüfung unterzogen [1]). —

---

1) Eine Kritik dieser nicht durchweg zutreffenden Anschauungen kann an dieser Stelle nicht gegeben werden. Sie würde zur Erörterung der nicht hier-

Bemerkenswerth ist ferner die Art der Deckung, welche der Kapitalistenverein gegenüber den jederzeit kündbaren und sechs Monate nach der Kündigung rückzahlbaren durch Vereinsscheine contrahirten Schulden hat. Der Kapitalistenverein ist seiner Natur nach eine Depositenbank, die auf den Grund der Vereinsscheine entgegen genommenen Gelder sind Depositengelder. Die Art der Anlage dieser Depositen entspricht nicht den Grundsatzen, nach welchen Depositengelder für die Regel zu verwalten sind. Indessen hat der Verein die Krisis der Jahre 1866, 1870 verhältnissmässig leicht bestanden.

### §. 4. Die Württembergische Hypothekenbank.

Das jüngste Württembergische Realcreditinstitut, zugleich das einzige, welches auf Actien begründet ist, die Württembergische Hypothekenbank, hat die Geschäftsthätigkeit mit dem Jahre 1868 begonnen [1]). Ein Ueberblick über ihre bisherige Thätigkeit ist in der Tabelle gegeben. Gemäss ihren Statuten gibt sie nur innerhalb des deutschen Reiches Darlehen. Ausser dem Hypotheken- und Pfandbriefgeschäft, worin die Hauptthätigkeit der Bank sich concentrirt, gibt sie auch Lombarddarlehen und betreibt das Contocorrentgeschäft, jedoch nur unter der Voraussetzung und Einschränkung, dass die aus beiden Geschäftszweigen sich ergebenden Forderungen durch bewegliche Pfänder mit mindestens 25 $^0/_0$ Courswerth bedeckt sind. S. Statuten §. 12, Geschäftsber. 1875, S. 5.

Die organischen Einrichtungen der Bank haben durch die Beschlüsse der ausserordentlichen Generalversammlung vom 25. November 1874 eine bemerkenswerthe Fortbildung erhalten. Wie bei der Rheinischen Hypothekenbank zu Mannheim, so wurde auch bei dem Württembergischen Institut ein vertragsmässiges Faustpfandrecht der Pfandbriefinhaber an der Gesammtheit der Hypotheken auf deren Grund die Pfandbriefe

---

her gehörigen Frage führen, nach welchen Grundsätzen die Fonds der Versicherungsgesellschaften anzulegen seien?

1) In den Jahresberichten der H. u. G. K. in W. für 1866, S. 27 wird bereits hervorgehoben, dass der Plan zur Gründung einer W. Hypothekenbank bestehe. Die staatliche Genehmigung erhielt die Bank am 7. November 1867. Die Constituirung erfolgte am 28. November 1867, der Eintrag in das Handelsregister am 31. December 1867/2. Januar 1868.

ausgegeben sind, begründet. Ob und inwieweit die hierauf bezüglichen Einzelbestimmungen nach den Grundsätzen des Württembergischen Landrechts ein wirksames Faustpfandrecht der Pfandbriefinhaber herstellen, ist hier nicht zu untersuchen. Unter allen Umständen wäre es wünschenswerth, wenn durch ein Spezialgesetz das Pfandrecht der Pfandbriefinhaber an den Hypotheken auf deren Grundlage die Pfandbriefe ausgegeben sind, constituirt würde.

Den Inhabern der Pfandbriefe wurde eine Vertretung ermöglicht, damit sie sich von der statutenmässig erfolgten Sicherstellung ihrer Ansprüche überzeugen können. Der Gedanke einer gemeinsamen Vertretung der Pfandbriefinhaber ist einer allgemeineren Ausbildung fähig. Er erinnert an eine bei dem Württembergischen Creditverein schon seit dem Jahre 1826 bestehende Einrichtung. S. auch Dr. Hecht, Zur Frage des Faustpfandrechts in Hirth's Annal. d. d. R. 1880 S. 329 fgde.

In den Pfandbriefen der Bank dürfen Gelder von Vormundschaften, Gemeinden und Stiftungen angelegt werden. Die Pfandbriefe sind auch als Caution für Zoll- und Steuercredite zugelassen.

Nach der im Obigen enthaltenen Uebersicht über die Organisation des Realcredits in Württemberg wenden wir uns zur Geschichte und Organisation des Personalcredits.

### §. 5. Die Bankfrage in den Jahren 1847—1849.

Auf dem ausserordentlichen Landtag im Jahre 1847 wurde in Folge einer von dem Freiherrn v. Hornstein gegebenen Anregung der Abgeordnete Dörtenbach beauftragt, bis zum nächsten ordentlichen Landtag der Bankfrage seine Beachtung zu schenken und die für dieselbe nöthigen Arbeiten zu unternehmen. cf. Protok. der 2. Württemberg. Kammer, 1848, 5. Febr., S. 81. Auf dem Landtag des Jahres 1848 erfolgte die Motion Schübler — Protok. l. c., S. 70 —: die Staatsregierung um einen Gesetzentwurf zu bitten, durch welchen der Personalcredit der Gewerbetreibenden erhöht und der zu erwartenden Wechselordnung, sowie der zu errichtenden Landesbank und Creditanstalt eine sichere Grundlage und ausgebreitete Wirksamkeit gegeben werde. Am 5. Februar 1848 beauftragte die Kammer die Commission für Gewerbe-, Zoll- und Handelsangelegenheiten die Bankfrage in Erwägung zu ziehen.

Die allgemeine Creditlosigkeit und die Zurückhaltung des baaren Geldes, welche sich im Laufe des Jahres 1848 besonders bemerklich machte, veranlassten das Ministerium des Innern und der Finanzen am 22. Juni 1848, den Aufruf zur Gründung einer Bank mit einem Kapital von zwei Millionen Gulden ergehen zu lassen. Man beabsichtigte auf hinterlegte Württembergische Staatspapiere im Verhältniss von $^4/_5$ und baares Geld von $^1/_5$ der Gesammtsumme Banknoten auszugeben und zu Darlehen zu verwenden, wobei die Finanzverwaltung sich mit einer mässigen Summe betheiligt hätte. Private Actionäre traten jedoch nur in ungenügender Zahl auf, die Betheiligungsanmeldungen erreichten nur die Summe von ungefähr 300,000 Gulden und unter den Ursachen dieser schwachen Betheiligung hörte man namentlich auch die Besorgniss, dass der Genuss der Zinsen aus dem Darlehen und zugleich derjenige aus den hinterlegten Papieren, welcher den Besitzern bleiben sollte, die Theilnehmer dem Verdacht eines wucherischen Zinses aussetzen würde in den Augen eines Publicums, welches die missliche Seite solcher Untersuchungen weniger zu beurtheilen wisse. Ohne starke Betheiligung von Privaten aber fehlten dem Staate die Mittel, eine Bank auf der gedachten Grundlage zu errichten.

Indessen blieb das Bedürfniss und das Verlangen nach Befriedigung. Die Centralstelle für Handel und Gewerbe bearbeitete in Folge eines Auftrags seitens des Ministeriums des Innern einen neuen Plan. Nach diesem sollten auf den Credit des Staates Werthzeichen im Betrag von zwei Millionen Gulden ausgegeben werden, um den Gewerben und der Landwirthschaft, in der Regel durch die Vermittlung und unter Verbindlichkeit der Gemeinden, Darlehen gegen Sicherstellung durch Faustpfänder zu machen. Dieser Plan wurde in drei Conferenzen unter Mitwirkung von Räthen der Ministerien des Innern und der Finanzen, sowie des Vorstandes und einiger Mitglieder der Centralstelle für Gewerbe und Handel weiter berathen. Behufs beschleunigter Vereinbarung wurden die Stände aufgefordert, durch einige Mitglieder bei den Berathungen sich vertreten zu lassen.

S. die Mittheilungen in der Motion Seybold, v. 10. März 1849, 1. Beilagenb. zu den Protok. der 2. Kammer, S. 455, Beil. 250, ferner die Mittheilungen in den Motiven zu dem

G.E. vom 3. April 1849, die Errichtung einer Bankanstalt betr., 2. Beilagenb. zu den Verhandlungen der 2. K. 1848/1849, S. 349 fgde. S. auch Vischer, die industr. Entwicklung im Königreich Württemberg, Stuttgart (Verlag v. Göminger) 1875, §. 69.

Am 13. December 1848 erfolgte ein Rescript aus dem K. Geheimerath, des Inhalts: Die schon vielfach zur Erörterung gekommene Frage von der Errichtung einer Landesbank zur Unterstützung der productiven Thätigkeit und des Handelsverkehrs in dem engeren Vaterland erheische eine baldige Lösung. Man schlage daher vor, dass die 2. Kammer vier, und die 1. Kammer zwei Commissarien ernenne, welche zusammen mit sechs Regierungscommissarien die Frage in Erwägung ziehe. — Protok. der 2. Kammer, Beilagenb., S. 263, zu Protok. 47 — dem Rescript gaben die Kammern Folge. — Verhandl. der 1. Kammer S. 127: 15. Dec. 1848 Beilagenb. S. 34, 35, Protok. der 2. Kammer vom 16. Dec. 1848, S. 934. — Eine auf die Bankfrage bezügliche Anfrage wurde in der Sitzung vom 6. Februar 1849 gestellt [1]).

Die Anhänger entgegengesetzter wirthschaftlicher und politischer Parteien liessen die Bankfrage nicht mehr ausser Augen. Am 10. Januar 1849 erfolgte in der 2. Kammer die Motion Ottenbacher, welche gleichzeitig die baldige Revision der Gewerbeordnung, des Gesetzes gegen Ueberbürdung durch Individuen, welche sich voraussichtlich nicht ernähren können und die baldige Errichtung einer Landesbank mit Filialen in den Oberamtsstädten beantragte. Als vierter Punkt war auch die Begünstigung, Beförderung und Ueberwachung der Auswanderung in Anregung gebracht. Die Motion wurde am 11. Januar in die volkswirthschaftliche Commission verwiesen. Protok. der 2. Kammer vom 10. Januar 1849, S. 1166. Beilagenb. I, Beil. 157, S. 294.

Zu der in Folge des Rescripts aus dem K. Geheimenrath vom 13. December 1848 gebildeten gemischten Commission gehörte auch der Abgeordnete Seybold, welcher der Bankfrage seine besondere Aufmerksamkeit unausgesetzt widmete. Am 10. März 1849 stellte er den Antrag, die Kammer möge die Regierung um baldige Vorlage eines Gesetzentwurfs bitten, behufs der

1) Am 2. Mai 1849 wurde eine auf die Bankfrage bezügliche Schrift des Kaufmanns Emil Schill aus Stuttgart in der 2 Kammer vertheilt.

Errichtung einer Creditanstalt in so ausgedehntem Masse, damit sie auch den Bedürfnissen des Staatshaushalts ganz oder doch zum grössten Theil genüge, unter Berücksichtigung der von ihm zu entwickelnden Grundzüge der Anstalt. Protok. der 2. Kammer, 3. Bd., S. 2133 und Beil. nro. 250. Die Grundzüge der zu errichtenden Landesbank waren in 14 Paragraphen von ihm skizzirt. Der Staat sollte die allgemeine Creditanstalt unter dem Namen „Württembergische Bank" errichten, bei welcher auch Private sich betheiligen könnten. Zur Gründung der Bank und als subsidiäre Sicherheit für die auszugebenden Zettel sollte der Staat Domänen im Werth von 6 Millionen Gulden, berechnet nach dem 20fachen Reinertrag im Durchschnitt der letzten 15 Jahre der Bank überweisen, während die Rente aus den Domänen dem Staate verbleibe. Bis zu dem gleichen Betrag von 6 Millionen darf die Bank Zettel ausgeben, für die sie stets legales Zahlungsmittel sind. Die Zettel werden bei allen öffentlichen Kassen sowohl des Staates als der Gemeinden zum Nennwerth an Zahlungsstatt angenommen und können ebenso zu allen ihren Zahlungen verwendet werden, mit Ausnahme derjenigen, welche die Staatsschuldenzahlungskasse zur Erfüllung ihrer Verbindlichkeiten zu leisten hat. Jeder Inhaber von Zetteln ist berechtigt, für je 500 Gulden derselben einen Bankantheilschein des gleichen Betrages zu fordern, solange die Privatbetheiligung nicht zwei Millionen übersteigt. Vor Ausgabe der Zettel ist die Betheiligung gegen Baarzahlung zulässig. Der Inhaber eines solchen Bankantheils wird Theilhaber von allem Nutzen und Schaden, den die Anstalt gewährt, vom ersten Tag des Monats an, in welchem die Umwandlung der Zettel gegen Antheilscheine erfolgte und zwar im Verhältniss der Monate seiner Betheiligung. Von den der Bank durch Umwandlung in Antheile eingegangenen Zetteln soll nur dann ein weiterer Gebrauch zu Discontirung der Anleihen gemacht werden, wenn dafür ein gleicher Betrag von baarem Silbergeld in der Bank niedergelegt ist. Dieses baare Geld hat den Zweck, der Staatsschuldenzahlungskasse und sodann der Staatshauptkasse die ihnen eingegangenen Zettel in dem Fall einzulösen, dass es nöthig erscheint, Zettel aus dem Umlauf zu ziehen.

Sobald die Verhältnisse es zulassen, wird die Bank zur Einlösung der Zettel bei Vorzeigung übergehen. Sie wird geleitet durch einen auf Vorschlag der Centralstelle für Handel und Gewerbe dazu ernannten technisch gebildeten Mann und controlirt von einem durch die Stände zu bestellenden Beamten. Dem Director steht ein auf Kaufleute sich stützender Verwaltungsrath zur Seite, welcher auf Vorschlag der Handelskammern ernannt wird. Die Bank hat die Verpflichtung, die in dem Bankproject der Centralstelle für Gewerbe und Handel verfolgten Zwecke bis zum Belauf von zwei Millionen zu erfüllen und weitere drei Millionen, wenn erforderlich, dem Staat in der Form der Discontirung von Ablösungs- oder Kaufschillingen, Staatsobligationen oder kurzfälligen Schatzscheinen zu leihen. Den Rest ihres Betriebskapitals und was für die beiden genannten Zwecke nicht erforderlich ist, kann sie zu gewöhnlichen Bankoperationen verwenden. Für die Bankfiliale ist der Zinsfuss auf 3 %, für den Staat, vorbehaltlich der Vereinbarung über einen niederen Zins, auf höchstens 4 % gesetzt und für die Geschäfte mit Privaten dem Ermessen der Bankverwaltung anheim gegeben. Die Bank hat die Befugniss, Gelder gegen Verzinsung auf kürzere oder längere Zeit anzunehmen. Die Dauer der Anstalt ist auf zehn Jahre festgesetzt. Nach Einlösung der von ihr ausgegebenen Zettel und nach vollständiger Erfüllung derjenigen Verbindlichkeiten, mit denen etwa der Staat und die Gemeinden gegen die Bank im Rückstand geblieben sein möchten, gehen auch die der Bank von dem Staat als Garantiekapital überwiesenen Domänen in die freie Verfügung des Staates zurück.

Die Motion konnte um so weniger unbeachtet bleiben, als ein Deficit im Finanzhaushalt zu decken war. Am 3. April 1849 übergab das Finanzministerium der Kammer den Entwurf eines Gesetzes, betreffend die Errichtung einer Bankanstalt mit der Befugniss zur Emission von drei Millionen Banknoten, wovon die Hälfte zu einem Vorschuss an die Staatskasse behufs der erleichterten Deckung des Ausfalles im Finanzhaushalte verwendet werden und die andere Hälfte dazu dienen sollte, den industriellen und landwirthschaftlichen Gewerben, deren Betriebskapital durch die Ungunst der Zeiten geschwächt worden sei, Mittel zum Fortbetrieb zu schaffen. Die Anstalt sollte „Württembergische Bank“ heissen. In den Motiven des Gesetzentwurfs wurde ausdrücklich hervorgehoben, dass der Entwurf im Zusammenhange stehe, einerseits mit den von der Regierung schon im Jahre 1848 eingeleiteten Conferenzen über das Bankproject der Centralstelle für Handel und Gewerbe, andrerseits aber mit der Frage, „ob nicht in Folge des wachsenden Deficits im Staatshaushalt das wichtige Mittel eines unverzinslichen Creditpapiers auch zur Deckung dieses Deficits benutzt werden könne." Der Bejahung dieser Frage verdankt ein wesentlicher Theil der Bestimmungen des Entwurfs seine Entstehung.

Die Motive enthielten ferner die Erklärung, dass der Plan von Seybold dem Regierungsentwurf nicht zu Grunde gelegt worden sei, doch hoffe man von der Berathung desselben durch die Stände Nutzen zu ziehen. Wir ersehen aus dem Berichte der Finanzcommission über die Gesetze, betreffend die Ausfüllung der Lücken im Staatshaushalte, dass die Ansichten in der Bankfrage sehr auseinander gingen. Im Lauf der Berathungen neigte sich eine Mehrheit zu der Meinung, dass die Ausgabe von Staatspapiergeld der Gründung einer Bank vorzuziehen sei. Diejenigen, welche der Gründung einer Bank das Wort redeten, theilten sich wieder in solche, die eine Privatbetheiligung für zulässig hielten — zu diesen gehörte Seybold — und in andere, die bei einer reinen Landesbank die Interessen des Publicums für besser gewahrt erachteten, zu dieser Partei gehörte Dörtenbach. Die Discussion über die Bankfrage endigte am 14. Mai 1849 mit der Ablehnung der Bankprojecte, während man die Creirung von Papiergeld beschloss. S. Verhandl. der 2. Kammer vom 12/14. Mai, Beilagenb. 2, S. 470 fgde, Beil. 96, ferner auch Beilagenb. 1, S. 699. Man nahm durch diesen Beschluss in veränderter Gestalt eine Ansicht wieder auf, welche in der Kammer im Jahre 1847 bereits discutirt worden war. Die Mehrheit der damaligen Eisenbahncommission hatte auf die Ausgabe von Papiergeld angetragen. Die hierauf bezüglichen Vorschläge waren aber nicht durchgedrungen. Am Schluss der Sitzung hatte dann der Freiherr von Hornstein den eingangs erwähnten Antrag gestellt, dass man in Erwägung ziehe, ob nicht die Gründung einer Staats- oder Nationalbank räthlich und nützlich sei. In der Sitzung vom 14. Mai 1849 kehrte man zu den früher verworfenen Anschauungen der Eisenbahncommission zurück. Die

Erledigung der Bankfrage seitens der gesetzgebenden Factoren war damit in unbestimmte Ferne gerückt.

## §. 6. Der Antrag Reyscher im Jahre 1851.

Im Jahre 1851 brachte man in der Kammer zunächst andere Mittel in Vorschlag, um der Kreditnoth zu steuern. Sie sind in der Motion Reyscher, betreffend die Ergreifung gesetzlicher Maassregeln zur Hebung des Credits enthalten. Verhandl. der 2. Kammer, v. 18. Juni 1851, Beilagenb. 1, S. 9 fgde., Beil. 38. Reyscher beantragte, dass man die Regierung ersuche noch auf demselben Landtag gesetzliche Bestimmungen im Entwurfe vorzulegen, wodurch den anerkannten Mängeln des Executions- und Gantverfahrens abgeholfen werde, er will ferner Regulirung der Vermögensschätzungen: obrigkeitliche Güter- und Gebäudeschätzungen insbesondere zum Zweck von Unterpfandbestellungen, und Ordnung des Leihkassenwesens, damit den Missbräuchen der Privatleihkassen gesteuert und dagegen die Errichtung von Corporationsleihkassen begünstigt werde [1]. Durch Kammerbeschluss wurden die beiden ersten Anträge der Justizgesetzgebungscommission zur Berichterstattung überwiesen. Der Bericht ist als Beil. 222 zu Prot. 108 von Probst erstattet. Beilagenb. S. 475. Die drei Anträge gingen überdies an die volkswirthschaftliche Commission zur Berichterstattung und der Bericht wurde von Varnbüller geliefert. Beil. 223 zu Prot. 108, 1. Beilagenb. S. 477 fgde. Varnbüller skizzirt in dem sehr beachtenswerthen Bericht zunächst die Ursachen der Creditlosigkeit, die erste und wichtigste findet er in den ungünstigen Ernteergebnissen der Jahre 1842—1846, dann auch in dem Umstand, dass das Vertrauen in den Fortbestand der gesetzlichen Ordnung und der Rechtssicherheit durch die politischen Ereignisse des Jahres 1848 erschüttert und die Capitalisten veranlasst worden seien, ihre Kapitalien in auswärtigen Werthen (Amerikanischen, Russischen) anzulegen, sowie nicht minder auch darin, dass man viele Millionen in den letzten Jahrzehnten dem Bau von Eisenbahnen zugewendet habe. In Württemberg waren nach Durchführung des Pfandgesetzes die Kapitalien auf ungewöhnlich reichliche Weise der Landwirthschaft zugeflossen; um so

[1] Ueber die älteren Corporationshilfsleihkassen s. Vischer, Die industrielle Entwicklung in Württemberg, §. 68.

empfindlicher musste für die Landwirthschaft die Wirkung sein, als der Strom der Kapitalien seit den Jahren 1848, 1849 eine andere Richtung nahm. Der ausgedehnte Credit des Landmannes, theilweise künstlich gesteigert durch Missbräuche, welche mit dem Institut der Privatleihkassen getrieben wurden, hatte einen hohen Grad von Leichtsinn im Schuldenmachen erzeugt und dadurch wiederum die Preise der Güter auf eine unnatürliche und gefährliche Weise gesteigert. Daher mussten dann Schwankungen entstehen, welche man früher für unmöglich gehalten hatte. Varnbüller will zur Steigerung des Credits keine künstlichen Mittel angewendet wissen. Die Commission ist mit ihm der Ansicht, dass durch Vermittlung sei es der Gemeinden, sei es der Oberamtscorporationen der eingetretenen Creditlosigkeit im weiteren Umfang nicht begegnet und daher dem allgemein ausgesprochenen Zweck der Hebung des Privatcredits nicht entsprochen werde. Das Wesen der Gemeinde und der Oberamtscorporationen, so wie es sich gesetzlich darstelle, lasse nicht zu, dass dieselben im Privatinteresse Einzelner ihren Credit benutzen und damit das Vermögen der Gemeinde und somit subsidiär aller ihrer Angehörigen in Frage stellen. Damit solle nicht verkannt sein, dass es ausnahmsweise und in beschränktem Masse zweckmässig und zulässig erscheine, wenn die Gemeinden solchen Bürgern oder die Amtscorporationen solchen Bezirksangehörigen, welche in Folge ausserordentlicher Verhältnisse sich in einer ihrem Vermögen und ihrer Persönlichkeit nicht entsprechenden Geldnoth befinden, unter den erforderlichen Cautelen mit ihrem Credit zu Hilfe kommen. Das Resultat der Anträge von Reyscher und der Kammerverhandlungen, insbesondere der Commissionsberichte, ist die Adresse vom 20. Februar 1852 (Beil. 224 zu Protok. 108, 1. Beilagenb. S. 485), worin an die Regierung die Bitte gerichtet wird, die Vorschriften des Executionsgesetzes über den Verkauf von Liegenschaften und die Rechte der Gläubiger bei demselben einer baldigen Revision zu unterziehen und den Entwurf eines Gesetzes einzubringen, durch welches das Verfahren abgekürzt und die Befriedigung der Gläubiger mehr als bisher gesichert würde, ferner zur Erwägung anheim zu geben, ob nicht auf dem von der Centralstelle für Landwirthschaft (Wochenbl. für Land- und Forstwirthschaft, Nr. 49 vom 6. Dec. 1851) vorgeschlagenen oder auf einem anderen Weg Anhaltspunkte für die obrigkeitlichen Güterschätzungen insbesondere zum Zweck von Unterpfandsbestellungen, gewonnen werden könnten.

## §. 7. Die Bankfrage in den Jahren 1854, 1855, 1856 (15. April). Projecte Seybold, Dörtenbach & Cie, von Magnus.

Erst im Jahre 1854 tritt die Bankfrage wieder in den Vordergrund. Im Auftrag der Centralstelle hatte inzwischen der damalige Regierungsrath v. Steinbeis eine Reise nach Belgien unternommen und dem besonders ausgesprochenen Wunsche gemäss sich damit beschäftigt die Art und Weise kennen zu lernen, in welcher von Seiten der belgischen Regierung auf die Hebung von Handel und Gewerbe eingewirkt wurde, sowie auch die Mittel und Wege erforscht, durch welche dort der aufblühenden Gewerbethätigkeit das Kapital zugeführt worden ist. Die Resultate legte Steinbeis in der Schrift über die Elemente der Gewerbebeförderung, nachgewiesen an den Grundlagen der belgischen Industrie [1]) nieder. Er gelangte zu der Ueberzeugung, dass nichts Heilsameres geschehen könne, als wenn im Lande ähnliche Bankinstitute entständen, wie die belgische Nationalbank, die société générale pour favoriser l'industrie nationale und die banque de Belgique.

In Folge dieser Ueberzeugungen veranlasste er den Generalkonsul v. Seybold zur Ausarbeitung des Statutenentwurfs einer Württembergischen Bank. Gemäss diesem Entwurf sollte eine Actiengesellschaft gegründet werden, mit der Befugniss Banknoten bis zu $^3/_4$ des von ihr zusammengeschossenen Grundkapitals auszugeben und mit der Bedingung, dass die Einhaltung der Statuten durch die Staatsregierung überwacht werde, ohne dass jedoch die Banknoten irgendwie auf anderen

---

1) S. auch Vischer, Die industrielle Entwicklung in Württemberg, §§. 70 fgde. Die ausgezeichnete Schrift des R. R. v. Steinbeis ist im Verlag von Ebner und Seubert Stuttgart 1853 erschienen. S. insbes. §§. 98—103, 182—186. Im Jahr 1854 erschien sodann die Schrift von Schübler, Metall und Papier. Zur Lehre vom Gelde. Wir citiren hier auch sofort Schübler, Metall- oder Zettel-Bank 1856 und Schübler, Geld und Kapital 1858; die Schriften sind bei Paul Neff in Stuttgart erschienen.

Crediten, als denjenigen der Gesellschaft, beruhen würden. Der Seyboldsche Plan unterscheidet sich von den früheren für die Errichtung einer Württembergischen Bank gemachten Plänen. Die früheren Pläne waren auf Befriedigung des augenblicklichen Bedürfnisses bei damals knappem Geldmarkt berechnet. Sie wollten die Anstalt wesentlich auf den Credit des Staates und der Gemeinden stützen, um durch diesen dem Verkehr solche Mittel zuzuleiten, welche demselben bei gesunden Geschäftsverhältnissen ohne Vermittlung des Staates zugewendet werden konnten. Der Seyboldsche Entwurf will, dass dem Creditbedürfniss bei günstigen Zeiten durch die Schaffung eines auf Privatcredit beruhenden Vereinigungspunktes für das Kapital Genüge gethan werde, damit nicht auch künftighin in schlimmen Zeiten die Wünsche nach Herstellung eines auf Staatscredit ruhenden Geldinstitutes sich erneuern.

Die Anlage des Grundkapitals sollte zu $^1/_3$ in Darlehen auf Immobilien in Württemberg oder durch Erwerbung von solchen im Inlande und Auslande, zu $^1/_3$ in Staatspapieren und Obligationen inländischer und ausländischer Corporationen und Gesellschaften, zu $^1/_3$ in gewerblichen Unternehmungen geschehen. Man nahm an, dass eine solche Anlageweise um so mehr berechtigt sei, als sie der Vermögensverwaltung eines umsichtigen reichen Privatmannes entspreche.

Das Statut setzte kein Ausschliessungsrecht fest, so dass die Regierung nicht gehindert gewesen wäre, das Recht zur Ausgabe von Banknoten auch anderen Personen oder Gesellschaften zu verleihen.

Die Centralstelle befürwortete in einem Bericht an das Ministerium des Innern vom 12. April 1854 den Seyboldschen Entwurf auf das Lebhafteste. Dem Bericht war ein Correferat des Regierungsrath Steinbeis mit einer persönlichen warmen Befürwortung des Gesuches beigegeben. In dem Correferat wird u. A. bemerkt: die Aufgabe einer Württembergischen Bank sei, eine fehlende Brücke zwischen Kapital und Arbeit herzustellen, wie sie geschaffen würde durch eine grosse Zettel- und Discontobank, verbunden mit einer allgemeinen Unternehmungsbank. Die Bank hat mehr den Credit zu schaffen, als den Credit zu geben. Die Bank hat nicht so sehr den Betrag der einer gegebenen Industrie zugehörigen Kapitalien zu vermehren, als vielmehr den Umsatz der Kapitalien zu beschleunigen. Als Zettel- und Discontobank ermöglicht eine solche Bank dem Gewerbsmann die augenblickliche Umwandlung erzeugter Waare in baares Geld und ermöglicht mit geringem Betriebskapital zu arbeiten. Als Unternehmungsbank vereinigt sie eine Summe kleinerer Kapitalien zu höheren Beträgen, welche heute nothwendig sind. Sie verschafft dadurch jenen Kapitalien eine Rentabilität, welche sie einzeln für sich nicht haben. In einer Zettel- und Discontobank, sowie einer combinirten Unternehmungsbank erkennen wir ein höchst wirksames Förderungsmittel sowohl für die Steigerung des Nationalvermögens im Allgemeinen, als für den Erwerb jedes Einzelnen, der sich mit der Production und dem Umsatz positiver Werthe befasst.

Die Kgl. Hofbankdirection erstattete unter dem 13. April 1855 an die Hofbank-Intendanz ein Gutachten über die etwaige Gründung einer Württembergischen Landesbank. In dem Gutachten wurde ausgeführt:

1. Eine Notenbank muss ihre Geschäfte beschränken auf
 a. Discontirung von Platzwechseln (die es in Stuttgart nicht gibt),
 b. Darlehen auf kurze Zeit gegen Depot täglich umsetzbarer Staatspapiere oder gegen Hinterlegung von Edelmetallen.

Persönliche Credite, daher Darlehen gegen Hypotheken, Discontirung fremder Wechsel, wären ausgeschlossen, weil diese Geschäfte nicht die nöthige Sicherheit alsbaldiger und jederzeitiger Flüssigmachung der zur Einlösung der Noten erforderlichen baaren Fonds gewähren. Da die Württembergischen Industriellen in der Regel nur Personalcredit zu verlangen in der Lage sind und einer Landesbank weder geeignete Wechsel noch Staatspapiere, noch Edelmetalle als Sicherheit anzubieten im Stande wären, so würden sie der Mehrzahl nach bei der Landesbank keinen Credit finden und diese hinwiederum würde aus dem Verkehr mit den Kaufleuten und Industriellen keinen Nutzen ziehen können. Ihr Kapital würde also müssig liegen, folglich weder den Bankaktionären noch den Industriellen den gehofften Nutzen abwerfen. . . Die Bank müsste, um zu rentiren, die Geschäfte der Banquiers betreiben. Hierfür seitens des Staates ein Opfer irgend welcher Art zu bringen, liegt kein Grund vor und kein Bedürfniss.

2. Eine Hypothekenbank könnte für die kleinen Grund-

besitzer, welche ihren früheren Credit so sehr eingebüsst haben, wohlthätig sein, aber es ist nicht zu erwarten, dass ein solches Institut sich mit Darlehen an kleine Grundbesitzer befassen werde. Das Risico und die Verwaltungskosten wären zu gross, der Reiz für die Actionäre zu klein. Sonach hat weder eine Zettelbank für sich, noch eine Hypothekenbank für sich Aussicht auf Rentabilität; — demnach würde auch eine vereinigte Wechsel- und Hypothekenbank (nach Art der Münchener) nicht ausführbar sein. Die Württembergischen Verhältnisse sind anderer Art. —

Ausser dem Seyboldschen Entwurf wurde der Regierung noch ein anderer Statutenentwurf seitens der Bankhäuser Gebrüder Benedict und Dörtenbach & Cie eingereicht. Dieser Entwurf befindet sich in den Acten des Ministeriums des Innern. Hiernach sollte die zu gründende Bank „Württembergische Landesbank in Stuttgart" heissen. Als Zweck wird bezeichnet „durch Vereinigung bedeutender Geldkräfte dem Handel und der Industrie zu dienen." Das Stammkapital ist auf neun Millionen Gulden in 36,000 Actien zu je Fl. 250 in Aussicht genommen. Hiervon sollten zunächst sechs Millionen Gulden beschafft werden. Die Ausgabe der drei letzten Millionen sollte ebenfalls, wenn es mindestens zum Nennwerth geschehen könne, innerhalb der ersten fünf Jahre nach Eröffnung der Bank erfolgen. Das Gründungskomite hat nach dem Entwurf das Recht, die Hälfte der jeweils zur Emission gelangenden neuen Actien zum Nennwerth zu übernehmen und die Gründer sollen sich in die Actien nach Verhältniss der bei der Gründung der Gesellschaft von ihnen gezeichneten Actien theilen dürfen. Die andere Hälfte der neu auszugebenden Actien sollen diejenigen beziehen können, welche zur Zeit der erfolgenden Emission Eigenthümer ursprünglicher Actien sind [1]). — Als Geschäftskreis bezeichnet der §. 16 der Statuten: Wechsel im Disconto zu nehmen, sowie überhaupt gezogene Wechsel zu kaufen und zu verkaufen, Metall und Papiergeld, sowie ungemünztes Gold und Silber zu kaufen und zu verkaufen, Gelder gegen Verzinsung anzunehmen und

1) Ein Auszug aus den Statuten findet sich im Frankfurter Actionär, Jahrg. 1855, Nr. 92 vom 30. September. S. übrigens auch die Extrabeilage zu Nr. 97 ibid.

über dieselben Schuldscheine auf Namen oder auf Inhaber auszustellen, Vorschüsse auf Werthpapiere, Obligationen, Wechsel, auf Gold und Silber, in Barren oder gemünzt, auf sonstige Effecten (mit Ausschluss der Actien der Bank selbst) sowie auf Waaren zu geben, jedoch dürfen solche Vorschüsse nicht unter 500 Fl. betragen; Staatsschuldscheine, Actien und Obligationen anderer anonymer Gesellschaften, auch sonstige coursfähige Creditpapiere zu erwerben, sowie dieselben wieder zu veräussern, Gelder für Rechnung Dritter einzukassiren und auszuzahlen, laufende Credite zu eröffnen, Gelder und werthvolle Effekten in Verwahrung zu nehmen, Banknoten auszugeben.

Ausgeschlossen von dem Wirkungskreis der Bank sollten sein: die Gründung industrieller Anlagen, ferner der Ankauf von Immobilien (abgesehen von den für die Bank erforderlichen) sowie Darlehen auf Hypotheken, wenn nicht die Ausgabe von Partialobligationen damit verbunden sei. Dagegen sollte behufs der Deckung unsicher gewordener Activausstände die nachträgliche Annahme von Hypotheken oder von Faustpfändern, und auch der Ankauf und Verkauf von Immobilien gestattet sein.

In §. 17 der Statuten war vorgesehen, dass von dem Betrag der umlaufenden Noten wenigstens $^1/_3$ in Gold oder Silber und $^2/_3$ in Wechsel oder sonstigen Werthpapieren, welche längstens in drei Monaten verfallen, vorräthig sein müssen.

Zu diesem am 12. September 1855 eingereichten Gesuch trat am 19. September 1855 eine ergänzende Eingabe, worin hervorgehoben wurde, dass die nöthigen Kapitalien schon gesichert seien. In Folge Aufforderung erstattete am 19. September 1855 die Centralstelle an das Ministerium des Innern über das Gesuch einen Bericht und zwar der Aufforderung gemäss vorzugsweise über die wichtigeren Abweichungen von dem bereits begutachteten Seyboldschen Entwurf.

Das Ministerium des Innern ertheilte am 26. Oktober 1855 der Centralstelle den Auftrag den Seyboldschen Entwurf den Handels- und Gewerbekammern mitzutheilen, mit der Aufforderung zur möglichst beschleunigten Aeusserung über fünf Punkte: über die Bewilligung von Darlehen gegen Verpfändung von innerhalb Württemberg gelegenen Immobilien, über den Ankauf und Verkauf von Immobilien im Inlande und Auslande, über die Herbeiführung industrieller Unternehmungen in Württemberg und die Betheiligung an solchen, über die Discontirung von Wechseln, welche wenigstens drei solvente Unterschriften haben, über Credit und Darlehen gegen Verpfändung von Rohstoffen, Waaren, Staatspapieren etc.

Obwohl nur zur Begutachtung des Seyboldschen Entwurfes aufgefordert, glaubte die Stuttgarter Handels- und Gewerbekammer doch auch das Project Benedict-Dörtenbach in den Bereich der Erörterungen ziehen zu sollen. Die Referenten waren Ostertag und Mährlen: Sie untersuchten zunächst die Bedürfnissfrage und bejahten dieselbe unter ausführlicher Motivirung: die höhere Industrie und die Gewerbe des Landes haben in den letzten Jahrzehnten bedeutende Fortschritte gemacht. Früher schon betriebene Zweige sind in dieser Periode beträchtlich ausgedehnt, neue eingeführt worden. Die Zahl der Baumwoll- und Wollspinnereien mehrt sich fortwährend. Die Leinen-Stickerei leistet Ausgezeichnetes. Die Baumwollweberei, insbesondere die der s. g. weissen Waaren hat einen bedeutenden Aufschwung genommen und eine Ausdehnung der Bleichereien, sowie des Stickereibetriebes zur Folge gehabt. Die Wollwaarenindustrie ist in Menge und Güte ihrer Erzeugnisse in unverkennbarem Fortschritt begriffen, nicht minder die Leinenindustrie, die durch wesentliche Verbesserungen in Bleiche und Appretur unterstützt wird. Die Papierfabriken haben ihren alten Credit erhöht. Mechanische Werkstätten des Landes haben einen europäischen Ruf erworben. Die Metallwaarenindustrie leistet von Jahr zu Jahr mehr. Die Zuckerfabrikation, im Lande neu eingeführt, geht weiterer Entwicklung entgegen. Auch Hunderte von kleineren Thätigkeiten bürgern sich ein. Die Ausdehnung der höheren Industrie und der Gewerbe hat einen bedeutend grösseren Geld- und Wechselverkehr zur Folge gehabt. Aber die bestehenden Banken und Creditinstitute des Landes, obwohl sie das Mögliche geleistet haben, sind dem Bedürfniss nicht gewachsen. Das Bedürfniss nach einer vermehrten Gelegenheit zur Erlangung von Bankcredit, sowie zu Belehnungen von Waaren, Rohproducten oder Werthpapieren wird sich aber noch steigern. Der Württembergischen Bankhäuser von umfänglicherem Geschäftsbetrieb sind verhältnissmässig wenige.

Sind dieselben auch gut dotirt, so sind sie es doch nicht in dem Maasse, dass sie nicht wenigstens theilweise um ihrer Betriebsmittel wegen auf eine gewisse Einschränkung des von ihnen zu gewährenden Credits bedacht sein müssten. Ueberdies sind sie nach der neueren Gestaltung des Geldverkehrs genöthigt gewesen, ihr Waarenlager mit einem neueren, bedeutende Mittel in Anspruch nehmenden, Artikel — den gangbarsten Staatspapieren zu vermehren und einige derselben, gereizt durch die leichten Verdienste, welche im Glücksfalle im Börsenhandel zu realisiren sind, haben sich von dem eigentlichen Bankverkehr abgewendet. In geldknappen Zeiten kündigen sie ihre Forderungen, ihre gegebenen Blancocredite, wodurch nicht selten dem Handel und der Industrie Verlegenheiten bereitet werden. Diese neuere Richtung, welche seit mehreren Jahren die Geschäfte der hiesigen Banken zum Theil eingeschlagen haben, sind die hauptsächlichste Ursache der vielseitigen Klagen über mangelnden Credit und des laut gewordenen Wunsches nach einem grösseren Creditinstitut. Da dieses vorzugsweise in diejenigen Geschäftskreise einzutreten hätte, welche die bestehenden Banken theils freiwillig beschränkt, theils verlassen haben, so würde eine Concurrenz wenigstens in diesen Geschäftszweigen nicht drückend werden können. Dieser Concurrenz ist überhaupt ein grosses Gewicht nicht beizulegen gegenüber der bedeutenden Förderung, welche dadurch den Bankhäusern selbst in ihren eigenen Operationen zu Theil würde. Ein grösseres Geldinstitut würde sie in den Stand setzen, die Blanco- und Contocorrentgeschäfte, welche sie neuerdings sehr beschränkt haben, und die von Zettelbanken ausgeschlossen sein müssen, wieder auszudehnen und vermittelnd zwischen die Zettelbank und diejenigen Geschäftsleute zu treten, die eine andere Art von Credit gebrauchen, als die letzteren gewähren.

In dem Ostertag-Mährlen'schen Referat wird sodann eine eingehende Vergleichung der Grundsätze gegeben, welche in den beiden Entwürfen, dem Dörtenbach-Benedictschen einerseits und dem Seyboldschen andererseits befolgt sind und man gelangt zu dem Resultat, dass der Seyboldsche Entwurf den Vorzug verdiene. Die Annahme des Seyboldschen Entwurfs mit einigen wichtigen Modificationen wurde beantragt. Die Kammer erklärte sich insbesondere dagegen, dass der Bank gestattet sei auch Immobilien im Ausland d. h. ausserhalb Württembergs zu erwerben, dagegen ist sie weder principiell gegen den Erwerb von Immobilien im Inlande, noch gegen den Betrieb des Hypothekengeschäfts. Sie befürwortet die Beleihung grösserer Güter, weil nach Ansicht der Kammer solche grössere Güter mehr Sicherheit bieten und eine bequemere Verwaltung gewähren, als kleinere Gutscomplexe.

Während die Majorität der Stuttgarter Handels- und Gewerbekammer sich für den Seyboldschen Entwurf mit Modificationen aussprach, gaben zwei Mitglieder unter vier verneinenden Stimmen ein Separatvotum ab, dahin gehend, dass die Gründung einer Zettelbank namentlich gegenwärtig nicht im Interesse des Handels und der Industrie sei, wohl aber sei die Gründung einer Depositenbank wünschenswerth.

Am 12. December 1855 erstattete die Kammer ihren Bericht an die Centralstelle.

Nachdem auch die Gutachten der anderen Handels- und Gewerbekammer eingelaufen waren, berichtet die Centralstelle am 16. Januar 1856 an das Ministerium des Innern. Sie sagt in ihrem resumirenden Bericht: „Einig sind die sämmtlichen Kammern darin, dass eine Darlehens- und Depositenbank für den Handel und die Industrie Württembergs nützlich wäre, ob aber der zu erwartende Nutzen die Verleihung der Befugniss zur Notenausgabe rechtfertige, diese Frage wird von den Kammern in Reutlingen und Ulm anerkannt, von der Kammer in Heilbronn unter Hinweis auf die Anknüpfung der Bedingung einer Gegenleistung für jene Bewilligung bejaht (das Votum der Stuttgarter Handels- und Gewerbekammer ist von uns ausführlich mitgetheilt) . . . Wir ersehen, wie man übereinstimmte in der Ansicht, dass einer Metallbank der Vorzug zu geben wäre vor einer Zettelbank, schon desswegen, weil jener eine viel freiere Bewegung zugestanden werden könnte, als einer Bank mit Notenausgabe, für deren Deckung Vorsorge im Statut zu treffen Aufgabe der Staatsregierung ist. Allein man erkannte, dass das Zustandekommen einer Metallbank nicht zu erwarten stehe, weil sich für die Kapitalien anderweitige lohnende Verwendung finden lasse und dass nur die Aussicht auf Gewinn aus der unverzinslichen Notenschuld einen

Reiz gebe, genügende Kapitalien diesem Unternehmen zuzuwenden, überdies in Württemberg kein solches Zuströmen von Depositen zu erwarten wäre, dass eine Bank ohne Noten allezeit genügende Mittel für den Bedarf auch bei knappem Geldmarkt hätte und so über eine solche Zeit hinüberzuhelfen in der Lage wäre. Endlich ist es wohl ins Auge zu fassen, dass nur der Reiz, den die Vermehrung der Zettelemission gewährt, die den übrigen volkswirthschaftlichen Zwecken entsprechende stetige genügende Zuführung von Kapitalien zu dem Bankinstitut sichert." Das Collegium der Centralstelle sprach sich einstimmig „für die Zweckmässigkeit des Principes in dem Seyboldschen Entwurf aus, wonach Noten und Depositen nur zu den rein merkantilen Bankgeschäften verwendet werden sollen, das Grundkapital aber, welches zur Garantie für die Noten zusammengeschossen wird, nicht nur eine sichere Anlage finden, sondern zugleich zu $\frac{1}{3}$ als Fond einer Unternehmungsbank für die Hervorrufung ausgedehnter Gewerbeunternehmungen dienen soll."

Auch innerhalb der Ministerien war im Laufe des Jahres 1855 die Bankfrage ventilirt worden. Am 12. August 1855 erging eine Note des Justizministeriums an das Ministerium des Innern. Aus dem Eingang der Note erhellt, dass von dem Justizministerium über die privatrechtliche Seite des Statuts ein Gutachten des Obertribunals (Civilsenat) eingefordert worden war. Unter Anschluss dieses Gutachtens äusserte sich das Justizministerium über die Statuten „soweit ihr Inhalt den diesseitigen Geschäftskreis berührt."

Ferner wurde dem Ministerium des Innern am 29. December 1855 von dem K. Bergrath ein Bericht erstattet. Der Bericht beschränkt sich auf die Beurtheilung der beabsichtigten Notenausgabe und kommt zu dem Resultat, dass „die Ausgabe von Banknoten nicht gestattet werden sollte, dass vielmehr die Bank gehalten sein müsste, ihre Zahlung in den für den allgemeinen Verkehr vorgeschriebenen Zahlungsmitteln zu bieten, wodurch Bankanweisungen auf Namen nicht ausgeschlossen sein würden."

Am 6. Februar 1856 richtete die K. Hofbank ein Gesuch an das Ministerium des Innern, wegen Wahrung ihrer Interessen, sofern eine Zettelbank concessionirt werde. Die Hofbank wünsche insbesondere, man möge einer neuen Anstalt keine solche Firma gestatten, welche leicht Collisionen mit der Hofbankfirma veranlassen könne, z. B. nicht das Prädikat „Württembergisch.“ Sie meint, wenn irgend einer anderen Creditanstalt das Recht der Notenausgabe gegeben würde, so müsste die Concession hierfür an Bedingungen geknüpft werden, die geeignet wären, einen entsprechenden Theil des finanziellen Gewinnes aus den Händen der Zettelbankunternehmer an den Staat für einen gemeinnützigen Zweck derart zu übertragen, dass es der Zettelbank unmöglich würde, mittelst ihres wohlfeilen Papiergeldes anderen Creditanstalten und Bankhäusern, die mit theuerem klingendem Gelde arbeiten, eine solche Concurrenz zu bereiten, welche das so wohl berechtigte Bestehen der letzteren gefährden würde.

Am 18. Februar 1856 wiederholt v. Seybold seine Bitte um Concessionirung.

Zur Herbeiführung einer baldigen ministeriellen Entschliessung schien auch die Bankbewegung im benachbarten Baden hinzudrängen.

Am 25. Februar erklärt das Haus Dörtenbach durch ein Schreiben an das Ministerium des Innern, dass es auf die Gründung einer Zettelbank in Stuttgart verzichte.

Am 3. März 1856 überreicht das Bankhaus Dörtenbach dem Ministerium die Statuten eines Bankvereins in Stuttgart zum Zweck der Gründung und Förderung industrieller und ackerbaulicher Unternehmungen. Man beantragt die Concessionirung und die Ertheilung der juristischen Persönlichkeit. Als Gründer des Bankvereins nennen sich: Otto Benedict, das Bankhaus Dörtenbach & Cie. und die K. Hofbank, sofern sie die Genehmigung zum Beitritt erlangen werde. Man erklärte, dass die zur Eröffnung des Geschäfts lt. Statuten einzuzahlenden 20% auf die zuerst zu emittirenden fünf Millionen Gulden des Actienkapitals zur Einzahlung parat seien. Man verpflichtete sich zur Ausführung des Unternehmens auf nicht länger als vier Wochen. Ergänzend theilte man am 4. März 1856 sofort mit, dass die beabsichtigte Gründung des Bankvereins mit der Seyboldschen Notenbank nichts gemein habe.

Wir entnehmen den Statuten die Grundzüge der beabsichtigten Bank:

Das Stammkapital des Bankvereins ist auf zehn Millionen Gulden mit 40,000 Actien à 250 fl. festgesetzt. Zunächst sollen fünf Millionen mit 20 % Einzahlung emittirt werden. Der Bankverein ist befugt: Wechsel in Disconto zu nehmen, sowie überhaupt gezogene Wechsel zu kaufen und zu verkaufen; Metall- und Papiergeld, sowie ungemünztes Gold und Silber zu kaufen und zu verkaufen; Gelder gegen Verzinsung anzunehmen und verzinsliche Schuldscheine auf Namen oder auf Inhaber auszustellen; Vorschüsse gegen Sicherheit auf Grund und Boden, auf gewerbliche Unternehmungen, ferner auf Werthpapiere, Obligationen, Wechsel, auf Gold und Silber, in Barren oder gemünzt, auf sonstige Effecten, sowie auf Waaren zu geben; Staatsschuldscheine, Actien und Obligationen anderer anonymer Gesellschaften, auch sonstige coursfähige Creditpapiere zu erwerben, sowie dieselben wieder zu veräussern; Gelder für Rechnung Dritter einzukassiren und auszuzahlen; laufende Credite gegen genügende Sicherheit zu eröffnen; Gelder und werthvolle Effecten in Verwahrung zu nehmen; für landwirthschaftliche und industrielle Unternehmungen anonyme Gesellschaften selbst zu gründen oder sich an solchen zu betheiligen; gewerbliche Anstalten zu unterstützen, auch nach Bedürfniss deren zeitgemässe Umgestaltung zu vermitteln. Insbesondere wird die Bank eine bestimmte Summe aussetzen für verzinsliche Darlehen an Localvereine, welche die Förderung landwirthschaftlicher Interessen zum Zweck haben und die erforderliche Garantie bieten; solche Darlehen wird sie auch gut verwalteten Gemeinde- und Stadtkassen geben.

Am 18. März 1856 übergab das Haus Dörtenbach e Cie. „modificirte Statuten", mit der Bemerkung, dass durch die jetzige Fassung etwaige Bedenken der Regierung wohl gehoben sein dürften.

Die Zahl der Bankprojecte sollte sich mehren:

Am 29. März 1856 hatte v. Magnus aus Berlin eine Audienz beim Könige und entwickelt den Plan, in Stuttgart eine Creditbank zu gründen, wodurch die verschiedenen in Stuttgart bereits zur Sprache gekommenen Pläne ihre Vereinigung finden würden. Er äusserte den Wunsch, dass zur Erleichterung der Ausführung von Seiten der Regierung ein eigener Commissar möchte aufgestellt werden, mit dem er seinen Plan zu besprechen und sich hinsichtlich des Näheren in der Sache zu benehmen in der Lage wäre. Der König glaubte, dass diesem Wunsche zu entsprechen sei. In Folge davon erging an den Minister des Innern die Eröffnung, dass er mit dem Finanzminister die geeignete Rücksprache nehme und dem König denjenigen Beamten bezeichne, welcher mit jenem Auftrag zu betrauen wäre. „Wobei sich natürlich von selbst verstehen würde, dass jener Beamte für sich keinerlei Zugeständnisse zu machen hätte, sondern dass diesfalls alles den späteren Entschliessungen der Regierung vorbehalten bleibe." — Schreiben aus dem Geh. Cabinet an den Minister des Innern v. 30. März 1856. — Schon unter dem 3. April 1856 wurde dem Minister des Innern eröffnet, dass es der Wille Seiner Majestät sei, spätestens alsbald Anzeige zu machen, ob oder welches Uebereinkommen zwischen den Ministern bezüglich der Creditbankangelegenheit und des zu bestellenden Commissars getroffen sei. „Es ist der Wille seiner Majestät, dass in dieser Angelegenheit rasch und mit Vermeidung weitläufiger und schleppender Geschäftsformen verfahren werde. Für den Fall, dass beide Minister über die Person des Commissars sich nicht würden vereinigen können behalten sich Seine Majestät vor, einen solchen unmittelbar zu bestimmen." Der Vortrag bei dem König fand noch den 3. April statt.

Am 5. April erging an den Minister des Innern ein Schreiben aus dem Geheimen Cabinet, worin es heisst: In Rücksicht auf den vom Minister des Innern erstatteten Bericht vom 3. April wird eröffnet, dass Seine Majestät weiteren Vorlagen entgegen sehen. Was die verschiedenen Projecte betrifft, so ist es Seiner Majestät lediglich darum zu thun, dass bei der Frage, welches derselben den Vorzug verdiene, einzig die Rücksicht auf das allgemeine Beste entscheide, eine Rücksicht, die Seine Majestät gewahrt wissen wollen, auch wenn das Project, von dem es sich handelt, nicht „aus schwäbischer Quelle" hervorgegangen sein sollte.

An demselben Tage (5. April 1856) theilte man dem Consul Georgi (Firma Dörtenbach & Cie.) mit, dass der Plan Seybold gegenüber dem Gesuch um Concessionirung eines Bankvereins in Stuttgart in den Vordergrund getreten sei und gab ihm anheim, von seinem Gesuch Abstand zu nehmen, für den Fall, dass es ihm nicht gelingen würde, sich an der Ausführung dieses Planes in einer seinen Wünschen entsprechenden Weise zu betheiligen.

Am 15. April 1856 wurde v. Seybold vom Ministerium des Innern aufgefordert, die Personen zu bezeichnen, auf deren Namen die Concession ertheilt werden sollte. Er entsprach der Aufforderung am 18. April. Seitdem erhielt er keine weitere amtliche Mittheilung in Betreff der Sache. — Brief des v. Seybold an das Ministerium des Innern vom 14. Februar 1865.

### §. 8. Die Bankfrage im Jahre 1856, (Fortsetzung). Project von David Hansemann. Project mehrerer Württembergischer Firmen. Project von Berliner Firmen.

Am 14. April 1856 richtete David Hansemann, alleiniger Inhaber der Firma: Direction der Discontogesellschaft in Berlin, an das Staatsministerium das Gesuch um Ertheilung der Staatsgenehmigung zur Bildung einer Actiengesellschaft für die Errichtung und den Betrieb einer Bank nach Inhalt eines beiliegenden Statutenentwurfes. Er bemerkte in der Eingabe: Die Bank wird sich von ähnlichen Anstalten-Zettelbanken dadurch unterscheiden, 1. dass die Notenausgabe nicht durch eine Ziffer, sondern durch das Portefeuille begrenzt wird. Die Menge der umlaufenden Noten richtet sich nach dem wirklichen Bedarf und als Garantie der Einlösung ist nicht, wie bei anderen Anstalten, ein Theil in Wechsel und der Rest in Münze, sondern der volle Betrag in Wechsel und ausserdem noch ein Theil in baarem Gelde vorräthig zu halten; 2. dass ein Theil des Reinertrags für gemeinnützige Zwecke abgegeben wird; 3. dass die ausführende und die controlirende Verwaltung getrennt gehalten und die Uebelstände vermieden werden, welche die Vereinigung der Ausführung und der Controle in der Hand eines Verwaltungsrathes verfassungsmässig mit sich bringt; 4. dass die Staatsaufsicht durch einen Beamten, welchen die Regierung zum Mitglied des Verwaltungsrathes ernennt, mittelst der ihm zugetheilten Befugnisse und Funktionen wirksamer als durch einen von aussen hereinblickenden Commissar geübt wird, ohne der Anstalt den Character eines Privatinstitutes zu beeinträchtigen, dessen Reinhaltung für ihre geschäftlichen Beziehungen von hoher Wichtigkeit ist; 5. dass die Bank für eine theilweise oder vollständige Vereinigung mit ähnlichen Anstalten in anderen deutschen Bundesstaaten angelegt ist. Durch diese Anlage wird nicht allein die Regelung des Bankwesens, insbesondere des Notenumlaufes in den Staaten des deutschen Bundes, zunächst des Zollvereins, theoretisch vorbereitet und erleichtert, sondern es wird auch die Verwirklichung der practischen Anwendung durch bereits ertheilte Zusicherungen anderer deutscher Regierungen in nahe Aussicht gestellt. Es handelt sich um den fruchtbaren Gedanken gemeinsamer Befriedigung der Geld- und Creditinteressen deutscher Staaten. Hansemann nimmt an, dass bei Genehmigung seines Planes keine weitere Bank mit Notenausgabe concessionirt werde, dagegen stehe nichts im Wege daneben Creditanstalten zu errichten, wie sie nach dem Muster einer älteren niederländischen Gesellschaft vor einigen Jahren in Frankreich errichtet und in fast allen Europäischen Staaten Nachahmung gefunden haben. Zur Betheiligung der Württembergischen Banquiers und Kapitalisten erklärte er sich bereit.

Nach den Statuten, welche Hansemann seiner Offerte beilegte, ist der Zweck der Anstalt: Verfügbares Kapital zu productiver Verwendung hinzuleiten, die Erwerbsthätigkeit durch Hilfsmittel des Credits zu unterstützen, den Geld- und Wechselverkehr zwischen den verschiedenen deutschen Staaten zu erleichtern, Fleiss und Sparsamkeit unter der handarbeitenden Classe zu fördern.

Das Kapital wird durch Actien gebildet. Es beträgt 10,500,000 Gulden. Die Hälfte dieses Kapitals muss emittirt sein, bevor die Geschäfte der Gesellschaft aufangen dürfen. Die Emission eines weiteren Actienbetrages bis zu 21,000,000 Gulden ist ausser diesem Kapital von 10,500,000 Gulden in Aussicht genommen. Die Gesellschaft gibt Banknoten aus. Es darf niemals ein grösserer Betrag von Banknoten im Umlauf sein als der Betrag der im Besitz der Gesellschaft sich befindenden Wechsel mit Ausschluss der beliehenen. Ausserdem muss wenigstens ein Drittel des Betrages der im Umlauf befindlichen Banknoten in baarem Gelde oder in Gold- und Silberbarren im Besitz der Gesellschaft sein. In dem Fall aber, dass die Banknotencirculation sich auf mehr als den eingezahlten Betrag der Actien beläuft, muss für diesen Mehrbetrag des Notenumlaufes wenigstens die Hälfte in baarem Gelde oder Gold- und Silberbarren vorräthig gehalten werden.

Als Geschäftskreis der Bank wird bezeichnet: Sie kann von Behörden, Instituten und Privatpersonen Gelder annehmen und zwar gegen Schuldscheine auf Namen oder auf Inhaber; gegen Anweisung auf eine ihrer Verwaltungsstellen, oder gegen Accept einer solchen; in laufender Rechnung, um dagegen bis zum Betrag der eingezahlten Gelder Zahlung zu leisten.

Die Gesellschaft discontirt, kauft und verkauft Wechsel oder wechselmässige Handelspapiere, die an Ordre ausgestellt sind und keine längere Verfallzeit als drei Monate haben.

Sie kann (nach Art. 15) Schulddocumente und Actien, für welche von Staaten, einzelnen Landestheilen oder Städten des deutschen Bundes die Zinszahlung übernommen oder garantirt ist, für eigene Rechnung kaufen und die, welche sie besitzt, wieder verkaufen. Für andere Werthpapiere gilt diese Befugniss nur, wenn sie auf den Antrag der Direction vom Verwaltungsrath ertheilt wird. Derselbe ist auch ermächtigt, die Befugniss des Erwerbs principiell zugelassener Werthpapiere zeitweise aufzuheben.

Es werden (nach Art. 16) gegen Verpfändung von Waaren oder Werthpapieren verzinsliche Vorschüsse geleistet, die in nicht längerer Frist als drei Monaten rückforderbar sein müssen. Zu den in Art. 15, 16 bezeichneten Geschäften darf im Ganzen nicht mehr verwendet werden, als der Betrag des eingezahlten Actienkapitals und der Gelder, welche bei der Gesellschaft mit einer Rückzahlungsfrist von mindestens sechs Monaten belegt sind. (Art. 17.)

Die Gesellschaft kann Gold und Silber, geprägt oder in Barren, kaufen, verkaufen und beleihen.

Sie kann zum Incasso ihrer Wechsel und der Besorgung ihrer anderweitigen Geschäfte, laufende Rechnung bei Banquiers oder Bankinstituten halten.

Commissionsweise kann die Gesellschaft für Behörden, Institute und Privatpersonen Wechselanweisungen und Rechnungen einziehen, auch Werthpapiere kaufen und verkaufen; sie kann hierbei Vorschüsse gewähren, soweit dies nach Art. 14, 17 gestattet ist.

Sie kann Werthgegenstände zur Aufbewahrung übernehmen und dafür eine Gebühr erheben.

Die Regierung soll (nach Art. 26) der Gesellschaft zusichern, dass das Recht, Banknoten oder dergleichen an jeden Inhaber auf Präsentation zahlbare Papiere auszugeben, anderweitig nicht ertheilt werden wird.

Besonders beachtenswerth ist endlich der Art. 36 der Statuten: Mit Regierungen anderer deutscher Staaten können zum Zweck der Errichtung von Filialen oder Agenturen wie zur Erlangung weiterer Rechte und Befugnisse Vereinbarungen geschlossen werden. Desgleichen mit anderen Instituten oder Gesellschaften, um die theilweise oder vollständige Verschmelzung der beiderseitigen Interessen herbeizuführen.

Den Statuten waren Motive beigegeben, aus welchen wir die für uns beachtenswerthen Gedanken hervorheben. Hansemann führt aus: Die durch Actiengesellschaften gegründeten und in der Gründung begriffenen Anstalten sind theils, wie der Pariser crédit mobilier solche, die alle geschäftliche Speculationen machen, jedoch keine Banknoten ausgeben, theils Institute, die beide Befugnisse in sich vereinigen, und theils solche, die eigentlich keine geschäftliche Speculationen machen sollen, dagegen aber Banknoten ausgeben dürfen. Man kann zweifelhaft darüber sein, ob die Anstalten der ersteren Art nützlich oder nothwendig seien; ob es nicht grosse Bedenken habe, juristische Personen von ewiger oder sehr langer Dauer mit grossen Actienkapitalien zu schaffen, um speculative Bankgeschäfte zu machen; ob es nicht zweckmässig sein möchte, dieses Geschäft den einzelnen fundirten Bankhäusern zu überlassen und ob es nicht insbesondere dem allgemeinen Staatsinteresse widerstreite, dass — wie in der Regel bisher geschehen ist — die Chefs oder socii von Bankhäusern zugleich die dirigirenden Mitglieder der Verwaltungen solcher grossen Actiengesellschaften sind und auf diese Weise zwischen ihren eigenen und den Interessen der Anstalt Collisionen entstehen, welche die beabsichtigte Gemeinnützigkeit der letzteren schmälern. Jedenfalls wird man zugeben müssen dass, was in einem Staat nützlich oder nothwendig in dieser Beziehung erachtet wird, es vielleicht weniger oder gar nicht in einem anderen Staat sein kann. So z. B. ist die österreichische Creditgesellschaft ein Glied in der Kette der grossen Finanzmassregeln, durch welche der Minister von Bruck die ausserordentlichen Hilfsquellen des österreichischen Staates und hierdurch die Finanzen derselben zu heben beabsichtigt. Dies erscheint daher als eine staatswirthschaftlich gut begründete Massregel, während Gründe dieser Art nicht wohl für einen crédit mobilier in Dessau geltend gemacht werden können. Dagegen ist es zweifellos, dass solche Gesellschaften mit gemischten Befugnissen, die nicht allein zu speculativen Geschäften, sogar zu Geldanlagen in Hypotheken und Grundstücken, sondern auch zur Ausgabe von Banknoten autorisirt werden, in hohem Grade zweckwidrig und selbst gefährlich sind. Es wird daher ohne Zweifel besser sein bei Concessionirung einer Bank, welche Noten ausgeben darf, alle Geschäfte zu untersagen, die dauernd feste Geldanlagen voraussetzen oder speculativer Natur sind. Dieser Gedanke leitete bei Abfassung der Statuten den Verfasser. Es ist dabei aber auch noch ein anderer Gedanke massgebend gewesen und zwar der Vervielfältigung der Banknoten entgegenzuwirken und den Grund zu legen zur Vereinigung deutscher Staaten für ein ganz solides Banknotensystem. Es wird nämlich nicht verkannt werden, dass es im höchsten Grade zweckmässig sein würde, wenn nicht so viele verschiedenartige Banknoten in Umlauf kämen und wenn dieser Zweck durch die unter Autorisation der Staatsregierungen abzuschliessenden Vereinigungen solider Banken zu einem und demselben Interesse erreicht werden könnte. Der Entwurf des Statuts bietet hierfür die Handhabe. Wird dieser Entwurf durch Concessionirung zur Ausführung gebracht, so werden Vereinigungen der angedeuteten Art bald folgen; „zumal der Unterzeichnete bei Regierungen anderer deutscher Staaten eine gute Aufnahme für die Verwirklichung der Idee findet.“

Am 28. Juli 1856 kam an das Ministerium, von einer Anzahl Württembergischer Firmen unterzeichnet, ein neues

Gesuch zur Errichtung einer Württembergischen Bank auf Actien und zwar einer Zettelbank unter Anfügung eines Promemoria und der Statuten.

Am 28. Juli 1856 reichten die Berliner Firmen Moritz Plaut und Meyer Cohn das Gesuch ein wegen Ertheilung der Concession zur Errichtung einer Bank in Stuttgart. Dem Gesuch waren Statuten beigelegt, welchen nach Erklärung der Petenten die Statuten der Preussischen Bank so viel wie möglich als Vorbild dienten. „Die Vorlage ist darauf bedacht gewesen, den Vortheil der hohen Staatsregierung des Königreichs Württemberg nicht allein mittelbar, sondern auch unmittelbar zu fördern, indem der K. Regierung die Hälfte der zur Theilung kommenden Summe und gleichzeitig bei erweitertem Geschäftskreis ein Theil des aus den etwa neu zu schaffenden Actien entspringenden Gewinnes zu übergeben ist.“ Man erklärte, dass der Berliner Bankverein die Absicht habe, sich mit drei Millionen Thaler bei der Gründung der Bank zu betheiligen.

Während der Verhandlungen über alle diese Projecte traten Ereignisse ein, welche eine principielle Abneigung gegen die Gründung einer Bank hervorriefen. Von einigen kleinen deutschen Staaten wurde eine übergrosse Menge von Papiergeld auf den Markt geworfen und ferner wurden einige Zettelbanken gegründet, welchen der naturgemässe industrielle Boden fehlte und von welchen die Nachbarstaaten mit Noten überschwemmt wurden.

Dieser Zustand rief eine starke Opposition unter dem Handelsstand gegen die vermehrte Circulation von Staats- und Bankpapiergeld hervor und von grösseren Staaten wurden Massregeln gegen die Circulation von Papieren in kleinen Stückbeträgen ergriffen, welchen sich auch in Württemberg die Verordnung vom 28. December 1855, betreffend das fremde Papiergeld, anlehnte. Die öffentliche Meinung wurde gegen die Gründung von Zettelbanken eingenommen. Das Gebahren der Mobiliarcreditinstitute bereitete Besorgnisse und Vorurtheile gegen die Gründung solcher neuen Institute. Diese Erwägungen haben auch in den Ministerien sich geltend gemacht und so erklärt sich die Politik des Zuwartens, zu welcher man mit dem Ende des Jahres 1856 überging.

Die Bankfrage fand am 4. December 1856 ihre vorläufige Erledigung durch eine Note des Geheimerathspräsidenten an das Ministerium des Innern „wonach Seine Königliche Hoheit in Hinsicht auf das der Begutachtung des Geheimerathes unterstellte Anbringen des Ministers des Innern und der Finanzen wegen Errichtung einer Stuttgarter Bank durch Höchste Entschliessung vom 3. December das Geheimerathspräsidium beschieden hat, dass es in Höchstihrer Absicht gelegen sei, diesen Gegenstand vor der Hand beruhen zu lassen."

## §. 9. Die Bankfrage 1857, 1858.

Am 2. Juli 1857 übergab Hansemann dem Chef des Geheimen Cabinets eine Denkschrift „Banknotensystem für deutsche Bundesstaaten [1])." Sie wurde innerhalb der Regierung einer Erwägung unterzogen. Ein die Denkschrift begleitender Brief enthielt wichtige, zur Ergänzung der Denkschrift bestimmte Bemerkungen. Hansemann hob in dem Brief hervor, er erachte als eines der wirksamsten Mittel zur allmäligen Erreichung des Zieles, dass sich Preussen, Oesterreich und die anderen deutschen Bundesstaaten einander nähern: eine Vermehrung des Einflusses der grösseren deutschen Mittelstaaten auf die Gestaltung der deutschen politischen, insbesondere der volkswirthschaftlichen Verhältnisse. „In einem nicht unwichtigen Zweige der letzteren, dem Banknotensystem, habe ich durch meine Vorschläge jenen Mittelstaaten — und insbesondere dem Königreich Württemberg vermittelst des von mir jetzt eingereichten Concessionsgesuchs die Gelegenheit zur Erlangung von Einfluss darbieten wollen. Und zwar in der harmlosesten Weise, denn keine Regierung kann es übel deuten, wenn Württemberg in einem Augenblick, wo nichts weiter von gemeinsamen Verabredungen vorliegt als die Anfrage Preussens, ob man nicht conferiren wolle, über solche Verabredungen, zu deren Inhalt noch kein Vorschlag gemacht worden, eine Zettelbank concedirte, solider als irgend eine in Deutschland und Oesterreich, (nur die alte Leipziger Bank kann in dieser Beziehung mit einer Bank meines Vorschlages verglichen werden) und zugleich die Befähigung in sich tragend durch Verein-

1) Die Denkschrift wurde im Mai 1857 als Manuscript gedruckt. (Druck von Döll und Schäffer in Kassel.)

barung mit anderen Banken den ganzen Geld- und Banknotenverkehr in Deutschland zu vereinfachen und auf eine solide Basis zu bringen. Das System wird eine so grosse Anziehungskraft seiner Natur nach nothwendig haben, dass dasselbe (sobald nur Württemberg durch Ertheilung der Concession die Initiative eröffnet hat) schnell seine Verwirklichung findet durch Hinzutritt von zwei Banken in kleinen Staaten und, indem auf diese Weise der „Verein deutscher Privatbanken" ins Leben tritt — durch baldige unausbleibliche Nachfolge anderer Banken. Die Frage, ob einer Notenbank auch die Befugniss zu industriellen Unternehmungen und zum Festlegen von Kapital in Grundstücken und Hypotheken beigelegt werden dürfe, ist wohl jetzt als verneinend entschieden zu betrachten, durch die öffentliche Meinung und nachdem dieselbe wohl den Hauptanstoss zu dem in Preussen ergangenen Verbote fremder Banknoten gegeben hat."

In einem Bericht der Ministerien des Innern und der Finanzen an den König, betreffend die Hansemannsche Denkschrift vom 10. August 1857, wurde das Seyboldsche und das Hansemannsche Project einer vergleichenden Besprechung unterzogen. Der Bericht kommt zu dem Resultat „Württemberg blieb von einer Krisis verschont, weil die Bankfrage hier sistirt worden war. Inzwischen ist aber doch das Bedürfniss nach einer Bank grösser geworden und zwar weniger nach einer Creditbank als nach einer Zettelbank. Es stehen freilich Verhandlungen bevor über die gemeinschaftlichen Normativbestimmungen für die Ausgabe von Papiergeld und Banknoten. Auf die möglichen Anordnungen in dieser Hinsicht wäre natürlich Rücksicht zu nehmen. Unter diesen Umständen hat die Gründung einer Zettelbank nach dem Seyboldschen Project weniger Aussicht und mehr die Hansemannsche. Da indessen der Seyboldsche Entwurf schon weit gediehen und gänzlich durchberathen ist, so würde es doch zweckmässig sein, eine schliessliche Berathung dieses Projectes noch einzuleiten."

Am 14. September 1857 gab der König seine Ermächtigung zur Wiederaufnahme der Berathungen über die Bankfrage.

Kaum war diese Ermächtigung gegeben, so traten neue

dilatorische Erwägungen ein. Man war grade mit der gesetzlichen Regelung der auf den Inhaber lautenden Creditpapiere beschäftigt und bei dem engen Zusammenhang dieser Gesetzgebungsarbeit mit der Erledigung der Bankfrage wurde der über die letztere entscheidende Entschluss zunächst hinausgeschoben.

Nach wiederholten Berathungen aber kam man — wie wir einer Mittheilung des Justizministeriums an das Finanzministerium vom 18. Februar 1858 entnehmen — zu dem Resultat, dass man die gesetzliche Regelung der Verhältnisse der auf den Inhaber lautenden Creditpapiere besser bis zu dem Zustandekommen des Handelsgesetzbuchs unterlasse.

Das Finanzministerium war der Ansicht, dass man nun vorläufig auch die Bankfrage vertage, „zumal eine Vereinbarung über gemeinsame Bestimmungen wegen der Geldsurrogate unter den Zollvereinsstaaten beabsichtigt ist [1]).“ Es erschien zweckmässig, gleichzeitig mit dieser Vereinbarung die Verhältnisse der Inhaberpapiere beziehungsweise die Grundbestimmungen für die Notenbanken gesetzlich festzustellen. Und selbst wenn die Vereinbarungen unter den Zollvereinsstaaten nicht zu Stande kämen, so erscheine es besser, die Bankfrage bis zu dem Zeitpunkt zu vertagen, wo das Justizministerium einen Gesetzentwurf über die auf den Inhaber lautenden Creditpapiere wieder aufnehmen werde und dann jene Bestimmungen in der von dem Ministerium des Innern beabsichtigten Weise damit zu verbinden. — Note des F. M. an das M. d. I. v. 25. April 1858.

Obwohl nun das Ministerium des Innern Anstand nahm, die Bankfrage derzeit weiter zu verfolgen, so theilte es doch der Centralstelle für Gewerbe und Handel am 18. Juni 1858 einen umgearbeiteten Entwurf der Seyboldschen Statuten mit. Die Umarbeitung war unter Berücksichtigung der inzwischen stattgehabten Erwägungen und insbesondere auch der in der Zeitschrift für Staatswissenschaften Jahrgang 1857 S. 597—658 niedergelegten Anschauungen vorgenommen worden. S. Bitzer, über die Errichtung einer Notenbank auf Actien in Württemberg l. c.

---

1) In Betreff der Bestrebungen zur Feststellung allgemeiner Normen über die Emission von Geldsurrogaten in Deutschland s. v. Poschinger, Bankwesen und Bankpolitik in Preussen, 2. Bd. §§. 105 fgde.

In einem Brief vom 26. Juli sprach Hansemann sein Bedauern aus, dass ein wirklicher Schritt zur Ausführung seines Planes noch nicht geschehen sei. „Das von der diesseitigen Regierung erlassene Verbot fremder Banknoten und die von Monat zu Monat oder vielmehr von Jahr zu Jahr ausgesetzte, eine Einigung über Geldzeichen bezweckende Conferenz von Deputirten der Vereinsstaaten hat wohl vorzüglich zu dieser Stagnation beigetragen.“ Er tritt im Weiteren der Ansicht entgegen, als sei die Krisis durch die Zettelbanken entstanden, die zu viel Banknoten in Umlauf gesetzt hätten. Er führt aus, dies sei jedenfalls nur zum kleinsten Theile die Ursache, vielmehr sei die Ursache die in allen Zweigen merkantilischer und industrieller Thätigkeit hervorgetretene Ueberspeculation. „Will man aufrichtig sein, so hat keine Zettelbank in Deutschland mehr als die Preussische Bank zur Beförderung der Ueberspeculation beigetragen. Begünstigt von der guten Meinung, welche Preussisches Staatspapier in Preussen und in Deutschland geniesst, hat sie in kurzer Zeit ihren Notenumlauf von 21 Millionen bis ungefähr 70 Millionen gesteigert und folglich um 30—40 Millionen Thaler in Disconten erhöht. Dies konnte nur geschehen, indem der Discontosatz um mehrere Procente niedriger gehalten wurde, als in anderen deutschen und ausserdeutschen Handelsplätzen. Diese 30—40 Millionen sind ein Reiz für die Creation von Wechseln, folglich ein starkes Beförderungsmittel der Ueberspeculation gewesen; und alles, was dagegen die Zettelbanken mittlerer und kleinerer Staaten gethan haben, ist vergleichsweise eine Kleinigkeit. Nach den Regeln, die in dem von mir vorgelegten Bankstatut über die Notenemission enthalten sind, hätte die Preussische Bank gar nicht in dieser Weise ihre Notencirculation vermehren können; sie wäre vielmehr frühzeitig gezwungen gewesen, ihren Discontosatz wesentlich zu erhöhen, und hierdurch rechtzeitig der Ueberspeculation entgegenzuwirken. Abgesehen davon, dass die Preussische Bank die Gunst ihrer Stellung (unabsichtlich) zur Beförderung der Ueberspeculation missbrauchte, hat die Erfahrung auch herausgestellt, wie nützlich eine solche Bank in Handelskrisen sein kann. Der Minister von der Heydt, ihr Chef, verschloss sich damals nicht der Ansicht, dass die Bank gerade wegen ihrer Stellung und wegen des starken Gebrauches, den sie davon vermittelst Notenausgabe und Discontirung früherhin gemacht hat, auch moralisch verpflichtet sei, während der Krisis nicht ängstlich im Discontiren zu sein und dadurch zum Ueberstehen derselben beizutragen. Dagegen wussten die Regierung und die grösseren Kaufleute in Hamburg der Krisis nicht gehörig entgegen zu wirken, grade weil es dort an einer mächtigen, den Credit befördernden und erhaltenden Zettelbank fehlt. Die Erlebnisse und Erfahrungen seit vorigem Sommer haben mithin, wie ich überzeugt bin, bestätigt, nicht nur, dass gut eingerichtete Zettelbanken ein Bedürfniss für die dermaligen merkantilistischen und industriellen Verhältnisse sind, sondern auch, dass das von mir aufgestellte System solcher Zettelbanken ein durchaus richtiges ist. Deshalb halte ich beharrlich an dem Wunsche fest, dass mein Plan ausgeführt werde“ . . . Auch diese Ausführungen hatten nicht den von Hansemann erstrebten Erfolg.

### §. 10. Gewerbeordnung v. 12. Februar 1862. Einführungsgesetz zum Handelsgesetzbuch v. 13. Aug. 1865. Gesuch der Frankfurter Bank wegen Errichtung einer Filiale in Stuttgart im December 1866.

Bei der Berathung der Gewerbeordnung (v. 12. Febr. 1862) mussten die Kammern der Bankfrage wiederum näher treten. Mohl stellte den Antrag, dass zur Errichtung von Actiengesellschaften und Commanditgesellschaften auf Actien für gewerbliche oder Handelszwecke die staatliche Genehmigung, für Banken aber der Erlass eines Gesetzes nothwendig sein solle. Auswärtige Actiengesellschaften oder Commanditgesellschaften auf Actien sollten zum Betrieb eines Gewerbes in Württemberg der gleichen staatlichen Erlaubniss bedürfen, wie dieselbe zur Errichtung einer Gesellschaft im Land erforderlich sei. Dieser Antrag fand indessen keinen Anklang und es wurde in die Gewerbeordnung nur der 2. Satz des Art. 6 der G.O. aufgenommen. Württ. Reg.-Bl. Nr. 6 vom 22. Febr. 1862.

Das Einführungsgesetz zum Allgemeinen Deutschen Handelsgesetzbuch vom 13. Aug. 1865 stellte in Art. 35 den Grundsatz auf, es sei zur Gründung von Actiengesellschaften oder Commanditgesellschaften auf Actien Staatsgenehmigung nicht erforderlich. Von diesem Grundsatz machte das Gesetz jedoch einige Ausnahmen, insbesondere für solche Gesellschaften, welche Bank- und Creditgeschäfte zum Gegenstand ihres

Unternehmens machen wollen. Die Gründung solcher Gesellschaften ist von der Staatsgenehmigung abhängig. Im Allgemeinen genügt hierfür die landesherrliche Genehmigung, dagegen können Gesellschaften der bezeichneten Art, welchen die Befugniss zur Ausgabe von Banknoten oder sonstigen Geldsurrogaten zustehen soll, nur auf Grund eines für den besonderen Fall ergangenen Gesetzes errichtet werden.

Im Zusammenhang hiermit bestimmt der Art. 38 des E.G.: um in Württemberg ein stehendes Geschäft, sei es mittelst einer Zweigniederlassung oder ständiger Agentur zu betreiben, sei für Actiengesellschaften und Commanditgesellschaften auf Actien, welche einem fremden Staate angehören, staatliche Genehmigung erforderlich, wenn das Gewerbe Bank- und Creditgeschäfte zum Gegenstand habe. Die Ertheilung der staatlichen Genehmigung richte sich nach Art. 35.

Diese Bestimmungen waren mit grosser Mehrheit gegen eine kleine Minderheit gefasst, die Bankfreiheit wollte.

Da das thatsächliche Bedürfniss den Verkehr mit Noten und Werthpapieren nöthig machte, so entstand das eigenthümliche Verhältniss, dass in dem Land eine grosse Masse derselben ihre Verbreitung fand, ohne dass die hierfür tenente Anstalt im Land ihren Sitz hatte, dass somit der Garantie einer von der Gesetzgebung beabsichtigten Sicherstellung der Staatsangehörigen, welche die Noten besitzen, die Spitze abgebrochen war, indem die fremden im Ausland befindlichen Bankinstitute die Concession nicht nachzusuchen hatten, während ihre Noten grosse Verbreitung fanden — s. Schreiben der Centralstelle an die Stuttgarter Handels- und Gewerbek. v. 11. Dec. 1866. —

Als nun im December 1866 die Frankfurter Bank um Concession zur Errichtung einer Filiale in Stuttgart nachsuchte, glaubte die Centralstelle angesichts obiger Thatsachen dem Gesuche nicht entgegen treten zu sollen, „insofern der von der Centralstelle beabsichtigte Erfolg für den öffentlichen Verkehr auch durch eine Filiale derselben in Stuttgart herbeigeführt werden dürfte.“

Die Frankfurter Bank begründete ihr Gesuch unter Entwicklung der Nothwendigkeit und Zweckmässigkeit einer Bank für Württemberg und speciell durch die Berufung darauf, dass sie während ihres dreizehnjährigen Bestehens den Geschäftskreis in Süddeutschland, insbesondere in Württemberg gefunden habe. Es sei somit namentlich für die Industrie und den Handel in Württemberg von hohem Werth, eine Filiale der Bank in Stuttgart zu besitzen, welche zur Einlösung ihrer Noten gegen baar verpflichtet sei; es handle sich bei ihr nicht um eine Vermehrung der im Lande schon in Masse vorhandenen Banknoten, sondern um eine Basirung des Notenumlaufs durch die Filiale; sie beabsichtige, keine Concurrenz auszuschliessen und beanspruche kein Monopol.

Das Gesuch ging am 11. December unter eingehender Befürwortung seitens der Centralstelle an die Stuttgarter Handels- und Gewerbekammer. Die letztere beklagt in ihrer Antwort vom 28. December 1866 den derzeitigen anormalen Zustand, wonach Württemberg das Hauptgebiet auswärtiger Banken geworden sei, während man einer in Wirklichkeit einheimischen Notenbank das Recht der Existenz in Württemberg bis jetzt nicht vergönnt habe. Die in dieser Anomalie gelegene Abhängigkeit vom Auslande ist unerträglich. Das Heranziehen des zweifelhaften Princips der Bankfreiheit könne absichtlich oder unabsichtlich die bestehende Calamität verlängern. Die Gesetzgebung Württembergs ist auf verschiedenen Gebieten von der Gesetzgebung anderer Länder überflügelt worden, weil man in der Hoffnung unter gewissen Eventualitäten etwas Vollkommenes, hauptsächlich etwas für Deutschland Gemeinsames zu erreichen, auch die Beseitigung allseitig anerkannter Uebelstände von Tag zu Tag verschoben habe. Nachdem erst vor einem Jahr der Abs. 4 Art. 35 des Einführungsgesetzes zum Handelsgesetzbuch angenommen und dabei die Anhänger der Bankfreiheit in entschiedener Minorität gewesen seien, sei für die gesetzgeberische Annahme des Princips der Bankfreiheit keine Aussicht. Dem Princip der Bankfreiheit werde aber durch die Concessionirung einer Württembergischen Notenbank auch nicht präjudicirt. Man müsse alle Kräfte ohne jede Zersplitterung hierfür einsetzen und die Erreichbarkeit des Zieles sei näher gerückt, vor Allem desshalb, weil durch den Krieg die wirthschaftliche Nothwendigkeit einer Württembergischen Notenbank auch solchen Gesellschaftsklassen klar geworden sei, welche vorher von Vorurtheilen dagegen erfüllt oder von der Möglichkeit und Dringlichkeit weniger überzeugt waren. In dem Antwortschreiben sind sodann die Motive geprüft, welche die Frankfurter Bank zu dem Gesuch bestimmt haben. Nach der Meinung der H. und G.K. ist in dem Gesuch ein Coup gegen die Bestrebungen des Bankcomites enthalten. Man will durch Errichtung einer Filiale die Entstehung einer Württembergischen Notenbank als überflüssig erscheinen lassen, um den auswärtigen Gesellschaften das factische Monopol auf einem angenehmen Markt zu sichern. Eine solche Filiale bietet aber dem Land nicht den Vortheil eines einheimischen Instituts und es ist jene Controle, wie bei einem einheimischen Institut nicht möglich. Man verlangte daher, dass die bei der Regierung vorliegenden Gesuche aus Württemberg ihre Erledigung finden möchten, bevor das Gesuch der Frankfurter Bank in Erwägung gezogen werde.

§. 11. Gesuch des provisorischen Comites betreffend die Errichtung einer Zettelbank (praes. Fischer). 1864, 1865, 1866 (2. Juni).

Dem Württembergischen Handels- und Gewerbestande fehlte für ein energisches, planmässiges Vorgehen in der Bankfrage lange Zeit ein geeignetes Organ. Dieses Organ fand man in dem mit dem Juli 1864 gebildeten Württembergischen Handelsverein.

Der Ausschuss des Handelsvereins trat an die Bankfrage im Herbst 1864 heran, indem er unter Zuzug von anderen Sachverständigen die Frage in Erwägung zog, wie dem hervorgetretenen Bedürfniss am Besten abgeholfen werden könne. Der Ausschuss kam zu dem Resultat, dass eine bessere Creditorganisation ein Gebot der Nothwendigkeit sei, und er fand das Mittel zu einer solchen in der Gründung einer grösseren Gesellschaftsbank. Er wollte jedoch nicht einseitig handeln und berief auf den 2. Februar 1865 eine grössere, aus den Abgeordneten des ganzen Landes bestehende Vorversammlung, welcher die Fragen vorgelegt wurden, 1. ob überhaupt eine Bank ein wirthschaftliches Bedürfniss sei und 2. welche Bankart das Bedürfniss am Besten befriedige[1])? Die erste Frage wurde

---

1) Der Einladung zur Versammlung ging eine Schrift voraus, betitelt

einstimmig bejaht, in der zweiten gingen die Ansichten auseinander. Eine Minorität entschied sich für eine Nichtzettelbank, die grosse Majorität für eine Bank mit Notenprivileg. Diese Majorität übertrug dem Ausschuss des Handelsvereins die Aufgabe, in ihrem Sinne weiter zu handeln und durch öffentlichen Aufruf diejenigen einzuladen, welche die Errichtung einer Zettelbank für erspriesslich und nothwendig halten und sich dabei betheiligen wollten. Der Aufruf wurde durch 484 schriftliche Betheiligungen beantwortet. Am 24. Februar trat in Folge weiterer öffentlicher Einladung eine Versammlung zusammen, welche die Grundzüge des zu errichtenden Instituts feststellte und ein Comite behufs Ausarbeitung der Statuten und Ausführung der sonsigen nöthigen Schritte bildete. Dieses Comite fertigte einen Entwurf und gab einem engeren Ausschuss den Auftrag den Entwurf der Regierung vorzulegen. Der Vorsitzende des Comites war der Finanzrath Fischer; es gehörten ferner dazu Fr. Sick, Chevalier, Fetzer, Auberlen, Federer und Hallberger. Am 23. Juni 1865 richtete das provisorische Comite das neue Concessionsgesuch an das Ministerium. Wir entnehmen dem Gesuch, „Es soll eine Actiengesellschaft unter der Firma Württembergische Bank mit dem Sitz in Stuttgart gegründet und auf 25 Jahre concessionirt werden. Das Grundkapital ist auf zehn Millionen Gulden mit 2000 Actien à 500 Gulden vorgesehen. Zuerst sollen 6000 Actien, also drei Millionen, ausgegeben werden. Wenn von dieser Summe $\frac{3}{4}$ gezeichnet und $20\,^{0}/_{0}$, also 450,000 Gulden eingezahlt sind, soll die Thätigkeit der Bank beginnen. Die der Bank gestatteten Geschäfte sind: Discontirung, Kauf und Verkauf von Wechseln und denselben gleichgestellten wechselmässigen Anweisungen, welche nicht über drei Monate laufen und in der Regel mindestens drei, in keinem Fall weniger als zwei notorisch gute Unterschriften tragen; Kauf und Verkauf von Gold und Silber, gemünzt und in Barren; Kauf und Verkauf von Staats- und anderen Werthpapieren, welche einen regelmässigen Börsencurs haben und notorisch solide sind. Jedoch darf die Bank zu keiner Zeit mehr als

---

„Vorschläge zur Errichtung einer Bank in Württemberg." Stuttgart (Metzler'sche Buchdruckerei). Als Manuscript gedruckt.

einen den achten Theil des eingezahlten Actienkapitals gleichkommenden Betrag in Effecten für eigene Rechnung angelegt haben, den Effectenbestand des Reservefonds nicht eingerechnet; Gewährung verzinslicher Vorschüsse, je für längstens drei Monate, gegen Verpfändung von a. Gold und Silber in Barren, gemünztem Gold und Silber und Gold- und Silbergeräthen, b. soliden Staats- und Werthpapieren bis zu $\frac{2}{3}$ beziehungsweise $\frac{9}{10}$ ihres Courswerthes, c. Waaren, welche dem Verderben nicht unterliegen, zu $\frac{1}{4}$ bis $\frac{3}{4}$ ihres Werthes, d. Wechsel der oben bezeichneten Art; Eröffnung laufender Rechnungen und Credit in solchen gegen hinreichende Sicherheit durch Unterpfänder und Faustpfänder; Annahme von Geldern und Einkassirung von Forderungen zur Verfügung durch Anweisungen oder Ab- und Zuschreiben; Annahme vom Geldanlagen gegen Schuldscheine mit bestimmter Verfallzeit oder Kündigungsfrist in der Regel nicht unter 500 Gulden oder Anweisung auf eine der Bankfilialen. Regelmässig sollen nur Gelder verzinst werden, welche auf wenigstens vier Monate oder mit wenigstens dreimonatlicher Kündigungsfrist angelegt werden; Verwahrung von Werthen; Besorgung von Commissionsgeschäften. Alle anderen Geschäfte sind der Bank untersagt. Die Bank soll zur Notenausgabe berechtigt sein. Das Maximum der Notenausgabe ist der $1\frac{1}{2}$fache Betrag des jeweils eingezahlten Actienkapitals. Als Gegenwerth der umlaufenden Noten muss bei der Bank vorräthig sein: 1. Ein Drittel in baar oder Silberbarren, daneben 2. der volle Betrag in bankmässigen Wechseln, doch darf bis zu einem Drittel die Deckung in Werthpapieren bestehen, welche einen regelmässigen Börsencours haben und notorisch solid sind.

Die Eingabe des provisorischen Comites erörterte zunächst eingehend die Bedürfnissfrage, ferner aber auch die Möglichkeit der Errichtung einer solchen Bank, „da heutzutage in Württemberg mehr als genügend Kapitalien theils flüssig gemacht, theils geschaffen, beziehungsweise erspart sind, um damit alle Bedürfnisse des eigenen Landes befriedigen zu können. Durch die Grundentlastungen sind bedeutende Summen frei gemacht, durch die Ernten grosse Beträge erspart worden, ein Kapitalistenverein ist ins Leben getreten, der seine

Entstehung dem Umstand verdankt, dass grosse Beträge flüssigen Kapitals auf dem Wege der früher gewohnten Anlage keine oder wenigstens keine lohnende Verwendung mehr finden. Erstaunliche Summen sind in den letzten zehn Jahren in Werthpapieren aller Art und aller Gattungen angelegt worden. Württemberg borgt sogar dem Auslande. Die Hypothekarcreditinstitute, insbesondere der Kapitalistenverein und die Rentenanstalt geben ihre bedeutenden Mittel zum Theil ausländischen Grundbesitzern, fremde Effecten werden angekauft in bedeutenden Beträgen, das Papiergeld anderer Staaten wird aufgenommen und auch die Banknoten anderer Länder. Man kann hierfür Ziffern angeben. Die Ortssteuerbehörde in Stuttgart hat die Beobachtung gemacht, dass in diesem Orte allein eine Summe von zwanzig Millionen solcher österreichischer Werthe placirt ist, von welchen Oesterreich die Steuer in Abzug bringt [1]); unsere hiesigen Bankhäuser haben von den Schweizer Anlehen binnen einiger Jahre viele Millionen am Platz abgesetzt; die Geldcirculationsmittel des Landes betragen über sechzig Millionen; davon ist mehr als ein Drittel durch fremdes Papiergeld vertreten. Solchem Kapitalreichthum gegenüber besteht aber die Klage des Gewerbe- und Handelsstandes über Creditlosigkeit und Mangel an genügenden Kapitalien notorisch fort; der Personalcredit sieht sich völlig dem Zufall preisgegeben; er bewegt sich in den schwerfälligsten Formen; im Ausland ist kein Württembergischer Handelsplatz als Wechselplatz anerkannt; unsere besten Handelscreditpapiere unterliegen daher ungünstigeren Bedingungen als jene von Ländern, denen wir sonst an Umfang der Handels- und Gewerbethätigkeit, an Solidität und Credit voranstehen. Die Gründung neuer gewerblicher Etablissements . . stösst auf Abneigung des Kapitals, die bestehenden Geschäfte wissen ein vermehrtes Kapitalbedürfniss oft gar nicht, oft nur mit verhältnissmässig grossen Opfern zu befriedigen. Und zu allem dem kommen die Anforderungen der neuen intensiveren Concurrenz, welche durch die jüngsten Handelsverträge geschaffen worden ist. Die wirthschaftliche Lage des Landes

---

1) Vgl. auch Jahresbericht der H. u. G.-K. in Württemb. für das Jahr 1861, S. 169, für das Jahr 1866, S. 170 flg.

ist abnorm: auf der einen Seite grosser Kapitalreichthum, auf der anderen Seite Mangel an Kapital zur eigenen Production, Crediterschwerung und völlige Unbeholfenheit im Creditverkehr, auf der einen Seite anerkannte Solidität und Creditfähigkeit des Landes, im Ganzen und in seinen einzelnen Geschäftselementen, auf der anderen Seite Missachtung und Hintansetzung seiner Handelscreditpapiere, ja selbst seines Staatspapiergeldes im Auslande; auf der einen Seite alle Vorbedingungen wirthschaftlichen Aufschwunges, auf der anderen Seite selbst geschaffne, aus der eigenen Unthätigkeit und Energielosigkeit hervorgehende Hemmnisse und Lähmungen der Entwicklung, endlich auf der einen Seite grosse Aengstlichkeit und Sorgfalt in der soliden Anlage flüssig gemachter Kapitalien, auf der anderen unbegreifliche Vertrauensseligkeit in die ausländischen Börsenwerthe und Anarchie im Geldwesen.“ Die Eingabe des provisorischen Comites wendet sich sodann zu der Grundursache dieser Erscheinungen, dem Mangel einer rationellen Creditorganisation in Württemberg. „Für den Hypothekarcredit, der in früheren Stadien der wirthschaftlichen Entwicklung des Landes die Hauptsache war, ist allerdings Manches geschehen, für die Organisation des Mobiliarcredits aber kaum ein Anfang gemacht. Der Mobiliarcredit aber bedarf erfahrungsmässig noch viel mehr als der Bodencredit einer einheitlichen Organisation. Der Einzelne ist nicht in der Lage ihn befriedigen zu können, weil ihm die erforderlichen Geldmittel und das nöthige Material zur Beurtheilung der Creditwürdigkeit nicht zu Gebote stehen. Es bedarf hier eines Vereinigungs- und Mittelpunktes. Es sind allgemein aus dem dringendsten Bedürfniss des erweiterten Verkehrs auch bei uns Privatgeschäfte in bedeutender Anzahl entstanden, welche das Mögliche leisten, aber es fehlt ihnen im Lande selbst der nöthige Rückhalt, welchen sie desshalb im Auslande suchen müssen [1]). Ausserdem liegt es in der Natur der Sache, dass solchen Privatgeschäften die Attraction des kleinen Kapitals, zumal nach den gemachten traurigen Erfahrungen nur in geringerem Masse eigen sein kann. Sie

1) S. Ausführungen desselben Inhalts in den Jahresber. der Reutlinger Handelskammer für das Jahr 1863, S. 10.

genügen deshalb den heutigen Anforderungen des Verkehrs entschieden nicht, was sie selbst offen und rückhaltlos anerkennen. Durch diesen Mangel einer rationellen Organisation des Handelscredits erklären sich aber die eben geschilderten Zustände ohne Schwierigkeit. Weil wir nicht dafür gesorgt haben, Vertrauen erweckende Institute zu gründen, welche das zerstreute Kapital an sich zu ziehen vermöchten, hat sich das Kapital auf alle möglichen Abwege verirrt[1]), fehlen die erforderlichen Mittel, um Industrie und Handel wirksam zu unterstützen, die vorhandenen Betriebskräfte zu verwerthen, die Production zu fördern, und dadurch den nationalen Reichthum zu vermehren. Aus demselben Grunde sind wir ausländischen Geldmittelpunkten tributär geblieben, lassen uns von ihnen gleichzeitig ausbeuten und misshandeln und je mehr wir ihrer bedürfen, desto mehr geht ihr Bestreben dahin, uns in Abhängigkeit und Unmündigkeit zu erhalten. Daher denn die weitere so nachtheilige Erscheinung, dass unsere Handelsplätze nirgends als Wechselplätze anerkannt werden, und dass unser Geldwesen in so unendliche Verwirrung gerathen ist, eine Erscheinung, welche Ursache und Wirkung zugleich in sich fasst. Man kann auch nicht behaupten, dass wir, indem wir auf die Vortheile der modernen Creditwirthschaft verzichtet haben, damit zugleich die Nachtheile derselben von uns fern gehalten hätten. . Vielmehr ist das gerade Gegentheil Thatsache geworden. . Unser Metallgeld ist, um nur einige schlagende Beispiele anzuführen, aus dem Verkehr gedrängt worden und wird täglich mehr verdrängt, obgleich wir wenig Papiergeld und keine Noten emittirt haben. Das Metall ist aber nicht in den Kellern unserer eigenen Bank verwahrt, sondern ins Ausland gewandert. Damit correspondirend sind wir mit Papiergeld und Banknoten aus aller Herren Länder überschwemmt. Keine der uns benützenden Banken hat es aber auch nur der Mühe werth erachtet, bei uns eine Baareinlösungskasse zu etabliren. Es ist sogar bereits so weit gekommen, dass wir den Paricours der bei uns umlaufenden Geldsurrogate nicht einmal mehr auf-

1) Vgl. Jahrbücher der Stuttgarter Handelskammer für das Jahr 1859 (Jahresber. der H. u. G. K. in Württemb. für 1859, S. 48, 59. 158, 169) und die interessanten allgemeinen Bemerkungen über den Geld- und Effectenmarkt im Jahre 1865 in dem Jahresber. der W. H. u. G. K. f. 1865, S. 181 fgde.

recht erhalten können .. anderseits haben wir uns ebensowenig vor der Ueberfluthung mit allen Gattungen von Börsenwerthen, oft höchst zweifelhafter Qualität, geschützt noch schützen können. Ueberhaupt steht es nicht in unserer Macht, gegen den allgemeinen Strom der Zeit zu schwimmen. Man mag thun oder unterlassen, was man will: so gewiss die Geldwirthschaft der Neuzeit die Naturalwirthschaft des Mittelalters verdrängt hat, ebenso gewiss wird die Creditwirthschaft der Zukunft die Geldwirthschaft ersetzen .. Dass der Uebergang mit gewissen Gefahren begleitet sein wird, wollen wir nicht bestreiten. Weit grösser aber ist die Gefahr und ganz sicher der Schaden, wenn wir uns in der wirthschaftlichen Entwicklung von allen Seiten überflügeln lassen, wenn wir das, was unsere eigene Aufgabe wäre, Fremden überlassen und so der Ausbeutung, dem Stillstand und gar dem alsdann nothwendig folgenden Rückschritt verfallen. Die Eingabe wendet sich sodann zu dem Heilmittel der umfassenden Organisation des Personalcredits. „Die Form der gedachten Creditorganisition ist überall die Gesellschaftsbank." — Damit schliesst die Ausführung über die Frage, ob für Württemberg die Gründung eines Bankinstituts Bedürfniss sei?

Die Eingabe beantwortet nun die zweite Frage: ob jenes Bedürfniss gerade eine Notenbank erheische? „Es wird sich bei Erörterung dieser Frage insbesondere darum handeln, ob die Zwecke, welche bei uns ein grösseres Mobiliarcreditinsitut erfüllen soll, in demselben Masse durch eine Nichtzettelbank oder durch andere Einrichtungen erreicht werden können, wie durch eine Notenbank. Diese Zwecke sind in grossen Umrissen: Sammlung der vereinzelten und zerstreuten Kapitalkräfte, namentlich auch jener, welche leicht einer Verirrung ausgesetzt sind, Nutzbarmachung derselben überhaupt und insbesondere im Interesse der einheimischen Industrie, Güterproduction und des Handels, Verhinderung der in der Annahme fremder Geldsurrogate liegenden Kapitalverschleuderung an das Ausland, thunlichste Regelung unseres Geldwesens, Befestigung des Handelscredits im Innern und nach Aussen, Herbeiführung eines rationellen und soliden Creditverkehrs nach dem Muster hochentwickelter Industrieländer, Anbahnung und Befestigung der Unabhängigkeit unseres Handels und der Wechselplätze von der Willkür ausländischer Geldmittelpunkte. Es steht nun zunächst fest, dass man da, wo die Creditwirthschaft noch in keiner hohen Entwicklung stand, wo man erst anfing, sie ins Leben einzuführen, wie es in Württemberg der Fall ist, mit der Gründung einer Notenbank begonnen hat; erst später entstanden dann für andere Zwecke als die der Zettelbanken z. B. directe Unterstützung industrieller Unternehmungen neben den Notenbanken sogenannte Creditanstalten . . . Da, wo der Creditverkehr einen grösseren Umfang angenommen, wo er sich dem wissenschaftlichen Ideal der Umsatzvermittlung ohne Metallgeld nähert, wie namentlich in England, tritt unverkennbar die Tendenz hervor, die Banknote als eine bereits überholte Creditform durch Check und durch einfache Abrechnung zu beseitigen. Dort wächst dann auch die Notenemission nicht mit der Ausdehnung des Verkehrs, sondern sie bleibt stationär oder geht gar zurück. Banken ohne Notenemission haben da ein weites und lohnendes Feld ihrer Thätigkeit und machen entschieden bessere Geschäfte als die Zettelbanken mit ihren statutarischen Beschränkungen. Da aber, wo jene Voraussetzungen nicht zutreffen, insbesondere in Deutschland und Oesterreich, sehen wir die Kehrseite des Bildes. Man hat hier entgegen dem allgemeinen Gesetz der naturgemässen Entwicklung credit mobiliers im Grossen und Kleinen, theils vor, theils neben den Zettelbanken gegründet, ehe der Creditverkehr die erwähnte Stufe der Vollkommenheit erreicht hatte und die Folge war, dass alle diese Institute mehr oder weniger in ein Siechthum und auf Abwege geriethen . . Anstatt Träger und Säule des Credits zu sein, haben sie denselben vielfach untergraben. Die Zettelbanken hingegen, so wenig manche derselben in Deutschland nach den Anforderungen der Wissenschaft construirt waren, sind doch verhältnissmässig in besserer Position geblieben.“ Aus diesen allgemeinen Sätzen wird in der Eingabe die Nutzanwendung für Württemberg gezogen und zwar gegen eine Creditbank, zu Gunsten einer Zettelbank [1]). Dann wendet man sich gegen den Vorschlag der Vermehrung des

1) S. übrigens Jahresber. der Stuttgarter Handelskammer für das Jahr 1864 (in den Jahresber. der H.- u. G.-K. in Württemb. f. 1864, S. 42 fgde.), und ferner die Ansichten der Heilbronner Handelskammer. l. c. S. 71.

Staatspapiergelds anstatt der Gründung einer Zettelbank. Man führt aus, dass die Furcht vor einer Vertheuerung der Lebensmittel und Waarenpreise durch vermehrte Notenausgabe eine unbegründete ist, dass aber eine Zuvielausgabe von Papiergeld als wirkliche Vermehrung der gesetzlichen Zahlungsmittel wohl jene Folge haben könne, ferner, dass die Notenemission an sich keine grösseren Gefahren mit sich führt, als die Papiergeldemission, während die angeblichen Vortheile der Papiergeldemission nicht so gross seien. „Uebrigens stehen wir gar nicht vor der Initiative, ob Banknoten oder keine, ob Banknoten oder Staatspapiergeld, vielmehr ist die Frage thatsächlich so gestellt: ob eigne Noten oder fremde? Selbst wenn der Staat soviel neues Papiergeld creiren würde als bei uns fremde Noten umlaufen, so würden dadurch die letzteren doch nicht aus unserem Verkehr gedrängt und uns unser Metallgeld wieder zurückgegeben, weil der Staat trotz Ueberfluss an Geldmitteln, unserem Gewerbe- und Handelsstand keine Darlehen gibt, keine Wechsel übernimmt, daher keine Creditstütze bietet. Nach wie vor müssten daher unsere Bankiers und grossen Firmen ihren Rückhalt an den ausländischen Creditinstituten suchen, nach wie vor würden sie dorthin Wechsel ziehen und verkaufen, Credite in laufender Rechnung und Darlehen mit oder ohne Deckung nehmen und nach wie vor würden durch diese Negociationen, welche nicht in Metallgeld, sondern in Banknoten ihre Ausgleichung finden, die fremden Geldsurrogate nach Württemberg strömen.“ Dagegen wird es einer Württembergischen soliden Notenbank nach und nach gelingen, die fremden Geldsurrogate zu verdrängen und das ausgewanderte Metallgeld wieder ins Land zu schaffen... In dem Gesuch wird betont, dass als Vorbild für die Ausarbeitung der Statuten diejenigen längst erprobter Institute, insbesondere der Frankfurter Bank dienten, ferner aber, „sofern in dem benachbarten Baden die in Betracht kommenden thatsächlichen Voraussetzungen mit hierländischen zum grossen Theil übereinstimmen, insbesondere auch die Bestimmungen desjenigen Statuts, welches im Lauf des verflossenen Jahres im Grossherzogthum Baden von einer daselbst als Bewerberin aufgetretenen Gesellschaft ausgegeben, von der Regierung geprüft, von der Landesvertretung empfohlen und begutachtet war."

Das provisorische Comité liess am 26. Juni 1865 auch der Stuttgarter Handels- und Gewerbekammer den gedruckten Statutenentwurf mit Motiven zugehen und erbat sich am 22. Juli 1865 ein Urtheil über die Statuten „zur Verbesserung etwaiger Mängel und zur moralischen Unterstützung in verschiedenen Kreisen." Am 18. September 1865 fand die Generalversammlung des Württembergischen Handelsvereins zu Reutlingen statt. In einer vortrefflichen Rede entwickelte Fetzer die massgebenden auch in den Motiven für den Entwurf niedergelegten Anschauungen. — S. Protok. der Generalversammlung S. 11—19 und die in der Hallbergischen Druckerei unter dem Titel „Die Bankfrage in Württemberg" erschienene Schrift. — Die Versammlung, welche aus 80 Repräsentanten des Württembergischen Handels und der grösseren Industrie und 851 Mitgliedern des Württembergischen Handels- und Gewerbestandes sich zusammensetzte, beauftragte den Ausschuss des Württembergischen Handelsvereins bei der Staatsregierung die Concessionirung einer Württembergischen Bank mit Notenausgabe auf Grund der von dem betreffenden Comite eingereichten Statuten zu befürworten. Die Befürwortung bei dem Ministerium des Innern erfolgte am 16. Oktober 1865.

Die Centralstelle für Handel und Gewerbe erstattete über das Concessionsgesuch ihren Bericht an das Ministerium am 18. September 1865. Im Allgemeinen sprach sich die Mehrheit des Collegiums dahin aus, dass für Württemberg das Bedürfniss eines Gesetzes vorliege, welches allgemeine Bankfreiheit gebe, welches also Jedem gestatte, irgend eine Bank, also auch eine Notenbank zu gründen. In Ermanglung eines solchen Bankgesetzes erschien es aber der grossen Mehrzahl des Collegiums wünschenswerth, dass einstweilen von der Staatsregierung die nachgesuchte Concession zur Errichtung einer Notenbank ertheilt werde. Zwei Collegialmitglieder geben Separatvoten ab: Pfleiderer wollte absolute Bankfreiheit und wünschte, dass man die Errichtung jeder Notenbank so lange verschiebe, bis die Bankfreiheit gesetzlich statuirt sei. Goppelt wollte die Zahl der Zettelbanken nicht auch noch vermehrt haben, so lange nicht in Deutschland Fürsorge dafür getroffen wäre, dass die ausgegebenen Zettel durch bei den Staatskassen deponirte leicht flüssig zu machende Werthe garantirt seien, ungefähr wie solches in neuerer Zeit bei den meisten nordamerikanischen Banken stattfinde, wo der Staat die Notenfabrikation besorge und jeder Bank nur in demjenigen Betrag Noten verabfolge, in welchem sie Staatspapiere deponirt habe.

In einem weiteren Bericht vom 15. December 1865 beantragte die Centralstelle, dass man in das Gesetz keine Bestimmungen über die Bedingungen der Notenausgabe und über eine bestimmte Art der Deckung der Noten durch Baarbestände oder sonstige Werthe aufnehme, vielmehr sich mit der Vorschrift begnüge, dass nähere Bestimmungen hierüber in den Gesellschaftsvertrag aufzunehmen seien. Die Centralstelle hatte nämlich neuerdings die Ueberzeugung gewonnen, dass eine hypothekarische Sicherheit die Solidität der Bank am Ehesten bekunden werde; dadurch war die Vorschrift einer bestimmten Art von Notendeckung und namentlich diejenige Art ausgeschlossen, für welche die Centralstelle sich früher ausgesprochen hatte. Nach Ansicht der Centralstelle sollte die Hypothekendeckung den Vortheil gewähren, dass sie gerichtlich constatirt wird und dadurch eine eingehende sonstige Controle, „die überhaupt fast unmöglich ist“, vermieden wird. Mit ihr erhalte man die richtige Grundlage für das von ihr erstrebte freie Banksystem, welches die Schottischen Banken vor allen anderen auszeichne und in Zeiten von Krisen vor Misscredit und Cassenstürmen schütze. Mit der Hypothekendeckung beseitige man endlich Vorwürfe gegen die anscheinend fehlende Garantie für die Solidität der Bank und breche allen Angriffen die Spitze ab.

Durch Erlass vom 3. November 1865 wurde das provisorische Comité seitens der Centralstelle für Handel und Gewerbe aufgefordert, nähere Nachweise über die Frage beizubringen, inwieweit eine Zettelbank für Württemberg als ein Bedürfniss des Landes und insbesondere des Gewerbestandes erscheine und es wurde aufgegeben, diesen Nachweis für alle einzelnen Zwecke, welchen die projectirte Notenbank dienen solle, möglichst in Ziffern zu liefern. Dem entsprach das Comité durch die Antwort vom 29. Januar 1866.

1. Man wendete sich zunächst zur Beantwortung der Frage: inwieweit bestehen für die von der projectirten Notenbank erstrebten Zwecke bereits Einrichtungen von Privaten oder Gesellschaften? Das Comite constatirte, dass man in Württemberg weder Privatgeschäfte noch Institute besitze, welche sämmtliche oder auch nur eine Mehrheit der Functionen einer Bank, vielweniger einer Notenbank, in sich derart vereinigten, dass sie selbständig und aus eigenen Kräften eine ausreichende Creditstütze des Handels- und Gewerbestandes bilden könnten. Man hat allerdings einzelne Bankgeschäfte und Gesellschaften und sonstige Creditinstitute, welche einzelne jener Functionen ausüben, man hat zunächst Privatbankgeschäfte, c. 20 in Stuttgart, und einige in den Provinzstädten. Hervorragend ist darunter die K. Hofbank. Ihre bevorzugte Stellung bringt es mit sich, dass ihr relativ grosse und wohlfeile Geldmittel zur Erfüllung ihrer Zwecke zufliessen, wie z. B. eine Masse von Depositen. Aber selbst die ganz bevorzugte Stellung dieses Privatgeschäfts genügt nicht, um ihr die umfassenden Mittel zur ausreichenden Creditgewährung an den Gewerbe- und Handelsstand eines ganzen Landes zu verschaffen und ein solches Privatbankgeschäft kann seine Mittel nicht immer und nicht ausschliesslich dem gemeinnützigen Zweck der Unterstützung von Gewerbe und Handel widmen. Die Hofbank selbst bedarf des Rückhalts an einer grösseren Geldmacht und sie lehnt sich desshalb an Frankfurter Geldgrössen an. Was die Geschäftsbranchen der Hofbank betrifft, so bestehen solche im Einkauf und Verkauf und in der Discontirung von Wechseln auf den hiesigen und auf auswärtige Plätze, dem Einkauf und Verkauf von Werthpapieren, meistens in Commission; in der Gewährung von Lombarddarlehen und von Crediten in laufender Rechnung; in der Annahme von Depositen und Girogeldern gegen Ausstellung von sogenannten Banksicherheiten. Sie betheiligt sich auch zeitweise an der Contrahirung von Anlehen. Aber alle diese Zweige betreibt sie nur nach dem Masse der ihr dafür zu Gebote stehenden Mittel. Ziffermässige Resultate liegen nicht vor. Die grössere Mehrzahl der übrigen Bankgeschäfte verdient den Namen Banquiers nicht, sie sind nur Commissionäre. Die anderen aber betreiben gerade das Contocorrentgeschäft und Lombardge-

schäft sehr wenig, obwohl dies die wirksamste Form der Creditgewährung im Gewerbe und Handel ist. Die meisten Banquiers betreiben nur die Effectenbranche. Die Gewährung von Darlehen auf Faustpfänder und in laufender Rechnung erfordert so grosse Fonds, die ausserdem auf längere Zeit immobilisirt werden, dass nur sehr reiche Häuser sich damit abgeben können, deren wir nur wenige haben. Das Escomptegeschäft wird dagegen allerdings von allen Privatbanquiers betrieben, aber doch in der Hauptsache nur behufs vorübergehender Anlegung parater Mittel und ohne besondere Rücksichtsnahme auf das inländische Bedürfniss, vielmehr lediglich nach Massgabe des jeweiligen Discontosatzes der inländischen oder ausländischen Börsenplätze. Was die Anziehung von müssig liegenden oder schlecht verwendeten Kapitalien behufs Befruchtung der inneren Wirthschaftsthätigkeit anlangt, so kann dieselbe den Privatbankgeschäften nicht genügen, einerseits weil das Vertrauen fehlt und im Privatgeschäfte nicht durch öffentliche Nachweise erworben werden kann, wie es auch andrerseits dem Privatbanquier nicht dienen kann, seine ganze Existenz von den Launen der Depositare abhängig zu machen. Grade darin liegt aber die vornehmlichste Wirkung eines guten Creditsystems, dass die zersplitterten und in ihrer Zersplitterung wirthschaftlich nutzlosen oder doch in ihrer Wirksamkeit gelähmten Kapitalkräfte des Landes gesammelt und in die verschiedenen Kanäle der Volkswirthschaft geleitet werden. Grade dieses Sammeln und Wiederausströmen der Kapitalien ist rationelle Creditorganisation. In Ziffern vermögen wir auch das eben Gesagte nicht auszudrücken. Grade die Erfahrungen der letztverlebten Monate mussten die Ueberzeugung von der Unzulänglichkeit unserer Einrichtungen aufdrängen. Es gab in der letzten Zeit Monate, in welchen die ersten Firmen am hiesigen Platz mit den unzweifelhaft sichersten Werthen nicht im Stande gewesen wären, nur 50,000 fl. baares Geld flüssig zu machen, selbst wenn sie sich zu einem Zinsfuss von 5 $^0/_0$—6 $^0/_0$ verstanden hätten. Es gab sogar Monate, wo die allerbesten Wechsel um keinen Preis zu begeben waren.

2. Neben unseren Privatbankgeschäften versehen einzelne Creditgesellschaften gewisse Bankfunctionen, aber keine ein-

zige haben wir, deren Bestimmung ausschliesslich oder auch nur vorzugsweise den Gewerben und dem Handel zugewendet wäre, vielmehr haben alle unsere Creditinstitute die Pflege des Realcredits zu ihrer ersten Aufgabe gemacht. Württemberg hat in dieser Beziehung unter allen wirthschaftlich vorgeschrittenen Ländern den eigenthümlichsten Gang der Entwicklung. Schon die Entstehung und die Prosperität so vieler Handels- und Gewerbebanken im Auslande liefern aber sicherlich einen gewichtigen Beweis ihrer Nothwendigkeit.

Die weitere Frage, auf welche das provisorische Comite antwortet, lautet: In welchem Umfang werden die bestehenden Einrichtungen benutzt? Die Frage müsste umgekehrt lauten: inwieweit können oder wollen unsere Creditanstalten dem Gewerbe- und Handelsstand unter die Arme greifen? ebenso die Privatbankgeschäfte etc. „Die Württembergischen Creditanstalten und Sparkassen wenden von ihrem Gesammtvermögen à 38 Millionen Gulden dem Grundbesitz über 37 Millionen, den Gewerben und dem Handel aber nur circa 900,000 Gulden zu. Diese letztere Summe ergiebt sich aus der Zusammenstellung der Wechsel- und Lombardbestände des Creditvereins, der Lebensversicherungs- und Ersparnissbank, des Kapitalistenvereins und der Rentenanstalt je am Anfang oder Schluss des Jahres. Rechnet man zu den 37 Millionen fast das gesammte Kapitalvermögen unserer Gemeinden und Stiftungen, denননtheil des Kapitalvermögens der Privaten, Pflegschaften etc., welches demselben Zweck gewidmet ist, so ergeben sich mindestens 50—60 Millionen creditbereites Kapital für den Grundbesitz. Nimmt man dagegen zu den 900,000 Gulden das Kapital der Privatbankgeschäfte und von Privaten, soweit es dem Gewerbe und Handel zufliesst, so ergeben sich kaum 10 Millionen. Das Verhältniss zwischen dem Boden- und Handelscreditkapital ist sonach 6 oder 5 : 1. Nun weist aber die neueste Bevölkerungsstatistik nach, dass in Württemberg 51 % der Bevölkerung von der Urproduction, dagegen 41 % von Gewerben und Handel leben. Hier ist sonach das Verhältniss 5 : 4. Halbofficiell wird die durchschnittliche Gesammtproduction unserer Landwirthschaft auf 126,5 Millionen, 45,9 % des gesammten Volkseinkommens, die Production unserer Gewerbe nebst Handel auf 120 Millionen, 43,5 % der Volkseinkünfte angeschlagen, was ein Verhältniss von 12 : 11 ergibt. $^{2}/_{5}$ unserer Bevölkerung bringen somit 43 % des gesammten Volkseinkommens auf und denselben ist nur der 6. oder 5. Theil des zur Creditgewährung an Inländer gesammelten Kapitals zur Disposition gestellt. Noch mehr. Während Württemberg seiner eigenen Land- und Forstwirthschaft, seinen Gewerben, seiner gesammten Industrie und seinem Handel zusammen (nach Abgang dessen, was von dem Bodencreditkapital etwa das Ausland geniesst) ungefähr 60 Millionen anleiht, hat es dem Auslande in den letzten Jahrzehnten nicht weniger als c. 100 Millionen geborgt. Rechnet man Beides zusammen, so existirt in unserem Lande 160 Millionen flüssiges Kapital und davon geniessen Gewerbe und Handel den 16. Theil.

Es ist Thatsache, dass unsere Industrie in letzter Zeit, nachdem die Frankfurter Bank die Grenze in der Notenausgabe erreicht und daher ihre Creditgewährungen zeitweise beschränkt, ja eingestellt hatte, Wechseldiscontirungen oder Verkäufe von bedeutendem Betrag in Württemberg einfach unmöglich waren. Es ist Thatsache, dass man die besten Effecten weder verkaufen noch belehnen konnte, dass unsere Grossindustriellen den laufenden Credit in genügender Höhe gar nicht oder nur in vereinzelten Fällen zu erlangen wissen. Gegen Verpfändung von Waaren kann man nur zu den höchsten Wucherzinsen und nur im allerkleinsten Umfang Vorschüsse erhalten." [1])

Das Ministerium des Innern stellte unter dem 10. März 1866 an den König das Anbringen, das Gesuch des provisorischen Comites einer Württembergischen Notenbank zur Zeit abzuweisen unter Bezugnahme darauf, dass die Vortheile, welche das Comite von einer Notenbank erwarte, voraussichtlich auch durch die in der Gründung begriffene Vereinsbank wenigstens theilweise werde erlangt werden und darum erst in der Zukunft sich werde erkennen lassen, inwieweit gleichwohl eine Notenbank erforderlich sei, dass bei dem Anfangszustand der Entwicklung des Mobiliarcreditgeschäfts in Württemberg die gleichzeitige Gründung zweier, mannigfach con-

1) S. auch in den Ber. der Württ. H. u. G.K. für 1865 den Ber. der Stuttg. H.K., S. 16, 17, der Reutlinger H.K., S. 25, der Ulmer H.K., S. 39.

currirender Bankinstitute auf die Entwicklung beider nachtheilig einwirken müsste und dass endlich, insbesondere bei der damaligen ungenügenden Entwicklung des Wechselverkehrs im Lande eine Notenbank, welche ins Leben trete, ehe sie den die Bedingung ihrer regen Thätigkeit bildenden Vorrath an sicheren Wechseln erlangen könnte, leicht in falsche Bahnen gedrängt werde. Dieser Bericht wurde am 14. März dem Geheimerath überwiesen.

Am 2. Juni 1866 interpellirte Wächter in der Kammer, betreffend die Ertheilung einer Concession einer Württembergischen Notenbank. Die Regierung antwortete unter kurzer Auseinandersetzung der Sachlage, mit dem Zusatz „es dürfte rathsam sein, die bestehende Krisis vorübergehen zu lassen und die Erfahrungen, die sich während derselben im Bankwesen ergeben werden, zu einer umsichtigen Prüfung der Frage zu benutzen.“

## §. 12. Das Seyboldsche Bankproject 1865 (14. Februar bis 2. Juni).

Während das im vorigen Paragraphen erörterte Gesuch anhängig war, hatte der Generalconsul v. Seybold (unter dem 14. Februar 1865) durch eine an das Ministerium des Innern gerichtete Eingabe sein Gesuch vom Jahre 1854 wieder aufgenommen.

In Folge hiervon forderte die Centralstelle von den Gewerbe- und Handelskammern wieder Gutachten, „weil bei dem seit der Uebergabe des ersten Gesuches abgelaufenen Zeitraum die früheren Gutachten nicht ohne Weiteres der zu fassenden Entschliessung zu Grunde gelegt werden können.“ — Acten der Stuttg. H. und G.K. 1865. —

Am 17. Mai 1865 berichtete die Centralstelle an das Ministerium des Innern, nachdem die Gutachten der Handels- und Gewerbekammer über das Seyboldsche Statut eingelaufen waren. Als Grundlage hielt sie an dem Bericht vom 12. April 1854 nebst Beilage fest, sowie an dem die bezüglichen Aeusserungen der Handels- und Gewerbekammer erläuternden Vortrag vom 16. Januar 1856: Sie constatirt zunächst: „Das Bedürfniss eines grösseren Creditinstituts, einer Bank, welche die unthätig aufgespeicherten kleineren Kapitalien an sich ziehen, deren Verwendung in unfruchtbaren Unternehmungen beseitigen und dieselben dem vaterländischen Handels- und Gewerbebetrieb zuführen solle, spricht sich in allen betheiligten Kreisen so entschieden aus, dass es im volkswirthschaftlichen Interesse geboten erscheint, von Seiten der K. Staatsregierung zu erwägen, in welcher Weise diesem Bedürfniss in einer für das Landeswohl zuträglichsten Weise entsprochen werden könne."

Die Centralstelle erörtert sodann unter Zugrundelegung der Mittheilungen seitens der Handels- und Gewerbekammern das Seyboldsche Project in der Eigenschaft als Notenbank. Sie tritt der Ansicht entgegen, erstens, als könnte eine künftige Papiergeldausgabe dem Handel und Gewerbe das Bedürfniss einer Notenausgabe durch eine Zettelbank ersetzen, zweitens, auch der Ansicht, als ob Württemberg keinen Wirkungskreis für eine Notenbank abgebe, drittens, als ob durch Noten der Preis der Lebensmittel erhöht, m. a. W. der Geldwerth herabgedrückt werde. „Was endlich die Frage betrifft, welches Aequivalent der Staat dafür zu fordern berechtigt ist, dass er einer Gesellschaft von Privaten gestattet, Noten auszugeben und dadurch eine nicht unbedeutende Summe von unverzinslichen Werthzeichen zunächst im Interesse ihres eigenen Vortheiles zu schaffen, so sind wir der Ansicht, dass diese Notenausgabe nichts anderes ist, als eine Handelsoperation, welche je nach der Art des Betriebes dem Unternehmer mehr oder weniger Gewinn bringt, wie jede andere Unternehmung auch, in deren Ertrag sich der Staat nur insoweit zu mischen Recht hat, als er dieselbe anderen Erträgnissen proportionell besteuert. Indem der Staat seine Angehörigen nicht hindert, in der lucrativsten Weise Gelder umzutreiben, kommt er nur seiner Hauptaufgabe nach, welche dahin geht, den Erwerb zu fördern; indem er aber insbesondere den Erwerb auf dem Wege der Credithebung fördert, fördert er diese letztere selbst und hilft damit dem Credit würdiger Creditbedürftiger auf, was gewiss eines seiner schönsten Probleme . . . ist. Indem die Banken durch das . . Recht der Notenausgabe in den Stand gesetzt werden, billiger zu discontiren, sind sie angetrieben, dem Handel und Gewerbe, welche bis jetzt von kleineren

Bankhäusern, theilweise vom Ausland abhängig waren, die nothwendige Unterstützung zu gewähren." —

Der Bericht der Centralstelle wendet sich zur Organisation der Bank. Er referirt, dass die Stuttgarter H. und G.K., und ähnlich die Kammern von Heilbronn, Ulm, Reutlingen in dem Seyboldschen Project nicht die Garantieen für eine solide Zettelbank finden, weil sie gleichzeitig eine Unternehmungsbank sein solle. Die Centralstelle aber bleibt bei ihren Ansichten der Jahre 1854, 1855, 1856, „dass eine nach dem Seyboldschen Entwurf eingerichtete Notenbank volkswirthschaftlich von grossen Nutzen sein würde." „Es ist unsere Ueberzeugung, dass der Vorwurf der Unsolidität, welcher dem Project gemacht wird, ein ungerechtfertigter ist und dass das Project mit einigen Modificationen auch jetzt noch zuzulassen ist." Zum Schluss des Berichtes wird bemerkt: Eines aber haben die Berathungen unwiderleglich constatirt, dass als das einzig richtige Vorangehen in Banksachen auch von den intelligenten Geschäftsmännern Württembergs nur die volle Bankfreiheit angesehen wird. Sie ist die nothwendige Consequenz der Gewerbefreiheit. Sie wäre aber auch ohne diese für uns geboten, weil sie in Deutschland selbst bei principiellem Bankmonopol gegeben wäre durch die Vielzahl der deutschen Staaten und in Württemberg insbesondere durch die Nachbarschaft der absolut bankfreien Schweiz. Hier kann es sich für Württemberg nur fragen, ob es durch Prohibirung der Zettelbanken fort und fort hinter anderen Ländern, selbst hinter Bayern, zurückbleiben oder ob es sich die Erfahrungen anderer Länder, ob es sich die Ergebnisse der Wissenschaft, die klaren Darstellungen eines Michael Chevalier (Gewerbeblatt 1864, p. 81, 297) zu Nutzen machen, ob seine Regierung einen Hebel für das materielle Wohl, die Gesittung und Zufriedenheit des Volkes benutzen will, mittelst dessen in anderen Ländern so Grosses erreicht wird? (Es folgt ein Hinweis auf die Beilage zu dem Bericht der Centralstelle vom 12. April 1854). Welchen ungeheueren Nutzen hätte in diesen mittlerweile abgelaufenen zehn Jahren ein musterhaftes Creditinstitut dem Lande stiften, zu welcher Ausdehnung hätte es mittlerweile gelangen können und um wie vieles höher hätte es inmitten eines in Stuttgart centralisirten süddeutschen Handels die Bedeutung des Landes selbst in den Augen der anderen Länder gehoben. Grade mittelst der so sehr angefochtenen Creditbank wäre es der Regierung durch leichte Subvention möglich gewesen, die wichtigsten Erwerbsfragen, wie z. B. die Herstellung musterhafter Wasserbenutzung durch gemeinschaftliche Wässerungs- und Gewerbskanäle, die Erbauung grosser Messlocalitäten, die Herstellung von Zweigbahnen durch Städte, welche die Staatsbahnen nicht berühren können, die Verschaffung grosser Steinkohlendepots, die Errichtung von Miethwerkstätten mit Dampfkraft u. dergl. m., in der befriedigendsten Weise zu lösen, ohne sich mit der Ausführung selbst befassen zu müssen.

Auf den Bericht der Centralstelle folgt am 2. Juni 1865 der Bescheid: dass das Ministerium in Uebereinstimmung mit der Ansicht der Handels- und Gewerbekammern zur Zeit nicht als Bedürfniss anerkennen kann, einer Bank, welche die Bewilligung von Darlehen auf Immobilien und die Hervorrufung industrieller Unternehmungen zum Zweck hat, mit dem Recht der Ausgabe von Banknoten auszustatten und deshalb das Bankproject des Generalconsuls v. Seybold, welches unter Anderem wesentlich hierauf gerichtet ist, so wie es vorliegt, zur Erledigung nicht zu empfehlen vermag.

### §. 13. Die Bankfrage in den Jahren 1866, 1867.

Der Deutsch-Oesterreichische Krieg hatte in der Erörterung der Bankfrage einen kurzen Stillstand veranlasst. Es war die Annexion von Frankfurt erfolgt. In einer Auseinandersetzung aus dem Ministerium des Innern an den Geheimenrath vom 24. Aug. 1866 wurde darauf hingewiesen, dass nunmehr die Emancipation Württembergs von dem preussisch gewordenen Geldplatz Frankfurt durch die Concessionirung sowohl der Vereinsbank wie auch der Notenbank wünschenswerth erscheine und insbesondere sei unabhängig von der Concessionirung einer Vereinsbank die Geneigtheit der Regierung zur Ausarbeitung eines Gesetzentwurfs für die Gründung einer Notenbank auszusprechen.

Am 27. Januar 1867 wurde dem Minister des Innern seitens des Geheimen Cabinets der Auftrag des Königs mitgetheilt, die Erledigung der Bankfrage zu fördern und über eine an den König gerichtete Denkschrift des Kaufmanns Auberlin in Stuttgart sich zu äussern. Der Bericht erfolgte am 1. Februar 1867. Er enthielt eine Darlegung des seitherigen Ganges der Bankfrage und sprach sich für die Notenbank aus, er warnte vor dem Experiment der Bankfreiheit und schliesst mit der Bitte, der König wolle dem Geheimenrath die Beschleunigung seiner in Bankangelegenheiten geforderten Gutachten aufzutragen geruhen.

Ehe der Geheimerath sich über die Anträge des Ministers des Innern vom 10. März und dann vom 24. Aug. 1866 äussern konnte, stellte das Ministerium einen neuen Antrag. Es machte die Mittheilung, in der Sachlage sei dadurch eine Aenderung eingetreten, dass die Frankfurter Bank ein Gesuch wegen Errichtung einer Filiale eingereicht habe und dieses Gesuch darin eine Stütze finde, dass vertragsmässig ein Theil des neuesten Staatsanlehens in Frankfurter Banknoten eingezahlt werden könne. Ferner erschien der Entwurf einer Verfassung des Norddeutschen Bundes, worin die allgemeinen Bestimmungen über das Bankwesen als Gegenstand der Beaufsichtigung und der Gesetzgebung des Bundes bezeichnet waren. Das Ministerium wünschte nun eine nochmalige Prüfung der ganzen Angelegenheit. Auch das Ministerium der auswärtigen Angelegenheiten sprach sich für eine Verschiebung der Berathung über die Notenbank aus. Der Geheimerath war mit dieser Verschiebung einverstanden.

Am 24. Juni 1867 richtete das provisorische Comite ein Erinnerungsschreiben an das Ministerium.

Am 19. Juli 1867 theilte das Ministerium der auswärtigen Angelegenheiten dem Ministerium des Innern mit, dass, nachdem die Erneuerung des Zollvereinsvertrags ihren Abschluss gefunden habe, hierin kein Grund zur weiteren Vertagung der Notenbankfrage gefunden werden könne und nun erging ein Monitorium seitens des Ministeriums des Innern an die Centralstelle, damit dieselbe den in Aussicht gestellten Bericht über den Entwurf eines Gesetzes, die Bankfreiheit betreffend, erstatte.

Am 23. August 1867 richtete auch der Württembergische Handelsverein an das Ministerium wiederum in der Bankfrage eine Bitte, des Inhalts:

1. Dass, falls die Regierung der Kammer einen auf Bank-

freiheit abzielenden Gesetzentwurf vorzulegen beabsichtige, derselbe wenigstens solche Bestimmungen enthalte, die es einem einheimischen Unternehmen ermöglichen, sich in die gleiche Lage mit der bereits bestehenden Concurrenz zu setzen und zwar dadurch, dass dem Württembergischen Unternehmen ein Vorsprung von mindestens einem Jahr gesichert werde und

2. Dass auch ein Entwurf zur Concessionirung der Württembergischen Notenbank ausgearbeitet werde, um denselben eventuell zur Vorlage bringen zu können.

Am 27. November 1867 wendete sich der Ausschuss des Württembergischen Handelsvereins wegen Concessionirung einer Notenbank direct an den König.

Am 6. December 1867 erstattete die Centralstelle unter Vorlage eines Gesetzentwurfs über die Gründung von Banken ihren Bericht. Der Entwurf war von dem Ministerialcommissär, Oberregierungsrath von Bitzer im Benehmen mit dem Referenten, Regierungsrath Holland, ausgearbeitet. Der verbesserte Entwurf hatte folgenden wesentlichen Inhalt: Die Gründung von Actiengesellschaften und Commanditgesellschaften auf Actien, welche Bank- und Creditgeschäfte betreiben wollen, soll in Zukunft von einer Staatsgenehmigung nicht abhängig sein. Art. 1. Derartige Gesellschaften sollen unter folgenden Bedingungen befugt sein, auf den Inhaber lautende, jederzeit einlösbare Schuldscheine — Banknoten — auszugeben. Art. 2. Nämlich die Ausgabe von Banknoten soll nur stattfinden, wenn das Grundkapital der Gesellschaft mindestens eine Million Gulden beträgt, von demselben 25 % einbezahlt sind und wenn der eingezahlte Betrag die Summe von mindestens 500,000 Gulden erreicht. Art. 3. Der Gegenwerth der im Umlauf befindlichen Banknoten sowie der der Bank übergebenen jederzeit rückzahlbaren verzinslichen oder unverzinslichen fremden Gelder muss stets theils in baar oder in Gold oder in Silberbarren vorhanden sein, theils, insoweit deren Betrag nicht dem Gesammtbetrag der Noten und Depositen entspricht, durch Wechsel gedeckt sein, welche nicht auf längere Zeit als drei Monate ausgestellt und mit mindestens zwei guten Unterschriften versehen sind. Art. 6. Banken, welche einem fremden Staat angehören, bedürfen zum Betrieb von Bank- und Creditgeschäften in Württemberg durch eine Zweigniederlassung oder ständige Agentur fernerhin keiner staatlichen Genehmigung. Auch ist solchen Banken, welche in ihrer Heimat ausschliesslich Bank- und Creditgeschäfte betreiben und daselbst zur Ausgabe von Banknoten ermächtigt sind, die Ausgabe dieser Noten in Württemberg durch eine Zweigniederlassung oder ständige Agentur unter denselben Bedingungen, welche für die einheimischen Institute gelten, gestattet. Art. 11.

Der Entwurf fasst das Wesentliche der Bankfreiheit dahin auf, dass die Nothwendigkeit eines besonderen Gesetzes für die Errichtung einer Notenbank und der Concession, sowie das Erforderniss der staatlichen Genehmigung für die übrigen Banken wegfalle. Damit wären die Bestimmungen des Württembergischen Einführungsgesetzes zum Deutschen Handelsgesetzbuch Art. 35 Abs. 1 und Abs. 4, ferner der Art. 38 aufgehoben und auch das dem Art. 6, Abs. 2 der Gewerbeordnung vom 12. Februar 1862 zu Grunde liegende Princip der Reciprocität verlassen gewesen. S. Bericht der Centralstelle über den Entwurf. — Wir ersehen aus dem Bericht der Centralstelle, dass dem Princip der Bankfreiheit keineswegs alle Mitglieder der Centralstelle huldigten. Gegen das Princip sprachen sich aus: Dörtenbach, welcher die Schädlichkeit zu vieler Banken behauptete, Staatsrath von Goppelt, welcher in der Theorie zwar mit Bankfreiheit sich einverstanden erklärte, es aber nicht gerathen fand, dass Württemberg, welches ein Theil eines grossen politischen Ganzen sei, in dieser Frage allein vorgehe, Generalconsul von Seybold, der nur ein grosses Bankinstitut für zweckmässig hielt und der Handelskammervorstand Sick, der Württemberg für ein eigenes Bankgesetz zu klein hielt und ein allgemeines Deutsches Bankgesetz wollte. Die Mehrheit des Collegiums aber verwies auf die Schweiz und auch einzelne besonders hinzugezogene Sachverständige sprachen sich für wirthschaftliche Freiheit in jeder Beziehung aus. Die überwiegende Mehrheit des Collegiums liess sich von der Ueberzeugung leiten, dass ein rationelles Bankgesetz ganz aus denselben Principien abgeleitet werden müsse, auf welchen die Gewerbefreiheit und der freie Handel beruhe, dass insbesondere die Banknoten, um ihre richtige Stellung im Verkehrsleben einzunehmen, des ganzen aus Staatsgenehmigung und

Staatscontrole erwachsenden Nimbus, der sie in den Augen des Publicums dem Staatspapiergeld so nahe stellt, entkleidet und an die Stelle der Regierungsthätigkeit das Wirken der freien Concurrenz, beziehungsweise die Selbstthätigkeit der betheiligten Interessen gesetzt werden müsse.

Am 13. December 1867 erstattete der Minister des Innern Bericht an den König, wonach eine Erledigung der Bankfrage auf dem derzeitigen Landtage nicht möglich, aber auch nicht nöthig sei. Er bestritt, dass in Folge der Gründung einer Notenbank billiges Kapital auch in schwierigen Zeiten zu erlangen sei, und stellte den Antrag: es sei dem Gesuch des Ausschusses des Württembergischen Handelsvereins um Concessionsertheilung für eine Notenbank zur Zeit keine Folge zu geben.

An demselben Tag fand in der zweiten Kammer seitens der Abgeordneten Reibel und Streich eine Interpellation in der Bankfrage statt. Sie richteten an den Minister des Innern die Frage, ob und bejahenden Falles wann die Staatsregierung eine dem erwähnten Concessionsgesuch entsprechende Gesetzesvorlage den Ständen zu machen beabsichtige? Die Beantwortung der Interpellation erfolgte am 7. Januar 1868. In der Antwort wurde insbesondere darauf hingewiesen, dass die Gründung einer Notenbank nicht definitiv abgelehnt sei, es aber gerathen erscheine, bei der in Aussicht zu nehmenden Regelung des Bankwesens für Norddeutschland, in Württemberg nicht einseitig vorzugehen und vor dem Erlass eines Specialgesetzes die Ausarbeitung eines allgemeinen Bankgesetzes den Vorzug verdiene.

### §. 14. Die Bankfrage 1868, 1869.

Der auf dem Princip der Bankfreiheit ruhende Entwurf der Centralstelle wurde den Handels- und Gewerbekammern des Landes zur Einsichtsnahme und Begutachtung zugestellt. In dem hierauf bezüglichen Circular der Centralstelle vom 18. September 1868 wurde betont, das Ministerium wünsche insbesondere auch die Erörterung der Frage, „ob die betreffende Kammer gegen die Einführung der vorgeschlagenen, von den Einrichtungen in den übrigen deutschen Staaten sehr wesentlich abweichenden Grundsätzen in Württemberg ohne vorherige Verständigung mit letzteren kein Bedenken hege und ob . . nicht zu befürchten wäre, dass ein einseitiger Uebergang zur Bankfreiheit in Württemberg bei der Lage und den Verkehrsverhältnissen des Landes Massregeln anderer Regierungen gegen das Zuströmen von Banknoten solcher Anstalten, welche sich auf der Grundlage der Bankfreiheit bilden würden, herbeiführen und dadurch zu grossen Verlegenheiten im Lande Anlass geben könnte, so dass selbst die Wiederaufhebung des Gesetzes in Frage kommen könnte."

Das Gutachten der Stuttgarter Handels- und Gewerbekammer vom 21. November 1868 gelangte zu dem Resultat, dass sich von der Emanirung des Gesetzes für Württemberg allein eine gedeihliche Wirksamkeit wegen der Kleinheit des Landes kaum erwarten lasse. Dagegen glaubte die Kammer diese Gelegenheit nicht vorübergehen lassen zu dürfen, um auf die früheren der K. Regierung wiederholt vorgetragenen Wünsche zurückzukommen, dieselbe möge bei den zollverbündeten Regierungen auf das Kräftigste dahin wirken, dass einmal ernstliche Verhandlungen eröffnet und Vereinbarungen getroffen werden, um die von der ganzen deutschen Geschäftswelt heissersehnte Regelung des Münz- und Bankwesens zu einem erwünschten Ziel zu führen, dass aber, da bis zur Erreichung dieses Zieles und der Erlassung eines den ganzen Zollverein umfassenden Gesetzes über Bankfreiheit immerhin noch eine geraume Zeit verstreichen dürfte, das der Regierung schon vor vielen Monaten vorgelegte, von der Handelskammer und dem Württembergischen Handelsverein befürwortete Gesuch um Errichtung einer Notenbank, welche ein Monopol nicht beanspruche, seine endliche Erledigung finden möchte. — Während die Handels- und Gewerbekammern Ulm, Rottweil sich für den Entwurf erklärten, sprachen sich ausser der Kammer in Stuttgart auch die Kammern Heilbronn, Reutlingen, Calw und Heidenheim, Ravensburg gegen den einseitigen Uebergang zur Bankfreiheit aus.

Die Arbeiten des Ministeriums des Innern fanden auf Grund des gewonnenen Materials statt und es kam im Jahre 1869 ein Entwurf zur Vollendung, welcher nicht eine einzelne

Gesellschaft concessioniren, sondern ein allgemeines Bankgesetz geben wollte. — S. Mittheilung des Ministers v. Scheuerlen bei der Bankdebatte am 10. Juli 1871. Der Entwurf war von Bitzer ausgearbeitet. Ueber den Entwurf gab Carl v. Rothschild zu Frankfurt a. M. an den Württembergischen Finanzminister Staatsrath von Renner unter dem 21. September 1869 ein Gutachten ab, worin er sich entschieden gegen das Princip der Bankfreiheit und gegen den Erlass eines auf diesem Princip beruhenden Gesetzes für Württemberg aussprach. Der wesentliche Inhalt dieses Gutachtens geht dahin, 1. dass allgemeine Normativbestimmungen zur Regelung des Bankwesens in Württemberg nicht nothwendig oder nützlich, vielmehr sogar bedenklich erscheinen, 2. dass die Gründung einer Zettelbank in Württemberg als kein wirkliches Bedürfniss für das Land, und jedenfalls dermalen um so gewisser intempestiv erscheine, als die Regelung des Münzwesens, der Bank- und der Banknotenfrage den Behörden des norddeutschen Bundes vorliege und die süddeutschen Staaten wahrscheinlich sich dem Systeme des norddeutschen Bundes anschliessen dürften, 3. wenn die Regierung dennoch die Einführung einer Zettelbank beabsichtige, so werde dieselbe ganz unabhängig von allen bis jetzt in Württemberg bestehenden Bank- und Creditinstituten und mit Vermeidung aller Grundlagen und Einrichtungen eines crédit mobilier, nach Maassgabe der Principien in den Statuten der Frankfurter Bank einem Gründerconsortium zu übertragen sein. —

### §. 15. Die Bankfrage in den Jahren 1870, 1871. Die Gründung der Württembergischen Notenbank.

Der bleibende Ausschuss des deutschen Handelstags richtete am 16. Februar 1870 an die deutschen Regierungen die Bitte, dass vor Emanation einer neuen einheitlichen Bankgesetzgebung in den Staaten des norddeutschen Bundes, wie in den süddeutschen Staaten weder die Concession zu einer neuen Zettelbank, noch die Genehmigung zu einer vergrösserten Notenemission der bereits bestehenden Banken ertheilt werde. Man nahm in Württemberg auf diese Bitte keine Rücksicht.

Unmittelbar nach Uebernahme des Ministeriums des Innern, im März 1870, erklärte v. Scheuerlen, dass er entschlossen sei, im nächsten Landtag die Bankfrage zur Erledigung zu bringen. Es wurde sofort die Arbeit unternommen und schon am 4. April 1870 wurden die Vorschläge des Ministeriums den anderen betheiligten Ministerien mitgetheilt. Diese Vorschläge gingen dahin, dass Württemberg wie Baden und Hessen einer Bank bedürfe, nicht eines allgemeinen Bankgesetzes. Kurz darauf verbreiteten sich die Anzeigen, dass die Württembergischen Wechsel in Frankfurt, wo ihr Discontoplatz war, einer grossen Ungunst begegneten. Es wurde von einigen Seiten behauptet, dass Württembergische Wechsel grundsätzlich nicht mehr discontirt würden und die Erhebungen ergaben wenigstens, dass sie sehr theuer discontirt wurden. Die Errichtung einer Notenbank in Baden bestärkte die Regierung in ihrem Entschluss eine Zettelbank nunmehr zu errichten. — Mittheil. des Ministers v. Scheuerlen bei der Bankdebatte vom 10. Juli 1871. —

Am 28. März 1870 wendete sich das Haus Dörtenbach & Cie. wieder an das Ministerium des Innern wegen Concessionirung einer Württembergischen Notenbank. Es theilt mit „sobald der Moment da ist, wo es sich um die Concessionirung der Württembergischen Notenbank handelt, bitten wir gehorsamst, uns in Anbetracht, dass wir uns schon vor längerer Zeit um diese Concessionirung beworben haben, geneigtest berücksichtigen zu wollen."

In Stuttgart traten zur Errichtung einer Notenbank folgende Firmen zusammen: Die Württembergische Hofbank, Allgemeine Rentenanstalt, Württembergische Hypothekenbank, Depositenbank, Lebensversicherungs- und Ersparnissbank, Dörtenbach & Cie., Stahl & Federer, G. H. Kellers Söhne, Pflaum & Cie., D. Haas, Director Rothschild. Die genannten Firmen wählten ein engeres Comite mit dem Auftrag dem Ministerium von der Constituirung des Gründungscomites Mittheilung zu machen und mit der Erklärung, dass das Comite noch durch alle geeigneten Elemente des Landes sich verstärken werde, sowie mit dem ferneren Auftrag, das Ministerium zu bitten, dass es den Ständen einen Entwurf vorlege, welcher die Normativbestimmungen für Errichtung von Notenbanken in Württemberg enthalten und worin der Staatsregierung es vorbehalten bleiben solle, auf Grund des Gesetzes eine Notenbank zu concessioniren. Das Gesuch ging am 10. Mai 1870 an das Ministerium.

Am 13. Juni 1870 wendeten sich 48 Stuttgarter Firmen an die Handels- und Gewerbekammer in Stuttgart mit der Bitte, dass die Staatsregierung ohne Verzug dem vorliegenden Gesuch um Concessionirung einer Discontobank mit Notenausgabe die Genehmigung ertheile. Sie erinnerten an das Gesuch des provisorischen Comites und machten insbesondere darauf aufmerksam, dass in neuerer Zeit die Frankfurter Bank beschlossen habe künftighin Wechsel auf Frankfurt nicht mehr zu discontiren, welchem Verfahren sich auch grösste Frankfurter Bankhäuser selbst ihren Correspondenten gegenüber angeschlossen hätten. Durch Erschwerung und Vertheuerung des Verkehrs in Wechseln auf Stuttgart wolle man wohl die von Frankfurt abgegangene Württembergische Kundschaft wieder dorthin ziehen. Die Kammer übergab unter dem 14. Juni das Gesuch der Centralstelle mit der Erklärung „die Thatsachen, welche diese Eingabe vorführt, dürften wohl geeignet erscheinen, die Dringlichkeit einer endlichen Lösung der seit Jahren schwebenden Notenbankfrage aufs Neue zu beweisen.“ Die Centralstelle machte darauf über die Richtigkeit der vorgetragenen Thatsachen nähere Erhebungen: es ergab sich, dass die Frankfurter Bank seit etwa zwei Monaten die Discontirung der auf Stuttgart bezogenen Wechsel verweigert hatte. Auch seitens der einzelnen Banquiers schien eine Beschränkung des Verkehrs mit Stuttgarter Papieren eingetreten zu sein. Die Steigerung des Disconto auf Stuttgarter Wechsel wurde übereinstimmend zugegeben. Ueber die Motive, welche die Frankfurter Bank bei dieser Massregel geleitet hatte, gingen die Ansichten auseinander. Die Nothwendigkeit der baldigen Concessionirung einer Discontobank mit Notenausgabe wurde bei diesem Anlass wieder hervorgehoben, zunächst von der Kammer in Stuttgart, dann von der Rentenanstalt, der Depositenbank, der Vereinsbank, Hypothekenbank.

Die Centralstelle nahm auf ihre früheren Ausführungen Bezug, worin sie im bejahenden Sinn für eine Notenbank sich ausgesprochen habe und stellte an das Ministerium des Innern den Antrag, es möge eine entsprechende Erledigung des schon unter dem 3. Juni 1865 eingereichten Gesuches um Concessionirung einer Notenbank in Württemberg sobald als möglich herbeiführen. — Bericht der Centralstelle an das Ministerium vom 2. Juli 1870. —

Der Minister hatte an den König am 27. Juni über die Bankfrage berichtet. Am 30. Juni war an den Minister die Mittheilung aus dem Geheimen Cabinet ergangen, dass der König mit der beabsichtigten Behandlung dieser für die Industrie und den Handel des Landes so wichtigen Angelegenheit einverstanden sei und weiteren Vorlagen entgegensehe.

In diesem Stadium der Berathung und Verhandlung über die Bankfrage brach der französisch-deutsche Krieg aus. Der Kriegsausbruch traf den Handelsstand unvorbereitet, die Geldinstitute erwiesen sich für eine solche Calamität unzureichend. Da vollzog der Württembergische Handelsstand einen Act der Selbsthilfe und gab das Signal zur Besserung der Geld- und Creditverhältnisse durch die am 17. Juli erfolgte Gründung des Württembergischen Cassenvereins von G. Müller in Stuttgart und Genossen.

Der Cassenverein hatte den Zweck, Wechsel zu discontiren und Werthpapiere zu belehnen und sollte so einen Ersatz für die mangelnde Notenbank bieten.

Er war eine offene Handelsgesellschaft, welche zur Erreichung ihres Zweckes ein dem Bedürfniss entsprechendes Circulationsmittel durch Ausgabe von zu 3 % verzinslichen, in sechs Monaten rückzahlbaren Cassenscheinen unter unbeschränkter Haftbarkeit von sämmtlichen Theilhabern der Gesellschaft schuf. Diese Scheine, in Abschnitten von 50, 100, 500 fl., wozu dann später noch unverzinsliche Abschnitte von 5 fl. kamen, boten eben dadurch die grösste Sicherheit, dass sämmtliche Mitglieder des Vereins mit ihrem ganzen Vermögen für die seinerzeitige Einlösung sich verpflichteten. Die Geschäftsverbindung mit dem Verein war an die Bedingung des Eintritts in denselben geknüpft. Indem in jener kritischen Zeitlage unter der Devise „Einer für Alle und Alle für Einen“ ein neues Creditpapier von unantastbarer Solidität in die Geschäftswelt eingeführt wurde, war das richtige Rettungsmittel gegen die drohenden Verluste gefunden, wurden dem Handels- und Gewerbestand die für ihre Existenz unentbehrlichen Credite ganz oder theilweise erhalten, und das schon tief erschütterte Vertrauen wieder hergestellt. Die Staatsregierung kam dem Cassenverein dadurch entgegen, dass sie die Staatshauptkasse zur Annahme der Cassenscheine ermächtigte. Zugleich wurde auch die Annahme der Noten der preussischen, Frankfurter und Darmstädtischen Bank an den öffentlichen Cassen verfügt [1]).

Nachdem die ersten entscheidenden Kriegserfolge errungen waren, bildete sich ein neues Consortium für die Errichtung einer Württembergischen Notenbank.

Am 5. September 1870 überreichte es der Regierung ein Gesuch um staatliche Genehmigung zur Gründung der Bank nach Massgabe der zugleich mit dem Gesuch übergebenen Statuten. In der Eingabe wurde darauf hingewiesen, dass die Petenten mit demjenigen Comite, welches früher im Auftrag einer grösseren Anzahl von Firmen des Landes unter dem Vorsitz des Oberfinanzrathes Fischer um die Concession einer Notenbank sich beworben habe, eine Verständigung erzielt habe, wonach dasselbe seine Bewerbung zu Gunsten des gegenwärtigen sistirt betrachtet wissen wolle. Fischer gehörte selbst zu den Unterzeichnern der neuen Eingabe.

Eine weitere Verständigung war mit dem Württembergischen Cassenverein dahin getroffen, dass die Württembergische Notenbank nach ihrer Constituirung die Abwicklung der Geschäfte des Cassenvereins und ebendamit die Wiedereinlösung der von letzterem in Umlauf gesetzten und noch zu setzenden Circulationsmittel, selbstverständlich unbeschadet der Solidarhaft der Mitglieder und mit Vorbehalt des Rückgriffs auf dieselben für den Fall einer Einbusse, zu übernehmen habe.

Nachdem das Gesuch eingelaufen war, wurde von der Regierung der Gesetzentwurf die Verleihung des Rechts zur Banknotenausgabe betreffend, beschlossen und im Lauf der Verhandlungen dem Geheimenrath zur Begutachtung überreicht. Inzwischen hatten die Verhandlungen zu Versailles begonnen. Dort einigte man sich sofort dahin, dass zu den gemeinsamen Angelegenheiten auch die Bankfrage gehöre. Es entschied sich daher für Württemberg, dass nicht von einem

1) S. auch Jahresber. der Württemb. II. u. G.Kammern für 1870, S. 73 fgde., S. 227.

allgemeinen Bankgesetz, sondern nur noch von der Schaffung einer Württembergischen Bank die Rede sein könne. — S. v. Scheuerlen, in der Bankdebatte vom 10. Juli 1871.

Die Gründung einer Notenbank konnte aber nur bis zum Schluss des Jahres 1871 in Württemberg durch die Landesgesetzgebung erfolgen, weil nach dem Vertrag zwischen Württemberg, dem norddeutschen Bund, Baden und Hessen in Betreff der Gründung eines deutschen Bundes vom 25. November 1870 das Bundesgesetz vom 27. März 1870 über die Ausgabe von Banknoten, wodurch die Befugniss zur Banknotenausgabe an ein Bundesgesetz geknüpft war, vom 1. Januar 1872 an für Württemberg in Wirksamkeit trat. In Art. 14 des Vertrags vom 25. November 1870 war übrigens die besondere Bestimmung aufgenommen, wonach auch während der Zeit, für welche die Ausgabe von Noten einer Württembergischen Bank gestattet war, die Befugniss dazu den etwa folgenden, das Bankwesen im Allgemeinen regelnden gesetzlichen Vorschriften unterliegen sollte. Es konnte sonach durch ein Gesetz ein ausschliessliches Bankprivileg weder in dem Sinne geschaffen werden, dass die Reichsregierung gehindert gewesen wäre, das Recht der Gesellschaft zur Notenausgabe ohne jeglichen Entschädigungsanspruch zu beschränken oder aufzuheben, noch in dem Sinne, dass der Gesellschaft ein ausschliessliches Recht zur Notenausgabe ertheilt würde.

Unter Berücksichtigung dieser Gesichtspunkte wurde am 5. Mai 1871 dem ständigen Ausschuss der Entwurf eines Gesetzes, betreffend die Errichtung einer Notenbank nebst Motiven überreicht. Am 1. Juli 1871 wurde der Bericht über den Entwurf erstattet. — Verhandlungen der 2. Kammer, Beil. 60, S. 201 fgde. Als Berichterstatter fungirte Dr. Elben und als Correferent der Kanzler v. Rümelin. Die Kammer ertheilte dem Entwurf mit einigen Modificationen am 10. Juli 1871 ihre Zustimmung. In der ersten Kammer wurde der Bericht über das Bankgesetz von dem Staatsminister Freiherrn v. Linden erstattet. — Verhandl. der ersten Kammer, Beilagenb. S. 80, Beil. 88. Am 14. Juli 1871 trat die erste Kammer dem Beschluss der 2. Kammer bei.

Nachdem durch das Gesetz vom 24. Juli 1871 die Errichtung einer Württembergischen Notenbank ermöglicht war, konnte bald darauf zur rechtlichen Constituirung der Actiengesellschaft geschritten werden, deren Eintrag in das Handelsregister am 23. October erfolgte und welcher durch eine am 23. November publicirte Verfügung der Ministerien der Justiz und des Innern die Befugniss zur Ausgabe von Banknoten ertheilt wurde. Die Statuten der Bank datiren vom 1. September 1871.

In Rücksicht auf die Bestimmungen des Reichsbanknotengesetzes sah sich die Bank veranlasst vor dem 1. Januar 1872 die Volleinzahlung der Actien und den Anfang mit der Ausgabe von Noten herbeizuführen. Die Bank arbeitete daher sofort mit einem Kapital von neun Millionen Mark. In der ausserordentlichen Generalversammlung vom 24. Mai 1875 wurde beschlossen, von den Bestimmungen des Reichsbankgesetzes §. 14 Gebrauch zu machen und die zu diesem Zweck nothwendigen Statutenänderungen vorzunehmen. Durch das Gesetz vom 27. Juni 1875 wurde ein mit den Beschlüssen der ausserordentlichen Generalversammlung in Einklang stehender Gesetzentwurf sanctionirt. Die Genehmigung des Bundesrathes erfolgte, soweit erforderlich, am 1. October 1875. Der allmälich wachsende Geschäftsumfang der Württembergischen Notenbank ist aus Tabelle V, Beilagenheft S. 14 ersichtlich.

### §. 16. Das Gesuch, betreffend die Gründung einer Vereinsbank. 1865 (22. März bis 2. Juli). 1866 (10. März).

Ausser dem Gesuch wegen Errichtung einer Zettelbank hatte dem Ministerium ein Gesuch wegen Errichtung einer Vereinsbank vorgelegen. Dasselbe war am 22. März 1865 eingereicht worden. Am 14. Juni hatte das Gesuch die Stadien der Begutachtung durchlaufen und am 27. Juni stellte der Minister des Innern bei dem Könige den Antrag, der Vereinsbank unter gewissen nähern Bedingungen die Genehmigung zu ertheilen. Da jedoch damals das Einführungsgesetz zu dem Handelsgesetzbuch die höchste Sanction noch nicht erhalten hatte und der Entschliessung der Regierung über die Notenbankfrage nicht präjudicirt werden sollte, so beantragte der Minister die vorherige Vernehmung des Geheimen Cabinets.

Durch Geheimes Cabinetsschreiben vom 2. Juli 1865 wurde dem Minister eröffnet, der König wünsche eine sorgfältige Prüfung der Frage, ob es nicht zweckmässig sei, die Entschliessung über das Gesuch um Concessionirung einer Vereinsbank gleichzeitig mit dem Gesuch um die Erlaubniss zur Errichtung einer Notenbank zu fassen?

Am 25. Oktober 1865 kam dem Minister des Innern ein Auszug aus einem Protokoll des Geheimen Cabinets vom 21. Oktober zu mit dem Ersuchen um näheren Nachweis in Betreff der Frage, inwieweit eine Bank in der Art, wie sie das Comite der Vereinsbank projectirt habe, als ein Bedürfniss für das Land und insbesondere für die Gewerbe erscheine. Es erfolgte ein Bericht der Centralstelle im Februar 1866. Die Antwort des Ministers an den Geheimenrath wurde gleichzeitig mit einer Erörterung der Notenbankfrage am 10. März 1866 gegeben, ohne dass die Genehmigung der Vereinsbank definitiv beantragt worden wäre. Die Constituirung der Württembergischen Vereinsbank erfolgte erst im Jahre 1869.

## §. 17. Die Württembergische Vereinsbank.

Am 8. Februar 1869 fand die constituirende Generalversammlung der Württembergischen Vereinsbank statt, nachdem am 30. Januar 1869 die landesherrliche Genehmigung zur Errichtung der Bank ertheilt worden war. Die Bank begann mit einem zunächst bis zum Betrag von 800,000 fl. eingezahlten Kapital ihre Thätigkeit. Das Kapital wurde im Jahre 1870 auf fl. 1,800,000, im Jahre 1871 auf fl. 3,000,000, 1872 auf fl. 5,250,000, 1873 auf fl. 7,000,000, 1874 auf fl. 8,750,000 = M. 15,000,000 erhöht.

Das Augenmerk der Direction richtete sich darauf, ein Württembergisches Landesinstitut zu schaffen. Zu dem Zweck war es nothwendig, nicht nur in Stuttgart, sondern auch in anderen Orten des Landes Mittelpunkte für den Verkehr mit der Bank herzustellen. Es wurden daher am 1. Oktober 1869 die Zweiganstalt Heilbronn, im Jahre 1871 eine Filiale in Reutlingen und die Commanditen in Ulm und Ravensburg ins Leben gerufen. Es gelang, diese Zweiggeschäfte mit bestehenden älteren Geschäftshäusern zu verbinden.

Nach kaum zehnmonatlichem Bestand war die Bank bereits mit 431 Württembergischen Firmen und Privaten in laufende Rechnung getreten. Ende 1871 erreichten die von der Bank geführten Contocorrente (einschliesslich von 219

Rechnungen mit Banquiers) die Gesammtzahl von 1,012 Conti. Darunter befanden sich 205 Verbindungen mit fixirter Creditgewährung. — Aus der Tabelle ist die stete Zunahme des Contocorrentgeschäfts ersichtlich.

In der Eigenschaft als Landesinstitut ist die Bank bei der Uebernahme und Placirung der Württembergischen Staatsanlehen seit dem Jahre 1869 stets in hervorragender Weise betheiligt. Der Schwerpunkt des Verkehrs in Württembergischen Staatspapieren wurde seit dem Jahre 1869 wesentlich durch die Bemühungen der Vereinsbank von Frankfurt a. M. nach Württemberg verlegt.

Die Gründung und Organisation des Württembergischen Cassenvereins von G. Müller & Genossen war schon einige Wochen vor Ausbruch des deutsch-französischen Krieges von der Vereinsbank vorbereitet worden. Bei der Gründung der Württembergischen Notenbank war sie in erster Reihe mitthätig.

Es gelang ihr auch ausserhalb Württembergs intime geschäftliche Beziehungen herzustellen. Diese Beziehungen sind nicht durch Filialen und für die Regel auch nicht durch Commanditen, sondern durch die Mitgründung neuer Bankinstitute auf Actien vermittelt worden. Die Vereinsbank war im Jahre 1870 bei der Gründung der Rheinischen Creditbank in Mannheim thätig. In Rücksicht auf das Bedürfniss im Mittelpunkt des süddeutschen Bankverkehrs eine intime Verbindung für den regelmässigen Theil des Bankgeschäfts und als Stütze für grössere Unternehmungen zu besitzen, betheiligte sich die Bank im Jahre 1871 bei der Gründung der deutschen Vereinsbank in Frankfurt a. M. Indem es gelang, eine Anzahl befreundeter Institute zur Mitgründung der deutschen Vereinsbank zu verwenden, wurde für diesen Kreis zusammenwirkender, sich nahe stehender Etablissements ein bleibender Vereinigungspunkt geschaffen. In München wurde in Gemeinschaft mit der deutschen Vereinsbank eine Commandite errichtet. In demselben Jahre entstand unter wesentlicher Betheiligung der Württembergischen Vereinsbank die Rheinische Hypothekenbank in Mannheim. In Verbindung mit der deutschen Vereinsbank nahm sie Theil an der Gründung der deutschen Wasserwerksgesellschaft und der deutschen Handelsgesellschaft in Frankfurt, sowie an der Gründung der deutsch-italienischen Bank. Im Verein mit Stuttgarter und auswärtigen Firmen rief sie die süddeutsche Gesellschaft für Eisenbahnbau und Eisenbahnbedarf ins Leben. Im Jahre 1872 wurden die intimen geschäftlichen Beziehungen vornehmlich vermehrt durch die im Verein mit der deutschen Vereinsbank zu Stande gekommene Erwerbung des Bankhauses L. & Hahn in Frankfurt und dessen Umwandlung in „deutsche Effecten- und Wechselbank." In Paris wurde ein Commandite begründet. Unter Mitwirkung der Vereinsbank entstand die Actiengesellschaft für Boden- und Communalcredit in Elsass-Lothringen zu Strassburg.

Die Internationale Bau- und Eisenbahnbaugesellschaft in Frankfurt a. M., das Stuttgarter Immobilien- und Baugeschäft und eine Reihe anderer Actiengesellschaften zu industriellen Zwecken entstand unter thätiger Mithilfe der Vereinsbank während des Jahres 1872. Unter Mitwirkung der Vereinsbank vollzog sich im Jahre 1873 die Vereinigung mehrerer grösserer Fabriken mit der Badischen Anilin- und Sodafabrik zu einer einheitlichen Gesellschaft und die Vereinigung des Pfälzer Bankvereins mit der Rheinischen Creditbank. In Verbindung mit mehreren österreichischen Industriellen und unter Leitung eines österreichischen Bankinstituts erwarb die Vereinsbank die Cuxen des Westböhmischen Bergbau- und Hüttenvereins. Durch Vertrag vom 5. Februar 1874 betheiligte sie sich commanditarisch bei der Firma Gebr. Mauser & Cie. in Oberndorf a./N. Im Jahre 1875 wurden nicht unerhebliche neue Consortialgeschäfte eingegangen, über welche der Geschäftsbericht ausführliche Mittheilungen macht. Eines dieser grösseren Geschäfte verfolgte den Zweck in dem Wiener Bankverein einen festen Stützpunkt für die geschäftlichen Beziehungen zu Oesterreich, insbesondere für die Theilnahme an den dortigen grösseren Uebernahmsgeschäften, zu schaffen.

Die Vereinsbank ist das einzige grössere Württembergische Creditinstitut für Handel und Industrie, sie ist gleichzeitig in engster Beziehung und vielfach Führer grösserer Consortien. S. auch Beilagenheft S. 15, 16; Tabelle VI, 1; VI, 2.

Zwei andere, inzwischen liquidirte Institute, die Württembergische Depositenbank und die Stuttgarter Bank, haben eine hervorragende Thätigkeit niemals entfaltet. Die ersten Statuten der Württembergischen Depositenbank datiren vom Jahre 1868, die revidirten Statuten vom 8. April 1872. Die Bank ist thatsächlich nicht eine Depositenbank, sondern eine Creditbank gewesen und trat gemäss den Beschlüssen der Generalversammlung vom 6. April 1875 in Liquidation. Die Statuten der Stuttgarter Bank datiren vom 9. Oktober 1871. Das ordentliche Bankgeschäft wurde im Januar 1872 in Betrieb gesetzt. Die Bank versuchte eine Abtheilung für Bodencredit zu bilden und gab auf Grund erworbener Hypotheken auch Pfandbriefe aus, welche übrigens einer besonderen Beliebtheit sich nicht erfreuten. Ihre Liquidation wurde wesentlich durch die Württembergische Vereinsbank durchgeführt. S. auch Vischer, die industrielle Entwicklung in Württemberg, §. 77 und insbesondere die Jahresberichte der Handels- und Gewerbekammern in Württemberg, herausg. von der K. Centralstelle für Handel und Gewerbe in den einzelnen Jahrgängen unter der Rubrik „weitere Einrichtungen zur Hebung des Verkehrslebens.“ Eine Besprechung vorübergehender Producte der Gründungszeit, wie beispielsweise der Württembergischen Commissionsbank in Stuttgart, ist an dieser Stelle nicht angezeigt.

Zweite Abtheilung.

# Das Grossherzogthum Baden.

## §. 18. Plan zur Errichtung von Leih- und Creditanstalten im Jahre 1819.

Am 10. Mai 1819 kündigte der Abgeordnete Fecht in der 2. badischen Kammer eine Motion an „die Errichtung von Leih- und Creditanstalten auf dem Lande auf Grundhypotheken verbunden mit Sparkassen betreffend.“ Er begründete die Motion am 13. Mai. — Verhandlungen vom 10. Mai, Heft 2, S. 230, vom 13. Mai Heft 3 S. 5 fgde., und Beilage zu Heft 2 Nr. 56. — Der Antrag ging dahin: „Seine Königliche Hoheit den Grossherzog zu bitten, Seinen getreuen Landständen zu ermöglichen, Privatpersonen in den Bezirken des Landes, wo es Noth thut, aufzufordern, gegen billigen Profit unter Leitung, Aufsicht und Schutz der Landstände, Leih- und Creditanstalten auf dem Lande, verbunden mit Sparkassen, einzurichten.“ Der Commissionsbericht schloss dem conform mit dem Antrag, alle Ortsvorstände des Grossherzogthums zu autorisiren, dass sie berechtigt sein möchten, die Leihanstalten, Sparkassen und Industrieanstalten nach den (im Commissionsbericht angegebenen) allgemeinen Umrissen und nach den eigenen Localbedürfnissen ihrer Orte einzurichten und dass es Seiner Königlichen Hoheit gnädigst gefällig sein möge, nicht nur die Initiative zu allen diesen Anstalten durch eine landesherrliche Proclamation zu geben, sondern auch diese Institute mittelst Gesetz förmlich zu sanktioniren. — Commissionsbericht, Beilage Nr. 264 zum Protok. vom 21. Juni 1819; Verhandl. der Kammer 6. Heft, S. 80—96, erstattet den 19. Juni 1819. — Der Commissionsbericht weist darauf hin, dass der lange Krieg und die nach demselben unvermuthet erfolgte Theuerung das Land erschöpft und das baare Geld weggezogen habe. „Zwar ist vieles baare Geld in öffentlichen und Privatadministrationskassen, allein leider ist bei manchen dieser Etablissements die ebenso traurige als häufige Erfahrung eingetreten, dass die Verwalter dieser Kassen selten kleine Summen an den armen Mann wegleihen und bei bedeutenden Summen sich so viele Gegenvortheile bedingen, dass der arme Mann die Zahlung dieser Procente durchaus nicht aufzubringen vermag, besonders da bei jeder Zinszahlung noch ausserdem hier und da besondere Vortheile für den Rechner fallen müssen und wenn diese ausbleiben, durch plötzliche Aufkündigung des Kapitals der Schuldner in neue Verlegenheit gesetzt wird.“ Das kräftigste, indirecte Mittel zur Beschränkung des Zinswuchers scheine besonders auf dem platten Lande in Darleihanstalten zu liegen. Die Darleihkassen dachte man sich weniger als Gemeinde- denn als Districtsleihkassen, für welche alle Gemeinden des Districts die Garantie zu übernehmen hätten. Die unzweifelhafte Sicherheit solcher Kassen werde dann die Beschaffung der Gelder ermöglichen beziehungsweise erleichtern, die ersten Betriebskapitalien würden durch Localstiftungs-, Kirchenfond- und Vormundschaftsgelder gebildet werden. Die Darlehen selbst sollten nur gegen doppeltes Unterpfand erfolgen und gegen 1½fache Sicherheit nur ausnahmsweise für kurze Zeit. Mit jeder Darleihkasse würde eine Ersparnisskasse zu verbinden sein.

In der Kammer fand der Gedanke keinen Anklang. Die Frage: soll auf eine Leihanstalt unter Garantie der Staatskasse angetragen werden? wurde nur von einer Stimme bejaht. Die andere Frage: soll auf Leihanstalten unter Garantie von Districten oder Gemeinden angetragen werden? wurde von 4 Stimmen bejaht. Endlich wurde auch die dritte Frage: soll um einen Gesetzesvorschlag gebeten werden, dass Privatpersonen die Errichtung solcher Leihanstalten unter besonderen Berücksichtigungen, jedoch ohne Garantie des Staates oder einer Gemeinde gestattet sein solle, mit Stimmenmehrheit verworfen. Verhandl. der 2. Kammer, 26. Juni 1819, Heft 6, S. 130 fgde. — Die bezüglichen Fragen beruhten nun einige Zeit, während die zahlreichen Uebelstände eines nicht organisirten Realcredits immer fühlbarer wurden. Bemerkenswerth bleibt eine Brochüre von Joh. Jos. Erwin Pfister „Antrag auf Verbesserung des Hypothekenwesens mittelst Errichtung einer Landes-Hypotheken-Casse und Einführung einer Hypothekensteuer (Heidelberg 1822, Engelmann'sche Druckerei). In dieser Schrift ist erstmals der Gedanke einer Landeshypothekenbank für Baden ausgesprochen.

### §. 19. Die Allgemeine Versorgungsanstalt.

Der Plan zur Errichtung der Allgemeinen Versorgungsanstalt wurde im Jahre 1833 gefasst. Nach dem Vorbild der Wiener Versorgungsanstalt, welche im Jahre 1825 begründet worden war, wurden die Statuten entworfen. Den revidirten Entwurf legte man am 18. Februar 1835 einer grösseren Versammlung vor, die sich zur Gründung der Anstalt vereinigte. Deren Mitglieder prüften den zweiten Entwurf der Statuten und Verwaltungsordnung. Nach Beendigung der Commissionsarbeiten wurde am 23. März 1835 eine Versammlung gehalten, zu welcher jedermann öffentlich eingeladen war. Diese Versammlung nahm die Statuten an und die 104 anwesenden Mitglieder der Anstalt unterzeichneten die hierüber aufgenommene öffentliche Urkunde. Sofort wurden die Verwaltungsbehörden gewählt. Am 30. April 1835 erfolgte die landesherrliche Genehmigung. Am 1. Juni 1835 begann die Anstalt ihre Thätigkeit. — Rechenschaftsber. für die Zeit vom 1. Juni bis 31. Dec. 1835. Vorwort. S. auch Einleitung zu dem Rechenschaftsbericht für 1863. —

Die Anstalt beruht auf dem Princip der Gegenseitigkeit. Sie ist in erster Reihe und vorzugsweise eine Rentenanstalt, eine Anstalt, bei welcher man mittelst bestimmter Kapitaleinlage Mitglied wird und dadurch das Recht erwirbt, eine mit zunehmendem Alter wachsende jährliche Rente zu beziehen, — Stat. von 1835, §. 1 — eine Anstalt, „welche den Zweck hat, gegen Einlagen Renten oder nach einem Zeitablauf Kapitalien zu gewähren" — Stat. von 1864, §. 1. In ihrer Eigenschaft als Rentenanstalt entzieht sie sich der eingehenden Besprechung in dieser Arbeit.

In der Generalversammlung vom 4. Juni 1846 fand der Antrag des Verwaltungsrathes und Ausschusses Unterstützung, mit der Versorgungsanstalt eine Lebensversicherungsanstalt zu verbinden und es wurde beschlossen, dass für die Errichtung einer Lebensversicherungsanstalt ein Plan durch eine zu ernennende Commission ausgearbeitet und solcher nach erfolgter Prüfung durch die Verwaltungsorgane einer ausserordentlichen Generalversammlung vorgelegt werden solle. Diesem Beschluss ist die That nicht rasch gefolgt. Noch im Bericht für 1859 wird erklärt „die Vorbereitungen zu einer Vorlage über die Gründung einer Lebensversicherungsbank konnten verschiedener Hindernisse wegen noch nicht beendigt werden“... Erst durch die Annahme der Statuten von 1863 wurde die Absicht der Gründung einer Lebensversicherungsabtheilung verwirklicht. Auch in der Eigenschaft als Lebensversicherungsanstalt ist der Wirkungskreis der Versorgungsanstalt hier nicht näher zu erörtern.

Durch Gesetz vom 29. Juli 1870 wurde die Anstalt ermächtigt, Darlehnskassenscheine auf Inhaber bis zum Betrag von 3 Millionen gegen Faustpfand und liegenschaftliche Sicherheit auszugeben. Am 30. Juni 1871 erreichte die Ausgabe solcher Scheine ihr Ende; die Einlösungspflicht begann am 1. Juli 1872. Durch die Ausgabe der Scheine sollte dem Creditbedürfniss von Gemeinden und Privaten entgegengekommen werden, da dieselben in der Zeit des Krieges nur mit den grössten Opfern Darlehen erhalten konnten.

Mit der Versorgungsanstalt ist aber auch eine Spar- und Hinterlegungskasse verbunden, die Anstalt hat ferner Darlehen gegen Faustpfand gegeben und lange Zeit hindurch war sie das einzige grössere Realcreditinstitut des Landes. Auf diese Zweige ihrer Thätigkeit ist zur Erläuterung der im Beilagenheft enthaltenen Tabelle näher einzugehen.

Die Hinterlegungskasse bot von Anfang an volle Sicherheit dadurch, dass nach §. 67 der Statuten die Anstalt mit ihrem gesammten Vermögen für die hinterlegten Gelder haftete. Eine Vergrösserung des Wirkungskreises der Hinterlegungskasse wurde im Jahre 1835 in der Weise erstrebt, dass die Verwaltung mit der Grossherzoglichen Regierung in Verhandlung trat, um zur Staatsdepositenkasse erklärt zu werden. Als Aequivalent für die hierbei entstehende Mühewaltung verlangte die Anstalt die Verwaltung der kleinen Mündelvermögen im ganzen Lande. Da indessen die

Regierung auf diese Bedingung nicht einging, so konnte die Anstalt sich zur Uebernahme der Staatsdepositen nicht entschliessen. Sie kam indessen auf den Plan, eine Centraldepositenkasse für die Mündel- und Pflegegelder zu sein, wieder zurück, indem sie sich an die zweite Kammer mit ihrem Petitum wendete. Am 29. Mai 1837 fanden die hierauf bezüglichen Verhandlungen statt. Verh. der 2. K. 4. Protokollh., S. 28, 29. Das Petitum lautete, dass die Regierung oder die Gesetzgebung die Vormünder oder Pfleger im Lande ermächtige, unter gewissen Voraussetzungen müssige Vormundschafts- und Pflegegelder bei der Versorgungsanstalt zu deponiren und zwar nach den in dem Statut der Anstalt vorgesehenen Bestimmungen. Sofern dies geschehe, wollte die Versorgungsanstalt auch die Errichtung der öffentlichen Hinterlegungskasse übernehmen. Das Petitum wurde abgelehnt. Wir ersehen aus dem Bericht für 1837, dass der Wirkungskreis der Hinterlegungskasse sich bereits nicht mehr auf Karlsruhe allein erstreckte, sondern Hinterlegungen im ganzen Lande stattfanden.

Der Bericht vom Jahre 1845 gibt an, dass der Gesammtaufwand an Verwaltungskosten der Anstalt durch den Ertrag der Hinterlegungskasse gedeckt werde. Der Reinertrag für das Jahr 1845 bezifferte sich auf fl. 14,819.58. Dieser Ertrag wurde freilich wesentlich dadurch erzielt, dass die Anstalt für solche Depositen keinen Zins gewährte, die während eines Vierteljahres nach der Hinterlegung wieder zurückgezogen wurden, dass sie ferner für den Monat der Annahme und der Rückzahlung der hinterlegten Gelder ebenfalls keine Zinsen vergütete: als Durchschnitt der ständig hinterlegten Beträge ergab sich 1845 die Summe von fl. 1,047,977.30, davon wurden zu 3 % verzinst: fl. 959,402.30, zu $3\frac{1}{2}$ % fl. 78,875.6 und zu 4 %: fl. 9700, während die Anstalt selbst einen Zins von 4,461 % erzielte.

Ausser den aus der Tabelle des Beilagenheftes ersichtlichen Zahlen erfolgen in den Berichten der Anstalt über die Hinterlegungskasse keine Mittheilungen bis zum Jahre 1855. In dem Bericht für dieses Jahr wird bemerkt, dass die Kasse den Hinterlegern 3 % Zinsen zahle, während sie das Geld wenigstens in der Regel zu $4\frac{1}{2}$ % ausleihe, und es wird wiederum bestätigt, dass der Gewinn aus der Hinterlegungskasse den Verwaltungsaufwand jedenfalls decke. Die Kasse wurde nicht nur von Privaten, sondern auch von zahlreichen öffentlichen Anstalten, welche unter Staatsaufsicht standen, in zunehmendem Mass benutzt. Bericht für 1861.

Mit dem 1. September 1864 eröffnete die Anstalt neben der Hinterlegungskasse als Nebenanstalt auch eine Sparkasse für Einlagen, welche bei dem Tode des Einlegers, oder an einem im Voraus bestimmten Tag oder nach vorheriger Aufkündigung sollten zurückgezahlt werden. Sie erbot sich ferner auf Aufforderung Kinderversorgungsvereine und andere Arten von Tontinen zu bilden. Diese Nebenanstalten haben einen erheblichen Umfang nicht gewonnen.

Was die Verwaltung des Activvermögens betrifft, so wurden die Fonds der Anstalt mit Vorliebe in Hypotheken und zwar in kündbaren und unkündbaren (Annuitäten) angelegt. Die Annuitäten wurden erstmals im Jahre 1837 gewährt. Die Darlehen sollten nach den Statuten gegen erstes und wenigstens doppeltes Unterpfand an Gemeinden, Körperschaften und Privatpersonen gegeben werden. Von dem Jahre 1847 an bis gegen Ende des Jahres 1856 bereitete dieser Verwaltungszweig der Anstalt erhebliche Schwierigkeiten. Die Anstalt wurde vielfach gezwungen bei Subhastationen die beliehenen Objecte anzukaufen und die Preise der so erworbenen Liegenschaften waren zeitweilig so tief gesunken, dass die Forderungen der Anstalt nicht gedeckt erschienen — Bericht für 1849, S. VI.

Im Jahre 1851 befand sich die Anstalt im Besitz von 30 Wohnhäusern und 718 Morgen, 1. V., 87 R. Garten, Acker, Wiesen, Reben und Wald mit einem Gesammtwerth von fl. 165,902.12 (worunter das Eigenthum der Anstalt in Karlsruhe mit fl. 56,636.25). Im Lauf des Jahres 1855 erhöhte sich der Liegenschaftsbesitz auf 46 Wohnhäuser und 1339 M. 191 R. Grundstücke; dann fand eine allmälige Verminderung des Gesammtbesitzes an Liegenschaften statt.

Ein anderer Theil des Activvermögens ist in Effecten angelegt worden. Auch diese Anlage hat zu zeitweiligen, sehr erheblichen Abschreibungen Veranlassung gegeben. In den Jahren 1851— incl. 1864 wurde zwar insgesammt ein Gewinn von fl. 50,733.35 gemacht, dagegen musste in den Jahren 1865,

1866 zusammen die Summe von fl. 374,622.52 abgeschrieben werden, diese Summe betrug 19 % der Nominalsumme von Effecten, welche sich im Besitz der Anstalt befanden. Bericht für 1864 S. IV, für 1866, S. V. Für das Jahr 1867 fand für einige Staatspapiere eine Abschreibung statt von fl. 14,530.32 (obgleich sich der Courswerth des Effectenbesitzes auf den 31. Dec. um fl. 23,882.8 günstiger stellte als der Ankaufwerth). Auch im Jahre 1868 musste an einigen Effecten eine Abschreibung von fl. 5,740.55 stattfinden, während der Courswerth des Gesammtbesitzes sich um fl. 19,610.52 günstiger stellte als dessen Rechnungswerth. Per 31. December 1870 wurden wiederum fl. 9,275 als Abschreibung auf die Werthpapiere der Anstalt verwendet. Da im Jahre 1871 sämmtliche Werthpapiere der Anstalt im Cours gegen das Vorjahr nicht gesunken waren, so fand diesmal keine Abschreibung statt. Im Jahre 1872 wurden dagegen wiederum fl. 10,000 als Abschreibung auf den Effectenbesitz der Anstalt verwendet und im Jahre 1873 fand abermals eine Abschreibung von fl. 78,003.19 statt „um durch Abschreibung im Ansatz dieser Papiere künftige Schwankungen unmöglich zu machen.“ Die Abschreibungen fanden sonach in den einzelnen Jahren statt, einerseits und zwar in erster Reihe, wenn gemäss den Coursen per 31. December der Werth der Effecten unter dem Ankaufs- und Buchwerth stand, andererseits aber auch, um künftigen Schwankungen vorzubeugen.

Das Faustpfandgeschäft und das Geschäft in Güterzielern gibt zu besonderen Bemerkungen keinen Anlass.

§. 20. Die Bankfrage in den Jahren 1843—1847. Motion v. Göler. Petition des badischen Industrie-Vereins. Mathys Commissionsbericht.

Am 18. December 1843 verlas das Secretariat der ersten badischen Kammer eine Anzeige des Freiherrn von Göler jun., wonach derselbe eine Motion auf Errichtung einer Bank im Grossherzogthum Baden zu begründen gedachte. Verh. der 1. Kammer vom 18. Dec. 1843, S. 16, 1. Protokollh. — In der Sitzung vom 27. Februar 1844 begründet v. Göler den Antrag: „Seine K. Hoheit den Grossherzog in einer unterthänigsten Adresse zu bitten, einer Actiengesellschaft zur Errichtung einer Bank, wenn sich eine solche bilden sollte, nach vorheriger Prüfung ihrer Statuten die höchste Genehmigung ertheilen zu wollen und diejenigen gesetzlichen Bestimmungen gnädigst vorkehren zu lassen, welche zu ihrem Bestehen und gedeihlichen Wirken nothwendig sind." Der Antragsteller berief sich auf das aus allen Ständen namentlich aber aus dem Stand der Industriellen vielfach in Anregung gebrachte Bedürfniss einer solchen Anstalt, er wies auf die österreichische Nationalbank, die bayerische Hypotheken- und Wechselbank hin, er betonte, dass der Verkehr in Baden seit dem Anschluss an den Zollverein lebhafter, der Bedarf an Kapitalien grösser gewesen sei. Diese Kapitalien seien zwar vorhanden, aber es fehle an einer richtigen Vermittlung zwischen Kapitalisten und Kapitalbedürftigen. Der Geldbedarf des badischen Landes werde derzeit von Frankfurt, Strassburg, Basel und Augsburg aus befriedigt. Die Bank solle eine Actiengesellschaft sein mit dem ausschliesslichen Recht der Notenausgabe, deren Hauptsumme ungefähr die Hälfte des Actienkapitals nicht überschreiten dürfe, auf die von der Bank ausgegebenen Noten sollten Amortisations- oder Arrestgesuche nicht angenommen, Nachahmung oder Verfälschung der Noten aber nach dem Gesetz über Falschmünzerei bestraft werden. Ueber die Aufsicht und Controle des Staates enthält der Entwurf keine Bestimmungen. Das Actienkapital soll zehn Millionen Gulden betragen, die Actien (à 1000 fl.) sollen auf den Inhaber lauten. Als den Wirkungskreis der Bank bezeichnete er Darlehen auf Hypotheken, Faustpfand, das Escomptegeschäft, das Giro- und Contocorrent- sowie das Depositengeschäft. Der Zweck des Instituts sollte sein die Förderung des Handels, der Fabriken und des Ackerbaues in Baden durch Erleichterung und Vermehrung des Geldverkehrs. Aus der Begründung des Antrags und dem sofort zu erwähnenden Commissionsbericht ersehen wir, dass bereits im Juli 1842 die Statuten einer Bankgesellschaft dem Staatsministerium vorgelegen haben, die indessen keine Beachtung fanden. Nebenius., Commiss. Ber. vom 25. Okt. 1844 in den Verhandl. der 1. Kammer, 1843/44 4. Beilagenh. S. 44. Aus anderen Actenstücken ersehen wir, dass schon im Jahre 1841 eine Gesellschaft in der Bildung begriffen war. S. unten S. 109.

Die Kammer beschloss, die Motion Göler in nähere Erwägung zu ziehen. Es wurde eine Commission ernannt, in deren Auftrag Staatsrath Nebenius den Bericht schrieb. Beilagenh. l. c. Beil. Nr. 283. Am 24. Oktober 1844 überreichte er den Commissionsbericht. Der Bericht erörtert eingehend die Frage, ob für das Land eine Notenbank nothwendig sei, er weist mit Sachkunde und Scharfsinn darauf hin, dass es mit Gefahren verknüpft ist, wenn die Zettelbank alle die ins Auge gefassten verschiedenartigen Zweige der Geschäftsthätigkeit umfasse, er unterscheidet zwischen der Staatserlaubniss zur Bildung einer unbenannten Gesellschaft für den Betrieb von Darleih- Escompte- Giro- und Depositengeschäften — diese Erlaubniss sei unbedenklich — und der Ermächtigung zur Notenemission.

Die Mehrheit der Commission wollte die Ausgabe von unverzinslichen Papieren zum Vortheil des Staates der Regierung vorbehalten wissen, sie erklärte sich gegen die Motion, insofern sie einer Actiengesellschaft die Berechtigung zur Notenausgabe ertheilen wollte. Der einstimmige Antrag der Commission lautete dahin, dass die Kammer die Errichtung einer Bank, jedoch ohne das Recht der Notenausgabe, durch eine Adresse befürworten möge.

Eine vergleichende Erörterung der wirthschaftlichen Verhältnisse in Baiern und Baden mit einer etwas optimistisch gefärbten Darstellung der damaligen wirthschaftlichen Zustände in Baden ist in Rücksicht auf die von Göler zum Muster genommene baierische Hypotheken- und Wechselbank in den Commissionsbericht aufgenommen. Auf die Thätigkeit der seit dem Jahre 1835 bestehenden Allgemeinen Versorgungsanstalt wird gleichfalls von Nebenius hingewiesen.

Die Verhandlungen der ersten Kammer fanden am 25. November 1844 statt. An der Discussion betheiligten sich ausser dem Antragsteller und dem Berichterstatter insbesondere Staatsrath Regenauer und Geheimerath v. Reck. Die Discussion lieferte keine neuen Gesichtspunkte; sie bestätigte die Abneigung gegen die Gewährung des Notenprivilegs an eine Actiengesellschaft, aber auch die lebhafte Empfindung für das Bedürfniss der Industrie und der Landwirthschaft nach einem ihnen dienenden Bankmittelpunkt und die Erwartung, dass das badische Land durch die Schaffung eines gesunden Bankwesens namentlich vom Frankfurter Geldmarkt unabhängig werde. Die damals ziemlich allgemein noch herrschende Unklarheit über die Verschiedenheit von Banknoten und Papiergeld machte sich in der Discussion geltend und trug zur Verwirrung der relevanten Fragen bei. Mit Recht wies Nebenius darauf hin, dass bei der Errichtung einer Bank für das Escompte-, Depositen- und Contocorrentgeschäft auch die Banquiers gewinnen würden, deren Geschäfte derzeit nicht sehr beträchtlich seien „da das ganze angegebene Betriebskapital unserer Banquiers zu Karlsruhe und Mannheim nur zwischen fl. 300,000 und fl. 400,000 beträgt", er ist ferner der Ansicht, dass die bereits bestehende Depositenanstalt (Versorgungsanstalt) wohl auch der inländischen Industrie nützlich sein könne, wenn man etwa durch gesetzliche Bestimmungen Darlehen auf Vorräthe erleichtern würde.

Vielleicht hat die Anregung der Bankfrage in der Kammer auf eine Entschliessung des Verwaltungsrathes der Allgemeinen Versorgungsanstalt vom 21. Oktober 1844 Nr. 3602 ihren Einfluss geübt. Die Anstalt erklärte sich nämlich in einer Zuschrift an die Karlsruher Handelskammer bereit, den einzelnen Karlsruher Kaufleuten unter näher bezeichneten Bedingungen gegen Deckung Credite zu eröffnen.

Die erste Kammer trat dem Antrag der Commission bei, die Adresse an den Grossherzog wurde in der von der Commission vorgeschlagenen Fassung angenommen. Am 7. Januar 1845 fand die Vorlesung und Genehmigung der beschlossenen Adresse auf Errichtung einer Bank im Grossherzogthum Baden statt. — Verhandl. der 1. Kammer 1843/44, 3. Protokollh. S. 356 fgde.

Am 13. Januar 1845 gelangte die Adresse in die zweite Kammer: Verhandl. der 2. Kammer, 11. Protokollh. S. 81; S. ferner ibid. 13. Beilagenh. S. 239, Beil. Nr. 1 zum Protok. der 134. Sitzung vom 13. Januar 1845.

Der Commissionsbericht des Abgeordneten Müller vom 17. Februar 1845 — 13. Beilagenh. S. 349—51 Beil. Nr. 1 — leidet an wesentlichen Unklarheiten, er spricht sich einerseits gegen die Verleihung des Rechts der Notenausgabe aus und andererseits auch gegen den Beitritt zur Adresse, weil ohne das Recht der Notenausgabe eine Bank die beabsichtigten Geschäftszweige nicht mit Vortheil betreiben könne. „Wir besitzen übrigens in grösseren und kleineren Städten unseres Landes Banquiers und Handlungshäuser, die sich mit Escompte- und Girogeschäften befassen und den Geldbedarf zu befriedigen vermögen. Die Versorgungsanstalt leiht auf Hypotheken, Staatspapiere, Faustpfänder u. s. w., so dass wir ein so dringendes Bedürfniss zur Errichtung einer Bank nicht einzusehen vermögen. Es sei denn, dass sie zugleich den Zweck haben solle, wie die Bank in Brüssel und andere industrielle Banken, durch Ankauf von Actien neuer sich erst constituirender Gesellschaften die Begründung derselben zu erleichtern, oder dass sie die Actien bereits bestehender Corporationen an sich bringe, und in ihrem Werthe erhalte, wenn diese Actien in der öffentlichen Meinung zu sinken beginnen.“ 5 Mitglieder der Commission beantragten auf Grund dieser Erwägungen der Adresse nicht beizutreten. Die übrigen 2 Mitglieder beantragten der Adresse beizutreten, jedoch unter Bewilligung des Rechts der Notenausgabe für die Bank. Die zweite Kammer theilte die Ansicht der Commissionsminorität. Der Antrag würde wohl zum Beschlusse erhoben worden sein, wenn nicht ein Zufall im Wege gestanden hätte. Die Sitzungen der ersten Kammer waren nämlich am 1. Februar 1845, an welchem Tage die Berathung in der zweiten Kammer stattfand, bereits geschlossen. Eine Aenderung der Adresse würde sonach zur Folge gehabt haben, dass die Bitte um Genehmigung einer Actiengesellschaft zur Errichtung einer Bank nicht mehr an den Thron gelangt sein würde. Man fand einen Vermittlungsweg in dem von dem Abgeordneten Junghanns beantragten Beschluss: „Dass die zweite Kammer nach den von der Regierungscommission über die Verhandlungen der ersten Kammer ertheilten Aufklärungen dem Zusatz derselben die Auslegung gegeben habe, dass darin nur von einer ausschliesslichen Ermächtigung zur Ausgabe von Noten auf den Inhaber die Rede sei“. Hiermit war die Ansicht der Kammer ausgesprochen, dass eine Zettelbank genehmigt werden möge. Da jedoch die Ermächtigung zur Ausgabe von Papiergeld, sowie die Enthebung der Bank von den für die Faustpfandurkunden vorgeschriebenen Formalitäten nebst einigen anderen Bestimmungen in den Kreis der Gesetzgebung gehörten, so sprach die Kammer schliesslich die Erwartung aus, dass dem nächsten Landtag ein Gesetz vorgelegt werde. S. Mathy, in seinem Bericht über die zur Motion erhobene Vorstellung der Direction des Badischen Industrie-Vereins, die Errichtung einer Bank betr. vom 14. August 1846. In diesem Stadium blieb vorerst die Angelegenheit.

Die Direction des badischen Industrie-Vereins zu Karlsruhe brachte die Frage der Errichtung einer badischen Bank zunächst wieder in Anregung. In einer Petition an die Kammer wies sie darauf hin, dass das Bedürfniss einer Credit- und Giro-Bank seit den Jahren 1844 und 1845 ein viel grösseres geworden sei, weil der über ganz Europa sich verbreitende Bau von Eisenbahnen alle disponiblen Mittel in Anspruch nehme und sie dem Handel, wie industriellen Unternehmungen entziehe. In der Sitzung vom 4. August 1846 erstattete der Abgeordnete Helbing über die Petition befürwortenden Bericht. Beilage Nr. 2 zum Protokoll vom 4. August 1846, 7. Protokollheft S. 1. „Die Banken sind überall zur Nothwendigkeit geworden, wo Ackerbau und Gewerbe nur einigermassen blühen, ihre wohlthätigen Folgen haben sich überall erwiesen, wo sie errichtet worden sind, und wir können in dieser Beziehung auf alle uns umgebenden Länder hinweisen.“ Die Commission beantragte, dass die Petition als Motion behandelt und in die Abtheilungen zur Berathung verwiesen werde. Die Abgeordneten Mathy, Junghanns I und Metz unterstützten den Antrag, welcher von der Kammer alsdann angenommen wurde.

Am 14. August 1846 erstattete Mathy über die zur Motion erhobene Petition Bericht. Verhandl. der II. Kammer 1845/46, 7. Beilagenheft S. 355 bis 366. Durch diesen Commissionsbericht tritt Mathy zum erstenmal mit dem ganzen Uebergewicht seiner practischen Einsicht und der glänzenden Ueberlegenheit seiner finanziellen und schriftstellerischen Begabung in die badische Bankfrage ein: In seinem Eingang gibt der Bericht eine Uebersicht über den seitherigen Gang dieser Frage. Es folgt eine Darlegung der Vortheile, welche die Banken dem Ackerbau und den Gewerben bringen, insbesondere der Vortheile, welche sie gegenüber dem von Banquiers gewährten Credit haben und ihrer Vorzüge gegenüber den Geldmächten, deren absolute Herrschaft sie brechen. Mathy wendet sich dann zur Besprechung der von den Gegnern der Banken geltend gemachten Gründe. Er theilt diese Gegner in zwei Classen: Die Concurrenten als Gegner, (mit diesen hat der Bericht sich nicht weiter zu beschäftigen) und die Bedenken deutscher Schriftsteller und Staatsdiener, wie sie namentlich gegen Zettelbanken hervortreten. Mathy schildert die Gefahren und bespricht die vorhandenen Schutzmittel. Der erste Theil des Berichts gipfelt auf Seite 361 in dem Satze: Ihre Commission ist hiernach der Meinung, dass Zettelbanken, wenn ihre Zeit gekommen ist, ohne Nachtheil für die Geschäfte des Handels im ausgedehntesten Sinn — mit Landesproducten, inländischen und fremden Waaren aller Art — nicht umgangen werden können. — Der zweite Theil des Commissionsberichts beschäftigt sich mit der Frage: ist für Baden die Zeit gekommen in die Errichtung einer Zettelbank einzuwilligen?

„Für die Bejahung dieser Frage sprechen die Beschlüsse beider Kammern und die vorliegenden Petitionen, sowie die allgemeine Stimme des betheiligten Publikums.“ Ward das Bedürfniss schon vor Jahren empfunden, so ist es heute nur um so fühlbarer und es ist zugleich das Bedenken weggefallen, welches früher dem ausschliesslichen Recht, Noten auszugeben, entgegengehalten wurde, dass nämlich der Staat selbst Papier ausgeben und seiner eigenen Casse den Zinsgewinn vorbehalten könne. Die Regierung hat zu einer Zeit, wo Anlass dazu vorhanden war, keinen Gebrauch von dem Papier gemacht, sie hat auf das Bestimmteste erklärt, dass sie auch in Zukunft keinen Gebrauch davon machen werde und die Möglichkeit, dass sie diesen Grundsatz aufgebe, ist nicht stark genug, um dem Lande den guten Gebrauch eines Bankpapiers zu versagen. Es leistet auch das Papier des Staates keineswegs die nämlichen Dienste wie das Papier der Bank .....

Ein weiterer Grund, mit der Errichtung einer Zettelbank nicht länger zu säumen, liegt auch in der Ausdehnung des Bankwesens rings um uns her. Ueberall tauchen diese Anstalten auf, von allen Seiten dringen ihre Papiere ins Land, nach allen Richtungen geht der Preis, um welchen sie unserer Industrie und unserem Handel ihre Dienste leisten, zum Lande hinaus .... Es kann also auch fürder nicht die Rede sein von Abwendung der Gefahren des Papiers durch Verweigerung des Umlaufsmittels der Banknoten; diese Gefahren tragen wir schon, aber wir helfen sie dem Auslande tragen.

.... Der zweite Theil des Berichts gipfelt in dem Satz S. 362: darf die Commission sonach vertrauen, dass die Kammer ihren Beschluss vom Jahre 1845 für Errichtung einer Zettelbank mit verstärkten Gründen und unter Ausdehnung auf die ausschliessliche Berechtigung zur Ausgabe von Zetteln wiederholen werde, so entsteht die Frage, (Uebergang zum 3. Theil des Berichts) „ob auch jetzt wieder um eine blosse Möglichkeit, also um Ertheilung einer Ermächtigung für den möglichen Fall, dass eine Gesellschaft sich melde, gebeten wird, oder ob Aussicht vorhanden ist, dass die Bank sofort ins Leben treten könne.

Wir setzen voraus, dass ein Gutachten darüber, ob eine Staatsbank oder eine Privatbank errichtet werden soll, überflüssig, dass vielmehr einzig von Ertheilung einer Concession an eine Gesellschaft die Rede ist. Andere Anstalten, die sich langsam, in stetiger Form nach gemessener Instruktion kanzleimässig bewegen können, ohne ihrem Zweck zu schaden, mögen sich unter die Staatsleitung bequemen; aber so nothwendig für das öffentliche Vertrauen die Aufsicht der Regierung ist, eben so unentbehrlich dafür ist die Leitung durch Geschäftsmänner, wo es sich um schnellen und sicheren Blick, um raschen Entschluss und Vollzug in jedem einzelnen Fall handelt, wo ein schleppender Gang, ein ängstliches Fragen nach Verhaltungsmassregeln die Lebensfähigkeit des ganzen Organismus namentlich in der jetzigen Zeit verkümmern ja den Keim des Todes mitten hinein setzen würde. Dies vorausgesetzt, können wir der Kammer mittheilen, dass die Errichtung einer badischen Credit- und Girobank lediglich nur noch von der Genehmigung der Statuten durch die Regierung und von der Erlassung der nöthigen gesetzlichen Bestimmungen abhängt. Es ist der Kommission bekannt geworden, dass eine Gesellschaft schon vor geraumer Zeit um die Concession zur Errichtung einer badischen Credit- und Girobank eingekommen ist, und einen Entwurf von Statuten als Grundlage der Prüfung und Erörterung vorgelegt hat, dass die frühere Gesellschaft von 1841 ihre Prioritätsansprüche dieser neuen Gesellschaft übertragen hat, dass als Bevollmächtigter der letzteren ein Mann sich darstellt, dessen Name, Charakter und Befähigung in jeder Hinsicht allein schon Bürgschaft wäre, dass es sich hier weder um ein leeres Project noch um eine trübe Geldspekulation handelt, wir haben endlich erfahren, dass unter den Häusern, welche dieser Mann vertritt, solche sind, deren Ruf nur vortheilhaft auf das Vertrauen zu dem Unternehmen, auf das Gedeihen und die Nützlichkeit desselben wirken kann."

Das Referat kann den Bericht nicht ersetzen, der durch zahlreiche feinsinnige Bemerkungen selbst heute noch im hohen Grade lesenswerth ist. Treffend ist beispielsweise die Gegenüberstellung der Wirksamkeit einer Bank im Gegensatz zur Thätigkeit des einzelnen Banquiers ... „In einzelnen Zweigen menschlicher Thätigkeit kennt man den Nutzen der Vereine, man wird ihn bei dem Bankgeschäft nicht in Abrede stellen können. Dem einzelnen Geldhändler schadet es nicht an Ruf und Vertrauen, wenn er einzig auf seinen Nutzen sieht und gerade dann am wenigsten thut, wenn die Noth am grössten ist; aber der Ruf und das Vertrauen eines Bankinstituts würde schwinden, wenn es dem Verkehr seine Hilfe ohne Noth entziehen oder übermässig erschweren wollte. Der einzelne Banquier weiss allein, wie er steht; die Bank arbeitet unter Aufsicht und Controle der Regierung, der Stand ihres Vermögens und ihrer Geschäfte liegt dem Publikum vor. Und gerade in Zeiten einer Krisis bewähren die Banken ihren Nutzen; bei Krisen, die jedes Jahr im Herbst bei dem starken Geldbedarf für den Umsatz der Landesprodukte als leichtes Fieber, stärker in einem guten Weinjahr, noch stärker aber dann eintreten, wenn aussergewöhnliche Verwendungen oder Ereignisse das Geld zurückhalten oder in früher unbekannte Canäle leiten. Alsdann haben die Bankhäuser selbst eine Stütze an einer solchen Anstalt, sie bewegen sich freier, denn sie wissen, dass sie dort gegen Verkauf oder Verpfändung ihrer Valuten stets Geld erhalten können. Eine Bank leistet mehr als einige mittlere selbst grössere Bankhäuser, sie leitet den Verkehr über manche Klippen hinaus, woran er ohne sie gescheitert oder wenigstens nicht ohne Haverei davon gekommen wäre.

Der kolossalen Geldmacherei gegenüber sind aber die Banken, wo sie Boden gefasst und Bestand gewonnen haben, ein heilsames Gegengewicht. Ohne Banken commandiren jene allein auf dem Geldmark, machen die Preise, begünstigen gute Freunde, drücken die Nebenbuhler. Dies haben nicht nur Geschäftsleute, dies haben Regierungen erfahren und erfahren es noch täglich. Die Banken werden den Handel und die Industrie von den Fesseln der colossalen Geldmächte emancipiren, ohne Banken herrschen jene unbeschränkt, mit den Banken werden sie sich accommodiren."

Im Anschluss an den Bericht ging der Antrag der Commission dahin: Die Kammer möge der Regierung mittelst Schreibens an das Grossherzogliche Staatsministerium unter empfehlender Ueberweisung der Vorstellung der Direction des badischen Industrievereins eröffnen:

1. Sie halte die Errichtung einer Landesbank bei den gegenwärtigen Bedürfnissen des Handels, der Industrie und der Landwirthschaft bezüglich auf Credit und Geldverhältnisse nicht nur für wünschenswerth, sondern für dringend nothwendig, und ersuche daher die hohe Regierung für eine Actiengesellschaft zur Errichtung einer Bank, nach vorheriger Prüfung ihrer Statuten, die höchste Genehmigung erwirken zu wollen und diejenigen Bestimmungen vorkehren zu lassen, welche zu ihrem Bestehen und gedeihlichen Wirken nothwendig sind.

2. Die Kammer erwarte, dass die Regierung dem gegenwärtigen Landtag noch diejenigen Bestimmungen in Betreff der Errichtung einer Bank vorlegen werde, welche auf dem Weg der Gesetzgebung zu erlassen sind, oder wenn unübersteigliche Hindernisse der Vorlage auf dem gegenwärtigen Landtage entgegenstehen sollten, dass durch ein provisorisches Gesetz jene Bestimmungen erlassen würden. — Verhandl. der 2. Kammer vom 19. Aug. 1846, 8. Protokollh., S. 273 fgde., S. 289.

In der Discussion wurde von den Abgeordneten Mathy, Bassermann und Buss mit Nachdruck wiederholt betont, dass durch die Entstehung der Bank und die Erhebung Mannheims zu einem Wechselplatz das ganze Land von den beiden derzeit es beherrschenden Geldplätzen Frankfurt und Basel unabhängig werde.

„Es lässt sich nicht leugnen, wir stehen unter einer Art von absolutistischer Geldmacht; wir haben zwei Plätze, von wo aus Tyrannei über uns geübt wird, nämlich Basel und Frankfurt. Von Basel aus geschieht es mehr durch die getheilte Geldmacht der einzelnen Banquiers, von Frankfurt aus dagegen durch ein Oberhaupt, das ziemlich unbegrenzt die dortigen Geldverhältnisse beherrscht. Verhandl. l. c. S. 283.. „Hat man uns nicht, zwar nicht öffentlich, aber im Commissionszimmer gesagt, wir stünden gegenüber einer Geldmacht" — bemerkte Bassermann — S. 278 — und Mathy rief bei diesen Worten: Man hat von Frankfurt aus die Aenderungen in unserem Gesetze dictirt. Und weiter bemerkte Mathy: S. 286: „Mir will scheinen, als wolle man keine Anstalt, die sich nicht polizeilich massregeln lässt, oder als glaube man, eine Bank durch Verordnung gründen zu können, wo und wie man will. Das ist ein Irrthum. Eine solche Anstalt kann man nur da gründen, wo sie Boden hat, wo Leute dazu da sind, welche Mittel hergeben und die Verwaltung führen. Man scheint zu glauben, man könne ein Bänkchen an die Karlsruher Versorgungsanstalt knüpfen. Warum nicht? aber was es nützen würde, das würde sich bald zeigen."

Der ersten Kammer war die Petition der Direction des badischen Industrievereins von dem Fürsten von Fürstenberg mit dringender Empfehlung am 6. August 1846 übergeben worden. Am 12. September hatte Göler seinen Bericht über die Petition fertig. — Verhandl. der 1. Kammer, Beil. Nr. 169. — Die Commission beantragte die Petition mit Empfehlung dem Staatsministerium zu überweisen. An der Discussion vom 16. September betheiligten sich insbesondere der inzwischen zum Präsidenten des Ministeriums des Innern ernannte Geheimerath Nebenius und ferner Regenauer. Die Anträge der Commission wurden angenommen. Verhandl. S. 488.

Das Project einer Mannheimer Credit- und Girobank war inzwischen von dem Regierungsassessor Niebuhr in seiner Abhandlung „zur Feststellung der Urtheile über die heutige Gestaltung des Bankwesens und insbesondere über die Mannheimer Credit- und Girobank (im Archiv der Pol. Oeconomie von Rau-Hanssen, 1846) scharf und im Wesentlichen ungünstig kritisirt worden. Ebendaselbst ist ein Auszug der Statuten mitgetheilt.

Im Jahre 1847 fand eine Versammlung von Notabeln aus dem Stand der Gelehrten, Kaufleute und Industriellen statt, welche von der Regierung berufen worden war, um ein Gutachten über die Bankfrage abzugeben. Die Versammlung erklärte „dass die Errichtung einer Bank im Grossherzogthum für nützlich zu erachten sei." Archiv der Karlsruher Handelskammer, Acten für die 60er Jahre.

Es traten nun geraume Zeit Mittheilungen über den Stand der Bankfrage nicht an die Oeffentlichkeit.

### §. 21. Mathy's Motion auf Errichtung einer Landescreditanstalt. 1852.

Am 22. December 1851 begründete Mathy eine Motion auf Errichtung einer Landescreditanstalt — Protok. der 2. Kammer, S. 21. — Die Motion lautete: „Seine Königliche Hoheit den Grossherzog in einer unterthänigsten Adresse zu bitten, die Frage wegen Errichtung einer Landescreditanstalt zur Förderung der Landwirthschaft, der Gewerbe und des Handels vorzugsweise mittelst Unterstützung der hierfür bestehenden und sich bildenden Creditvereine, durch höchstihre Regierung in baldige und sorgfältige Erwägung ziehen und der Ständeversammlung Vorlage darüber machen zu lassen." — Verhandl. der 2. Kammer, 5. Beilagenh. S. 87—90.

Mathy ging von der Voraussetzung aus, dass in jedem Landbezirk, in jeder Stadt, wo sich das Bedürfniss zeige, Vereine zusammen treten könnten, um dem Landmann, dem Handwerker, dem Industriellen und Handelsmann zur Verbesserung des Bodens, zur Anschaffung von Betriebsmitteln, zur früheren Benutzung seines in Vorräthen und Forderungen zurückgehaltenen Capitals oder zu anderen seinen Nahrungsstand fördernden Zwecken Darlehen oder Vorschüsse zu geben. Diesen Vereinen stand damals die Hauptschwierigkeit entgegen, dass sie nicht in der Lage waren ohne Beihülfe des Staates die erforderlichen Betriebsmittel sich zu verschaffen.

Nach Mathy's Ansicht konnte die Beihilfe am füglichsten durch die Gründung einer Central- oder Landescreditanstalt geleistet werden, deren Zweck dahin ausgesprochen würde, dass sie bestimmt sei, zur Unterstützung des Landbaues, der Gewerbe und des Handels vorzugsweise an die hierfür im Lande bestehenden oder sich bildenden Creditvereine gegen genügende Sicherheit und zu billigen Zinsen Darlehen oder Vorschüsse zu geben.

Der umfassend motivirte Antrag wurde in die Abtheilungen verwiesen. Am 7. Februar 1852 erstattete Trefurt den

Commissionsbericht. 5. Beilagenh. S. 171—181. Der Commissionsbericht enthält unter Befürwortung der Motion die Grundzüge der Landescreditanstalt. Er betont zunächst, dass der Staat, wenn er die Anstalt errichte, auch für deren Verbindlichkeiten einzustehen habe, folglich soll die Anstalt unter Leitung der Staatsbehörden, in oberster Instanz des Finanzministeriums und des Ministeriums des Innern, sowie unter Mitaufsicht des ständigen Ausschusses und der Ständekammer stehen. Durch Dotation mit Staatsmittel sollten die Capitalien der Anstalt beschafft werden.

„Die Frage wie weit sich diese Dotation zu erstrecken hat, hängt eng zusammen mit der Frage, wie weit vorerst die Wirksamkeit der Anstalt ausgedehnt werden soll, ob ihr namentlich auch die Verwaltung der Centralschuldentilgungscasse und des Domanialgrundstocks, der Lehen- Caution- und Militäreinstandsgelder zugewiesen werden soll. Eine solche Vereinigung verwandter Geschäfte erscheint ihrer Commission angemessen.“

Die Anstalt sollte Landesdepositencasse sein aber ausserdem im weiten Umfang Depositen von Privaten oder speciell Creditanstalten auf kurze oder lange Zeit annehmen können. Für die Depositen sollte sie Schuldscheine ausstellen. Das Mass der Depositen und der hierfür auszustellenden Schuldscheine sollte begrenzt und die Controle normirt sein. Man wollte die Geschäftsthätigkeit insofern beschränken, als sie nur an Inländer, gegen genügende Sicherheit und zu möglichst billigen Zinsen ausleihen sollte. Es wurde gewünscht, dass die Beleihungen unter dem Werthe der beliehenen Objecte statthaben und bei Concurrenz von Privaten und Cassen als Geldsuchenden die Cassen den Vorzug haben möchten. Hypothekarische Darlehen sollten wesentlich auf Annuitäten gegeben, für Faustpfanddarlehen die beschränkenden Vorschriften des Landrechts beseitigt werden. Creditgewährung an Spar- und Creditcassen setzte Prüfung der Statuten voraus. Der Ankauf von Zielern war zugelassen. Gegen Bürgschaft sollte man nur in kleineren Beträgen und mit sonstigen Vorsichtsmassregeln Darlehen geben.

Die Adresse wurde beschlossen und gelangte am 17. Februar 1852 auch in der ersten Kammer zur Annahme. Verhandl. der 1. Kammer, 1. Beilagenh. S. 147, Beilage Nr. 62.

### §. 22. Das Gesuch der Darmstädter Bank für Handel und Industrie, betreffend die Errichtung einer Filiale in Mannheim. 1856.

Am 26. Januar 1856 richtete die Bank für Handel und Industrie zu Darmstadt an das badische Ministerium der Finanzen das Gesuch um Ertheilung der Concession zur Errichtung einer Filiale in Mannheim. — Archiv der Mannheimer Handelskammer, fasc. Bankwesen, 1864. — Diese Vorstellung wurde von Regenauer an die Mannheimer Handelskammer zur Begutachtung geschickt. Die Handelskammer entschied sich lt. Antwort vom 19. Februar 1856 für Ablehnung des Gesuchs und demgemäss entschied auch das Ministerium des Innern unter dem 4. März 1856, welchem das Finanzministerium die Eingabe der Darmstädter Bank übergeben hatte. Die Mannheimer Handelskammer hatte betont, dass sie die Gründung eines grossen, auf soliden Grundlagen beruhenden einheimischen Instituts gern sehen würde. Bei dem Gesuche der Darmstädter Bank aber handle es sich nur um ein grosses Banquiergeschäft, welches keine Verpflichtungen übernehme, sich nicht unter Oberaufsicht des Staates stelle und keine Grenzen der Operationen kenne. Die Bank bedürfe übrigens nicht der nachgesuchten Concessionsertheilung, um ihre Geschäfte auf den Platz Mannheim zu erstrecken, es bleibe ihr unbenommen, gleichwie in Frankfurt a. M. einen Agenten in Mannheim aufzustellen, „es scheint aber das Gesuch weniger dem Drang nach Unterstützung des Handels und der Industrie, kaum der Erzielung der daraus für die Gründer entspringenden Rente, als vielmehr der Absicht zu entspringen, der naheverwandten Zettelbank eine gute Absatzquelle ihrer in Aussicht stehenden Notenmasse zu eröffnen." „Baden wird mit Noten der Zettelbank überschwemmt und in ein Abhängigkeitsverhältniss zu Hessen kommen." „Mannheim wird eine Filiale von Darmstadt werden."

### §. 23. Der Plan zur Errichtung einer Bank für Handel und Industrie und einer Hypothekenbank. 1856.

Im Jahre 1856 reichte ein Mannheimer Consortium das Gesuch ein um Concessionirung einer Bank für Handel und

Industrie nebst Hypothekenbank. Dieses Consortium hatte Beziehungen zu der sogenannten Adelsgesellschaft, an deren Spitze der Fürst von Fürstenberg stand. Es wollte den Sitz der Bank nach Mannheim verlegt wissen.

Ihnen gegenüber bildete sich auf Veranlassung von G. Müller & Cons. und Gebr. Haas ein Karlsruher Consortium, welches den Sitz der Bank für Karlsruhe wünschte, vor Allem aber zu verhindern suchte, dass unter Ausschluss ihrer selbst die Vortheile einer Bankgründung dem Mannheimer Consortium zufielen. Es erstrebte daher auch stets eine Fusion mit dem Mannheimer Consortium. Seine Operationen vollzog es unabhängig von der Karlsruher Handelskammer und dem dortigen Handelsstande.

Die Angelegenheit konnte indessen nicht wohl unbekannt bleiben. Mitglieder der Karlsruher Handelskammer und des dortigen Handelsstandes erhielten von der Sachlage Kenntniss, insbesondere auch davon, dass ein Mannheimer Consortium sich gebildet habe und den Sitz der Bank für Mannheim erstrebe. „Beunruhigt" durch dieses Gerücht forderten sie die Banquiers Müller & Haas auf, sich mit ihnen ins Benehmen zu setzen und in Gemeinschaft mit der Handelskammer und den städtischen Behörden Schritte im Interesse von Karlsruhe zu thun.

Monate hindurch dauerten die Schachzüge der drei Factoren. Das Mannheimer Consortium und später auch Delegirte der Karlsruher Handelskammer und des Handelsstandes suchten um Audienz bei dem Grossherzog nach und erhielten sie. Die Karlsruher Banquiers machten alle Anstrengungen, um eine Fusion mit dem Mannheimer Consortium unter Ausschluss einer direkten Betheiligung und Vertretung der Karlsruher Handelskammer und des dortigen Handelsstandes zu Wege zu bringen. Die Handelskammer und der Handelsstand hatten ein wachsames Auge und erstrebten mit aller Energie in der Person der Abgeordneten Eduard Kölle einen mit den beiden Banquiers gleichberechtigten Vertreter für das Consortium zur Gründung der Bank. Es gelang den beiden Banquiers ohne Wissen des Eduard Kölle und der durch ihn vertretenen Mandanten einen Fusionsvertrag mit dem grundherrlichen

Adel abzuschliessen. Allein nachdem dieser Vertrag geschlossen worden war, setzte es die Karlsruher Handelskammer und der Handelsstand durch, dass sie in der fusionirten Gesellschaft das Recht erhielten, das Concessionsgesuch durch ihren Delegirten zu unterzeichnen und dass derselbe für den künftigen definitiven Verwaltungsrath als activ und passiv wahlberechtigt anerkannt wurde.

Die Mitglieder des Karlsruher Handelsstandes hatten unter dem 14. April 1856 für die zu errichtende Bank für Handel und Industrie sowie eine badische Hypotheken-Bank 4304 Actien mit fl. 1,076.000 gezeichnet und die Vertretung auch dieser Zeichnungen war auf Kölle übertragen worden. Man hatte hiervon mit dem Bemerken Notiz genommen, dass jedenfalls nicht die volle Summe bei einer Repartition den Zeichnern überlassen werden könne. Die Banquiers suchten die Summe der Betheiligung zuerst auf fl. 600000, dann auf fl. 180000 mit Aussicht auf noch weitere Reduction herabzudrücken.

Was die Statuten der zu gründenden Bank betrifft, so hatte ein Mitglied des Finanzministeriums den Statuten-Entwurf ausgearbeitet, um „den Gesuchen um Ertheilung der Staatsgenehmigung zur Errichtung einer Bank für Handel und Industrie als Grundlage zu dienen", und so die Uebereinkunft zwischen der Regierung und den Gründern der Bank zu erleichtern. Die Unterhandlungen über die Statuten sollten dann hauptsächlich diejenigen Paragraphen zum Gegenstand haben, in welchen die Gründer eine Abweichung von diesem Entwurfe für nöthig erachteten. Es waren also gleichsam die Normativbestimmungen für eine Bank zur Förderung des Handels und der Industrie gegeben. Der Verfasser dieser Normativbestimmungen war der Ansicht, dass es angemessen sei, gleichzeitig mit einer Creditbank auch eine Hypothekenbank zu errichten. Auch für diese hatte er die Grundzüge entworfen und in einem Anhange gezeigt, wie die Gründung der Bank für Handel und Industrie ohne Nachtheil für die Gründer benutzt werden könne, um der Hypothekenbank einen Unterstützungsfond zu verschaffen. Er setzte voraus, dass dieselben Personen beide Institute gründen wollten. Der Statutenentwurf für die Creditbank umfasste 72 Paragraphen.

Als Geschäfte der Bank bezeichnet der §. 4: die Discontirung von Wechseln, das Contocorrentgeschäft und die Gründung von Creditvereinen, die Gewährung von Vorschüssen auf Forderungen, Actien und Waaren, die Leistung von Zahlungen und Erhebung von Forderungen für Andere, der Kauf, Verkauf, die Verpfändung und der Umtausch von Forderungen und Actien für sich selbst und Andere, die Eingehung von Anlehensgeschäften, die Gründung und Beförderung nutzbringender Unternehmungen, die Aufbewahrung von Urkunden, Edelmetallen, Edelsteinen und anderen Kostbarkeiten. Die Bank sollte ferner nach §. 5 das Recht haben, eigene verzinsliche Schuldverschreibungen auszugeben, welche nicht vor Jahresfrist verfallen; diese Schuldverschreibungen sollten stets durch Darlehensforderungen und durch den Werth der der Bank angehörenden Wechsel vollkommen gedeckt sein. Alle anderen Geschäfte, insbesondere ungedeckte Verkäufe oder Prämiengeschäfte, sowie die Ausgabe unverzinslicher, auf den Inhaber lautender Scheine, waren von dem Wirkungskreis der Bank ausgeschlossen. — Das Darlehenskapital war mit 20,000,000 Gulden in 80,000 Actien zu je 250 Gulden vorgesehen. Davon sollten zunächst 40,000 Actien ausgegeben werden und die Errichtung der Gesellschaft sollte statthaben können, sobald 20,000 Actien verbindlich übernommen waren. Man wollte auf die bei Errichtung der Bank gezeichneten Actien 20 % binnen vier Wochen nach Errichtung der Gesellschaft und die übrigen 80 % innerhalb weiterer zwei Jahre einbezahlen lassen. Nach geschehener vollständiger Einzahlung sollten Actien auf den Inhaber verabfolgt, bis dahin aber Interimsscheine ausgestellt werden, aus welchen die geleisteten Einzahlungen ersichtlich waren.

Als Organe der Gesellschaft nennen die Statuten die Generalversammlung, den Ausschuss und die Direction. Ausschuss und Verwaltungsrath werden von der Generalversammlung gewählt; niemand kann gleichzeitig Mitglied der beiden letztgenannten Organe sein. Der Verwaltungsrath ist dem Ausschuss untergeordnet. — Dem Verwaltungsrath steht innerhalb der durch den Wirkungskreis des Ausschusses gezogenen Schranken die gesammte Bankverwaltung zu, soweit sie nicht der

Generalversammlung vorbehalten ist. Er hat auch Vollmacht zu Veräusserungen, Verpfändungen und anderen Eigenthumshandlungen. — Er besteht aus 6 Mitgliedern. Das Amt eines Mitgliedes des Verwaltungsraths dauert in der Regel sechs Jahre. Alle drei Jahre treten drei Mitglieder aus. Die Austretenden sind wieder wählbar. Die Generalversammlung kann jederzeit einem Mitglied des Verwaltungsraths seine Vollmacht entziehen. Der Verwaltungsrath hält in der Regel monatlich zwei Sitzungen. Ausserordentliche Sitzungen werden von dem Vorstand nach Erforderniss angeordnet.

Der Ausschuss hat folgenden Wirkungskreis: den Verwaltungsrath in seiner Geschäftsführung zu überwachen und ihm auf seine Anfragen oder aus freiem Antrieb Rath zu ertheilen, die Grenzen der Ausdehnung jedes Geschäftszweiges vorzuzeichnen, die Bedingungen der Geschäfte im Allgemeinen jeweils mit Rücksicht auf die Verhältnisse festzustellen, die Geschäftsordnung und die allgemeinen, sowie die besonderen Dienstanweisungen zu genehmigen, die Rechnungen der Bank durchzusehen, auch von Zeit zu Zeit eine derselben einer vollständigen Superrevision zu unterwerfen, ferner die Bilanz sowie die Berechnung des Reingewinnes zu prüfen und sich über den Erfund in der Generalversammlung auszusprechen, der Generalversammlung die Vorschläge des Verwaltungsrathes wegen Ergänzung oder Abänderung der Statuten und wegen freiwilliger Auflösung der Gesellschaft zu begutachten, nöthigenfalls die Berufung einer ausserordentlichen Generalversammlung anzuordnen, die Zeitungen, durch welche die öffentlichen Bekanntmachungen der Bank geschehen sollen, gemeinschaftlich mit dem Verwaltungsrath zu bestimmen, die Belohnung der Mitglieder des Verwaltungsrathes auszuwerfen, auf den Antrag des Verwaltungsrathes den Director und die Vicedirectoren der Bank anzustellen und ihre Gehalte und Cautionen festzustellen, über die Bedingungen der Ausgabe der verfügbaren Actien, über die Errichtung von Filialen und Agenturen etc. zu beschliessen. — Der Ausschuss soll aus neun Mitgliedern bestehen, auf drei Jahre gewählt werden, die Austretenden sollen wieder wählbar sein. Er versammelt sich regelmässig, alle sechs Monate, ausserordentlich, so oft der Präsident oder wenigstens vier andere Mitglieder des Ausschusses es für nöthig halten.

Die Direction, bestehend aus einem Director, einem oder zwei Vicedirectoren und den erforderlichen Hilfsbeamten, führt den laufenden Dienst nach Anordnungen des Verwaltungsrathes. Handlungen der Direction gelten gegen Dritte als Handlungen der Gesellschaft, selbst in den Fällen, wenn sie ihre Dienstfunction überschreiten oder wenn nach den Gesetzen eine Specialvollmacht erforderlich ist. Die Direction ist hiernach thatsächlich nur die Executive der Gesellschaft, der Schwerpunkt der Operationen ist in die Collectivberathungen der Direction mit dem Verwaltungsrath gelegt, über beiden steht der Ausschuss, welcher sehr verschiedenartige Funktionen in sich vereinigt. Er hat in vielen Punkten die Pflichten unseres heutigen Aufsichtsrathes, insbesondere aber auch die Obliegenheiten unserer heutigen Revisoren zu erfüllen. Die Thätigkeit des Verwaltungsrathes gleicht mehr derjenigen, welche heute den unseren Directionen vielfach beigegeben engeren Ausschüssen aus den Aufsichtsräthen zukommt.

Als besondere Rechte der Bank waren Vergünstigung gegenüber den gesetzlichen Zinsbeschränkungen, Erleichterungen in der faustpfandlichen Bestellung und Beitreibung der faustpfandlich gesicherten Forderungen in Aussicht genommen.

Die Regierung sollte die Bank beaufsichtigen und das Recht haben, nach Gutdünken einzuschreiten, wenn sie eine Massregel der Bankverwaltung den Statuten nicht angemessen oder dem Staat nachtheilig finde. Der Regierungsgenehmigung ist zugewiesen: die Ergänzung und Abänderung der Statuten, die Auflösung der Bank vor Ablauf der festgesetzten Zeit von fünfzig Jahren, die Errichtung, Aufhebung und Bestimmung des Wirkungskreises der Bankfiliale, die Wahl des Vorstandes, des Verwaltungsrathes und seines Stellvertreters, die Wahl des Präsidenten des Ausschusses und seines Stellvertreters, auch sollten Mitglieder des Verwaltungsrathes und des Ausschusses, deren Wirksamkeit von der Regierung für unerspriesslich erklärt werde, ihre Vollmacht verlieren, die Regierung sollte jederzeit die Entlassung des Directors und der Vicedirectoren fordern, die Berufung der Generalversammlung oder einer Ausschusssitzung verlangen können; wenn Zweifel über den Sinn eines Satzes der Statuten entstehe, solle ihr die Entscheidung zukommen.

Die Bestimmungen des Statutenentwurfs einer badischen Hypothekenbank lehnen sich den eben scizzirten möglichst an. Die badische Hypothekenbank ist als ein Pfandbriefinstitut gedacht, mit der Befugniss bis zum zehnfachen Betrag des eingezahlten Grundkapitals, jedoch stets nur bis zur Höhe der vorhandenen Hypotheken, Pfandbriefe auszugeben. Das Grundkapital soll ausschliesslich in Hypotheken angelegt sein, mit den im Pfandbriefvertrieb erzielten Geldern können auch einige andere Geschäfte betrieben werden. Die Bank sollte berechtigt sein gute Wechsel und andere innerhalb sechs Monaten fällige gute Forderungen zu discontiren, ihre eigenen Pfandbriefe anzukaufen und wieder zu verkaufen, auf Faustpfänder Darlehen zu geben, Forderungen für andere zu erheben und daraus Zahlungen zu leisten, Geld in laufender Rechnung zu übernehmen, Urkunden, edles Metall und andere Kostbarkeiten gegen Gebühr zu bewahren. Man hatte auch einen Geschäftsverkehr mit den badischen Sparkassen in Aussicht genommen; die Bank sollte den Sparkassen die bei ihr angelegten Gelder so verzinsen, dass der Zins höchstens um ein halb Prozent unter dem Zins ihrer zu derselben Zeit ausgegebenen Pfandbriefen stehe. Mindestens Zweidrittel der Bankdarlehen sollten Annuitätendarlehen sein, der Zinsfuss aller Darlehen ist normirt. Die Statuten unterscheiden hierbei die Darlehen aus dem Grundkapital und die auf Grund des Pfandbriefvertriebs gewährten Darlehen. Für die ersteren soll der Zinsfuss der gleiche sein wie bei grösseren Darlehen der Civildiener-Wittwerkasse und der allgemeinen Versorgungsanstalt. Der Zinsfuss der Pfandbriefdarlehen sollte höchstens um ein halb Prozent höher sein als der Zinsfuss der Pfandbriefe.

Am 16. Februar 1857 legte Eduard Kölle seine Vollmacht als Delegirter des Karlsruher Handelsstandes nieder und gab im Einverständniss mit den Gründern die Zeichnungen im Gesammtbetrage von fl. 1,076,000 der Handelskammer zurück, mit der Bitte, dieselbe den Subscribenten zuzustellen, „da die Bank für Handel und Industrie bis jetzt nicht zu Stande gekommen ist und auch wenig Hoffnung für die nahe Realisirung des Projectes vorhanden ist."

## §. 24. Die Bankfrage in den Jahren 1863, 1864 (bis zum 5. Juli).

In der ersten Hälfte des Jahres 1863 richteten die Bankhäuser G. Müller, Gebr. Haas und Eduard Kölle in Karlsruhe an das badische Staatsministerium ein Gesuch, „um Concessions-Ertheilung zu Errichtung einer badischen Notenbank mit dem Sitz in Karlsruhe, auf Grund angefügter Statuten." — Siehe Entwurf eines Concessions-Gesuchs (:ohne Datum) im Archiv der Karlsruher Handelskammer. — Zum Behuf der Gründung einer badischen Bank hatten sie sich mit den Bankhäusern Gebr. Bethmann, Raphael Erlanger und M. Königswarter zu Frankfurt a/M. in Verbindung gesetzt. Sie versuchten hauptsächlich die Bitte zu begründen, dass Karlsruhe Sitz der Bank sein müsse:

1. weil nur am Sitz der Regierung die Staatsaufsicht über die Bank wirksam ausgeübt werden könne,

2. weil die Residenz mitten im Lande liege, von den gewerbreichsten Orten und den grössten industriellen Etablissements des Landes umgeben, z. B. den Etablissements der Maschinenbaugesellschaft, der Maschinenfabrik von Gschwindt & Zimmermann, der Seidenfabrik, der Wagenfabrik von Schneider & Meyer, der Orfévrie Christofle, der badischen Gesellschaft für Tabakbau und Tabakhandel und der Tabakfabrik von Griesbach, der grössten Zuckerfabrik im Zollvereinsgebiet Waghäusel mit dem Sitz in Karlsruhe. In nächster Nähe sei die Spinnerei und Weberei in Ettlingen, in nächsten Beziehungen zu Karlsruhe ständen die Spinnereien in Offenburg und Emmendingen, die gewerbreichen Städte Pforzheim, Lahr, Baden und Gernsbach als Fremdenplätze und letzteres als Holzhandelsplatz.

3. In ganz Deutschland sei der Sitz der Notenbanken in der Residenz ausser der Leipziger Bank, welche aber keine Landesbank sei.

4. Auch die Frankfurter Banquiers legten darauf Werth, dass Karlsruhe der Sitz der Bank sei.

5. Die Handelsplätze Mannheim, Freiburg und wo sonst ein Bedürfniss sei, würden Filialen erhalten können.

Das Actienkapital war auf 10,000,000 Gulden vorgesehen, wovon zunächst nur 5,000,000 emittirt werden sollten. Die eine Hälfte war dem Publicum zur Subscription reservirt, die andere Hälfte wollten die Gründer zum Nennwerth übernehmen, dagegen sollten dieselben für eine zweite Actienemission keinerlei Vorrechte haben.

Für die Ausarbeitung der Statuten dienten die Statuten der Frankfurter Bank als Grundlage. Indessen waren einige Veränderungen angemessen erschienen, insbesondere hatte man die Notenemission auf den zweifachen Betrag des eingezahlten Actienkapitals beschränkt.

Unter dem 22. Mai 1863 richtete das Karlsruher Consortium eine weitere ergänzende Eingabe an die Regierung, worin es erklärte, dass es diejenigen Modifikationen der Statuten vornehmen werde, welche die Regierung für angemessen erachten sollte. Diese Erklärung mag als Annäherung und Concession gegenüber einem gleichzeitig vorliegenden Gesuch eines Mannheimer Consortiums, welches den Sitz der Bank in Mannheim wünschte, abgegeben worden sein. S. Archiv der Mannheimer Handelskammer. Zur Unterstützung des Karlsruher Gesuches richtete die Karlsruher Handelskammer am 12. Juni 1863 an das Handelsministerium eine Eingabe, worin sie ebenfalls zu motiviren suchte, dass Karlsruhe der geeignete Banksitz sein werde. Als ein Argument gegen Mannheim betont sie „wir erkennen vollkommen die Vorzüge an, welche Mannheim durch seine günstige Lage an 2 Wasserstrassen geniesst. Diese in Verbindung mit grossartigen Hafenanlagen hat allerdings einen bedeutenden Handelsverkehr hervorgerufen, wovon jedoch ein grosser Theil nicht dem Eigenhandel, sondern dem Speditionsgeschäft angehört, welch letzteres bekanntlich zur Alimentirung der Bankgeschäfte weniger beiträgt.“ . .

„Wenn auch Mannheim im Colonialwaaren- und namentlich im Produktengeschäft ungleich grössere Umschläge als Karlsruhe macht, so dürfte dagegen Karlsruhe ein bedeutendes Uebergewicht durch die Umsätze der umliegenden und Karlsruher Fabriken, verbunden mit Karlsruher Manufactur-

und anderen Engrosgeschäften und besonderes durch den Effectenhandel erlangen."

Am 6. Juni 1863 richtete die Karlsruher Handelskammer ein Rundschreiben an die andern badischen Handelskammern unter Mittheilung der Eingabe des Consortiums und ersuchte die einzelnen Handelskammern, sofern sie den Anschauungen der Karlsruher Handelskammer beitreten wollten, dies dem Handelsministerium mitzutheilen oder ihre Eingabe an das Handelsministerium der Karlsruher Handelskammer zur Uebermittlung zu übersenden. Die Handelsinnung in Bühl, die Handelskammern in Lahr und Pforzheim sprachen sich für Karlsruhe aus.

Am 22. Juni 1863 legte der Präsident des Handelsministeriums, Frhr. von Roggenbach, der II. Kammer einen Gesetzesentwurf betr. die Verleihung des Rechts der Banknoten-Ausgabe vor — Verhandlungen der II. Kammer S. 641, 4. Beil. Heft S. 971—974. Am 27. Juni wurde eine Commission gebildet, bestehend aus den Herren Frick, Regenauer, Hoffmeister, Moll und Knies. Die Commission wurde später durch Walli und Fauler verstärkt.

Am 21. Juli erklärte die Commission „die eigenthümlichen Schwierigkeiten, die bei der Berathung eines so tief in unsere Verhältnisse eingreifenden Gesetzes in Betracht gezogen werden mussten, brachten so viele wichtige theils das formelle, theils das materielle des Entwurfs betreffende Fragen zu Tage, dass die Commission sich ausser Stande sieht, bei dem in kurzer Zeit bevorstehenden Schluss des Landtags einen der Wichtigkeit der Sache angemessenen, alle Verhältnisse reiflich erwägenden Bericht mit bestimmten wohlbegründeten Anträgen dem hohen Hause vorzulegen." Der Gegenstand blieb somit unerledigt.

Die Concessionsgesuche des Mannheimer Consortiums einerseits und des Karlsruher Consortiums andererseits blieben bei dem Ministerium anhängig. Aus den Acten der Mannheimer Handelskammer ersehen wir, dass am 3. Februar 1864 dem Karlsruher Consortium von dem Handelsministerium aufgegeben wurde, eine Fusion mit dem s.g. Mannheimer Comite unter vorläufiger Offenlassung der Frage des Sitzes zu versuchen.

Das Karlsruher Consortium fügte sich. Aber das s.g. Mannheimer Comite lehnte jede Verhandlung entschieden ab, obgleich es von dem Handelsministerium eine ähnliche Aufforderung erhalten hatte.

Am 22. März 1864 erhielt nun das Karlsruher Consortium ein Regierungs-Rescript, worin erklärt wurde, dass man beabsichtige, die Concession für eine Notenbank zunächst einer Actiengesellschaft zu ertheilen, welche ihren Hauptsitz in Mannheim habe. Am 2. April 1864 wurde die Concession dem Mannheimer Gründungscomite ertheilt. S. die Schrift „einige Bemerkungen zu dem Commissionsbericht in der Bankfrage" Juni 1864. (Die Schrift befindet sich in den Acten der Mannheimer Handelskammer.) Die Statuten, auf deren Grund das Mannheimer Consortium die badische Bank gründen wollte, wurden in der Beilage zu Nr. 88 des Mannheimer Journals vom 13. April 1864 mitgetheilt. Das Capital der Actiengesellschaft ist in den Statuten auf 10,500,000 fl. vorgesehen. In dem Artikel 4, welcher wesentlich über das Schicksal der Gründung entschied, heisst es wörtlich: „Vorerst wird die Hälfte des Capitals durch Ausgabe von 15,000 Actien zum Nennwerthe aufgebracht. Von diesen übernehmen die Concessionäre 7500 Stück, die andern 7500 Stück werden im Weg öffentlicher Zeichnung begeben. Die Actien-Emission für die 2. Hälfte des Gesellschaftscapitals findet auf Antrag des Aufsichtsraths nach Beschluss der Generalversammlung statt. Von den alsdann auszugebenden 15,000 Actien werden 7500 Stück den Concessionären zum Nennwerthe angeboten; die übrigen 7500, sowie die von den Concessionären etwa nicht übernommenen Actien werden auf dem Weg der öffentlichen Zeichnung ebenfalls zum Nennwerthe ausgegeben, wobei den Inhabern der Actien erster Emission und zwar im Verhältniss ihres Actienbesitzes ein Vorrecht eingeräumt wird."

Die Actien lauten auf den Inhaber, können jedoch auf Verlangen des Inhabers auf Namen gestellt werden. Vorübergehend sollten nach Art. 66 acht Mitglieder, welche die Concessionäre aus ihrer Mitte bezeichnen und ein Mitglied, welches die Regierung ernennt, das Comite der badischen Bank bilden. Dieses Comite sollte als solches die Angelegenheiten der Gesellschaft bis zu deren definitiven Constituirung leiten.

„Das Comite ist mit Aufnahme der Actienzeichnungen, Ausschreibung der Einzahlungen, Ernennung der Direktion, überhaupt mit den Einleitungen zur Eröffnung der Geschäfte beauftragt. Zu diesem Zwecke vereinigt es in sich alle Rechte, welche das Statut dem Aufsichtsrath und der Direktion beilegt. Art. 66. Die Bank sollte ihre Geschäfte eröffnen, nachdem die erste Hälfte des Actiencapitals durch Uebernahme und Zeichnung von 15,000 Actien emittirt und die erste Einzahlung von 20 % dieses Actiencapitals geleistet ist.“ Art. 67. Der Art. 68 bestimmte ferner: das Comite kann als solches nur solange fungiren, bis die Ausfertigung der Actien und die Festsetzungen hinsichtlich der Banknoten stattzufinden haben. Bevor dieses geschieht, constituirt sich das Comite als Aufsichtsrath und fungirt als solches bis zu der ordentlichen Generalversammlung, welche nach Abschluss der zweiten, auf die Eröffnung des Geschäfts folgenden Jahresbilanz stattfindet. Der sonstige Inhalt der Statuten ist zum Verständniss des Nachfolgenden nicht von unmittelbar practischer Bedeutung.

Nachdem der Actiengesellschaft zur Gründung einer badischen Bank mit dem Sitz in Mannheim durch Entschliessung vom 2. April seitens des Handels-Ministeriums die Staatsgenehmigung ertheilt worden war, brachte die Regierung, Staatsrath Dr. Mathy, einen Gesetzesentwurf, die Verleihung des Rechts zur Ausgabe von Banknoten an die badische Bank betr., am 5. April 1864 bei der II. Kammer ein. Art. 1, Abs. 1 des Entwurfs lautete: der Actiengesellschaft zur Gründung einer badischen Bank mit dem Sitz in Mannheim, welcher das Gr. Handelsministerium mittelst Entschliessung vom 2. April Nr. 1248 die Staatsgenehmigung ertheilt hat, wird das Recht verliehen, Banknoten auf den Inhaber lautend auszugeben in Stücken nicht unter 10 fl. — S. Prot. S. 84. Zum Regierungs-Commissar war Turban ernannt worden — viertes Beilagenheft S. 153—174. Die Vorlage wurde in die Abtheilungen zur vorläufigen Berathung und zur Wahl einer Commission verwiesen. Am 9. April wurde die Commission gebildet. In derselben befand sich auch Pickfort. Am 11. April 1864 wurde die Commission verstärkt. Prot. S. 92. 96.

Die seitherige Darstellung und der Eingang zu dem Art. 1 des der Kammer vorgelegten Gesetzesentwurfs weist auf ein

Vorgehen der Regierung hin, welches sich wesentlich von dem früheren unterschied. Man hatte früher stets zuerst das Gesetz betr. das Recht der Ausgabe von Noten auf den Inhaber verlangt, um dann eine Gesellschaft zu gründen. Diesmal ist hiervon abgegangen worden, man bildete zuerst die Gesellschaft, ertheilte ihr die Staatsgenehmigung, um sodann das Gesetz mit den Ständen zu vereinbaren, ohne welches die Bank eine Wirksamkeit nicht entfalten konnte. Die Motive sprechen sich hierüber des Näheren aus: „Die Gr. Regierung hatte bei dem vorigen Landtag noch keiner Gesellschaft die Staatsgenehmigung zur Gründung einer Bank ertheilt, weil sie erwartet hatte, zu denjenigen Bestimmungen, welche nur auf dem Wege des Gesetzes erlassen werden dürfen, vorher die Zustimmung der Stände zu erhalten. Sie war daher nicht in der Lage ein vollständiges Statut der Kammer zur Einsicht vorzulegen, sie musste sich vielmehr auf die Erklärung beschränken, dass sie bereit sei, der Commission diejenigen Aufschlüsse und Erläuterungen zu geben, welche dieselbe zu ihrer Information oder zur Mittheilung an die Kammer geeignet erachten werde.

Bei den Besprechungen in der Commission aber zeigte sich, dass die Vorlage eine günstige Aufnahme gefunden, vielleicht auch noch zur Erledigung gebracht worden wäre, wenn sie sich nicht auf diejenigen Bestimmungen hätte beschränken müssen, welche der Zustimmung der Stände bedurften, sondern wenn sie ein vollständiges Bild von dem Wesen und der Einrichtung der beabsichtigten Anstalt, als Material zur Feststellung des Urtheils der Commission und der Kammer hätte geben können . . Man ertheilte daher diesmal die Staatsgenehmigung zur Gründung einer Bank, vorbehaltlich der Zustimmung der Stände zu jenen Bestimmungen des Statuts, welche nur Kraft Gesetzes in Wirksamkeit treten dürfen. Und man war nun in der Lage ein Statut vollständig zur Kenntniss der Kammer zu bringen." Die Motive wenden sich dann zur Beantwortung der Frage, warum dem Mannheimer Consortium vor dem Karlsruher der Vorzug gegeben worden sei. „Die Wahl zwischen beiden Städten entschied zugleich über die Ertheilung der Concession an die eine oder andere Gesellschaft. Massgebend war die Erwägung, dass eine Notenbank als Handelsbank, als eine Einrichtung für den Handel und für die kaufmännische Seite des Gewerbebetriebs, ihren Sitz haben muss am Sitze des Handels und der Gewerbe.. Man hat sich dem entgegen auf das Beispiel fast aller anderen Staaten berufen, welches zu Gunsten der Residenzen spricht. Allein alle diese Städte sind entweder zugleich grosse Handelsstädte, Börsen- und Wechselplätze, Geldmärkte, oder sie werden in dieser Beziehung von keiner anderen Stadt weit überflügelt, oder sie sind endlich auch die einzigen nennenswerthen Städte in den betreffenden Staaten. Der deutsche Staat, in welchem allein noch zwischen der Residenz und der Handelsstadt ein ähnliches Verhältniss obwaltet wie in Baden, ist das Königreich Sachsen. Dort aber haben die Banken ihren Sitz in der Handelsstadt Leipzig und es ist ihr nicht einmal die Auflage gemacht, in Dresden eine Filiale zu haben. Für Karlsruhe hat man ferner geltend gemacht, dass es mehr nach der Mitte des Landes gelegen sei. Dieser Umstand mag bei der Wahl des Sitzes einer Kreis- oder Bezirksstelle in Betracht kommen, eine Anstalt für die Pflege bestimmter Thätigkeiten muss da sein, wo diese Thätigkeiten sich concentriren. Auch die Aufsicht kann endlich in Mannheim ebensogut geübt werden, wie in Karlsruhe und Bequemlichkeiten der Regierung dürfen hier für nicht massgebend sein."

Die Bankfrage rief im ganzen Lande eine lebhafte Bewegung hervor. Die Agitation hatte einen Hauptsitz in Karlsruhe. Die Karlsruher Handelsgenossenschaft beschloss am 14. April 1864 in einer ordentlichen Generalversammlung, die Handelskammer solle eine Petition an die Kammer entwerfen „um Bankstatuten zu erzielen, welche den Landesinteressen angemessener seien, als die von der Mannheimer Gesellschaft vorliegenden." Die Petition wurde am 30. April einer ausserordentlichen Generalversammlung der Handelsgesellschaft vorgelegt.

Das Petitum ging dahin: „Die Wünsche und Anträge möchten seitens der Kammer der Staatsregierung empfohlen, jedenfalls aber Fürsorge getroffen werden, dass die Bankconcession nicht als ein die Gründer monopolisirendes Privileg gegeben, sondern vielmehr die Voraussetzungen zur Ertheilung der Concession im Wege des Gesetzes bezw. der Verordnung festgestellt und alsdann das ganze Actienkapital zur allgemeinen Zeichnung allen badischen Staatsangehörigen aufgelegt werde. Die Petition sprach sich für Carlsruhe als Sitz der Gesellschaft aus. Die Karlsruher Handelskammer machte von ihrem Vorgehen in einem Circular vom 6. Mai 1864 den badischen Handelskammern Mittheilung.

Mit den Ausführungen der Karlsruher Handelskammer erklärten sich die Handelskammern von Rastatt, Bühl, Pforzheim, Lahr, Heidelberg einverstanden.

Auch in Mannheim selbst entstand eine lebhafte Opposition gegen das Consortium. Unter dem 3. Mai 1864 ging an die Kammer eine Petition, welche von 100 Firmen unterzeichnet war, und die Statuten einer Kritik unterzog. Die Kritik gipfelte in dem Satz „wir wollen mit einem Worte eine badische Bank durch und für das Land gegründet wissen." — S. auch die anonyme Schrift „die Statuten der badischen Bank, beleuchtet von einem aufrichtigen Freunde seines Heimathlandes", datirt badische Pfalz, im April 1864. Scotznicovsky'sche Druckerei in Baden. — Auch die Mannheimer Handelskammer sprach sich für eine allgemeine Subscription des ganzen Gesellschaftskapitals, im Sinne der Frankfurter Bankstatuten aus. Die Commission, welche die Handelskammer mit der Prüfung der Bankfrage beauftragt hatte, nahm eine Vergleichung insbesondere mit den Statuten der Frankfurter Bank vor, welche sie für vorzüglich hielt. In ihrem Berichte für die Handelskammer vom 22. April monirte sie ferner insbesondere, dass die Summe der auszugebenden Banknoten nicht bestimmt, also unbeschränkt sei, wenn auch eine Bedeckung des umlaufenden Banknotenbetrages (durch Art. 24) vorgesehen wäre. Sie bemängelte auch die Organisation. Die Bemerkungen gingen an das Handelsministerium.

Inzwischen vollendete Pickford seinen Commissionsbericht für die zweite Kammer und übergab denselben am 6. Juni 1864 — Beilagenh. 6, S. 263 fgde. Der treffliche Commissionsbericht bejaht zunächst die Bedürfnissfrage. „Um in Baden eine Notenbank zu errichten, bedarf es einer Erlaubniss seitens der Regierung und ausserdem der Zustimmung der beiden Kammern. Was dagegen die Banknote betrifft, so hat diese nicht erst auf diese Genehmigung gewartet. Sie ist vielmehr aus den Nachbarländern in unseren Verkehr gedrungen, ungefragt, wenn auch nicht unverboten, mit derselben Naturnothwendigkeit, womit sich eine Flüssigkeit durch einen porösen Körper arbeitet. Mit den Vortheilen der Banknote ist man bei uns durch die Erfahrung vertraut, von den Vortheilen einer Notenbank weiss dagegen die Mehrzahl nur erst vom Hörensagen." Es folgen dann eingehende Untersuchungen über die wirthschaftliche Function der Banknote und des Papiergeldes, zugleich über die Bedeutung der Notenbank für das Lombard-, Disconto- und Depositengeschäft, die characteristischen Merkmale der Unterscheidung zwischen Privat- und Staatsbanken, über den Einfluss des Monopols auf den Privatbankbetrieb in Deutschland, die Bedeutung der Bankfreiheit, zu welcher sich der Berichterstatter selbst bekannte. Im Grossen und Ganzen stimmt der Bericht der Regierungsvorlage zu. Die Kammerverhandlungen über die Bankfrage fanden von Ende Juni bis 5. Juli statt.

Die Commission hatte die Gründerrechte, welche durch das Statut gewahrt blieben, beanstandet. In dem Pickford'schen Commissionsbericht war zu Art. 4 beantragt: „Die Kammer möge den Wunsch und die Erwartung aussprechen, dass den Gründern mindestens für die zweite Emission kein Vorrecht gegeben, vielmehr die Actien der zweiten Emission entweder zu Gunsten des Reservefonds verwerthet oder den Actionären nach Verhältniss ihres Actienbesitzes überlassen werden, zugleich zu ersuchen, dass man in Erwägung ziehe, ob nicht überhaupt den Gründern keinerlei Vorrechte, auch für die erste Emission zu bewilligen sei." Ferner wurde eine Fürsorge dafür gewünscht, dass die öffentliche Zeichnung unter Aufsicht der Staatsbehörde geschehe, mit möglichster Berücksichtigung des Inlandes und Festsetzung eines Minimalbetrages von etwa 3—5, und eines Maximalbetrages von etwa 100 Actien für jeden einzelnen Actienzeichner. Die zweite Emission solle erst eintreten können, wenn die erste Emission vollständig einbezahlt sei.

Um diese Fragen drehte sich insbesondere die Discussion der Kammer. Schliesslich gelangte der Antrag Walli zur Annahme, welcher lautete: „Auf die Berathung des Gesetzentwurfs nicht einzugehen, bis in Abänderung der mit solchem vorgelegten Statuten der badischen Bank Art. 4 und Art. 66 bis 69 bestimmt wurde, dass das Geschäftskapital unter Aufsicht der Regierung durch öffentliche Zeichnung der Actionäre aufzubringen sei, wobei besonders das Inland zu berücksichtigen und wobei bei der Actienemission für die zweite Hälfte des Kapitals den Inhabern der Actien erster Emission und zwar im Verhältniss ihres Actienbesitzes ein Vorrecht eingeräumt werde, dass, sobald die erste Einzahlung für die erste Hälfte des Actienkapitals geleistet ist, eine Generalversammlung zu dem Zweck berufen werde, um die geschäftsführenden Personen zu wählen."

Nachdem dieser Antrag in der Kammer mit 30 gegen 20 Stimmen angenommen worden war, schlug Mathy vor, bis zur Einholung der Staatsministerialentschliessung die Verhandlungen auszusetzen und zog am 5. Juli, in der nächsten Sitzung, die Vorlage zurück [1]).

### §. 25. Die Bankfrage vom 5. Juli 1864 bis 1866.

Durch die Verhandlungen in der Kammer und durch die Discussion in der Presse war die Bankfrage so energisch angeregt, dass sie fortan von der Tagesordnung nicht mehr verschwand. Es wurden vielfach Stimmen laut, welche sich dahin aussprachen, dass es an der Zeit sei, seitens des badischen Handelsstandes die Initiative zur weiteren Verfolgung der Angelegenheit zu ergreifen. Die Vertretung des badischen Handelsstandes befand sich damals in Karlsruhe, dem Vororte der Handelskammern. Bereits im Juni 1864 hatten 25 Mitglieder der Karlsruher Handelsgenossenschaft bei der dortigen Handelskammer den Antrag gestellt, dass ein badischer Handelstag berufen werde. Als Vorort und ausserdem legitimirt durch Beschluss der Generalversammlung der Karlsruher Handelsgenossenschaft erliess nun die Karlsruher Handelskammer am 1. September 1864 ein Rundschreiben an die Handelskammern und Corporationen des Landes, mit der Einladung, Delegirte nach Karlsruhe zu schicken, um dort in gemeinschaftlichen Berathungen Anträge wegen Errichtung einer

1) S. eine zutreffende Kritik der badischen Zettelbankpolitik im Jahre 1864 bei Adolf Wagner, System der deutschen Zettelbankgesetzgebung unter Vergleichung mit der ausländischen, S. 1 ff.

badischen Notenbank vorzubereiten, welche einem später zu berufenden Handelstag zur Berathung und Beschlussfassung vorgelegt werden sollten. In Folge dieses Rundschreibens traten aus den eingeladenen Kreisen 20 Delegirte zu einer Vorcommission in Carlsruhe zusammen. In dieser wurde ein von einem Mitglied der Vorcommission gefertigter Statutenentwurf in Berathung gezogen, und man einigte sich über dessen Hauptgrundsätze. Dann wurde eine Redactionscommission von 9 Mitgliedern aus den verschiedenen Handelskammern und Corporationen des Landes gewählt, mit dem Auftrag auf Grund der in der Vorcommission stattgehabten Berathung den Statutenentwurf einer nochmaligen Prüfung zu unterziehen. Nachdem diese Prüfung stattgefunden hatte, trat die Vorcommission wieder in ihrer Gesammtheit in Carlsruhe zusammen, um mit dem von der Redactionscommission durchgesehenen Statutenentwurf eine letzte Lesung vorzunehmen. Sodann wurde der Entwurf anfangs Januar 1865 sämmtlichen Handelskammern und Corporationen des Landes zugleich mit dem Programm für den 4. badischen Handelstag zugeschickt.

In den Tagen des 24., 25., 26. April 1865 wurde der 4. badische Handelstag unter sehr reger Betheiligung in Karlsruhe gehalten. Die aus dessen Berathungen endgiltig hervorgegangenen Statuten sind einstimmig angenommen worden. Zur Gründung der also beschlossenen Notenbank für Baden wurde von dem Handelstag ein Comite gebildet, mit dem Recht, sich durch weitere geeignete Kräfte ergänzen zu dürfen. Dieses Gründungscomite wählte einen aus zwölf Personen bestehenden geschäftsleitenden Ausschuss, welcher beauftragt war, alle für die Erlangung der Staatsgenehmigung erforderlichen Schritte zu thun und auch nach Erlangung der Staatsgenehmigung alle Angelegenheiten der Gesellschaft bis zur definitiven Erwählung des Aufsichtsraths durch die constituirende Generalversammlung zu besorgen. cf. Verhandl. der 2. Kammer vom 23. Februar 1866. 4. Beilagenh., S. 179—190 und 4. Badischer Handelstag, Stenograph. Ber. S. 7, 8.

Der geschäftsleitende Ausschuss überreichte das Gesuch wegen Concessionirung einer badischen Bank in Begleitung der aus den verschiedenen Landestheilen eingelaufenen notariellen Beitrittserklärungen dem Handelsministerium am 12. August

1865. Seitens des Ministeriums erfolgte hierauf kein Bescheid. Daher richtete der geschäftsleitende Ausschuss des Gründungscomites am 22. November 1865 eine Aufforderung an die Handelskammern, Kaufleute und Industriellen des Grossherzogthums in Rücksicht auf den bevorstehenden Landtag die betreffenden Landtagsabgeordneten um deren Unterstützung und Mitwirkung zu dem Zweck anzugehen, damit auf dem Landtag auf dem Wege der Interpellation oder Motion von der Regierung die Vorlage eines Bankgesetzes in thunlichster Bälde erbeten werde.

Am 7. Dezember begründete der Abgeordnete Moll eine Interpellation an das Handelsministerium über den gegenwärtigen Stand der Bankfrage. Am 23. Februar 1866 verlas derselbe Abgeordnete eine Motion über die Errichtung einer badischen Bank. Er beantragte, dass auf Grund der vorgeschlagenen Statuten und der in die Form eines Gesetzesentwurfs eingekleideten Satzungen und Grundbedingungen derselben die Regierung dem gegenwärtigen Landtag ein Gesetz vorlegen möge, welches dem vom 4. badischen Handelstag einstimmig ausgesprochenen Wunsche zufolge einer Actiengesellschaft das Recht verleihe, eine badische Bank zu gründen und Banknoten auf den Inhaber auszugeben. Der Motion waren Statuten beigefügt.

Diese Statuten wichen in manchen Bestimmungen wesentlich von dem Statut aus dem Jahre 1864 ab: das neue Statut verlangte statt $\frac{3}{4}$ Deckung, die $\frac{2}{3}$ Deckung d. h. Deckung der Noten zu $\frac{1}{3}$ in Silbergeld oder Silberbarren, $\frac{2}{3}$ in Wechsel oder Gold. Der Betrag der auszugebenden Noten sollte beschränkt sein. Er sollte den dreifachen Betrag des jeweils eingezahlten Actienkapitals nicht übersteigen. Nach dem älteren Statut war der Betrag der auszugebenden Noten unbeschränkt. Nach dem alten Statut war die Annahme von Geldern gegen Verzinsung (Depositen) gestattet. Es war möglich, erborgtes Betriebskapital ganz in derselben Weise zu benutzen, wie das eigene Gesellschaftsvermögen, also auch auf Grund der Passiven die dreifache Menge von Noten auszugeben. In dem neuen Statut war der Geschäftskreis eng beschränkt. Das ganze Actienkapital sollte durch freie Zeichnung aufgebracht werden, ohne irgend welche Vorrechte Einzelner, unter besonderer Berücksichtigung des Inlandes und der gezeichneten kleineren Beträge.

Die Motion wurde unterstützt, in die Abtheilungen verwiesen, und am 10. März 1866 wurde eine Commission gewählt. Eine weitere practische Folge hatte die Motion nicht. Zu einer Berichterstattung kam es nicht. Die Motion musste, da die Kammer in Folge der Kriegsereignisse vertagt wurde, unerledigt bleiben. Auch auf dem Landtag 1867/1868 bot sich wegen der zahlreichen, wichtigen sonstigen Gesetzesvorlagen keine Veranlassung diesen Gegenstand nochmals auf dem langwierigen Weg der Motion vorzunehmen. S. Commissionsbericht über den Gesetzesentwurf, die Verleihung des Rechts zur Ausgabe von Banknoten an eine badische Bank betr. vom 22. Januar 1870, erstattet von Hummel.

### §. 26. Die Gründung und die Thätigkeit der Badischen Bank in Mannheim. 1869—1875.

Am 8. Februar 1869 richtete die Handelskammer Mannheim an das Handelsministerium die Anfrage, „ob die Bankfrage bereits zu einem gewissen Plan gereift und demnach der Zeitpunkt etwa schon gekommen sein dürfte, seitens des Handelsstandes eine thätige Mitwirkung zu gestatten.“ Das Handelsministerium (v. Dusch) erwiderte am 3. März 1869, es habe allerdings dem Gegenstand erneute Aufmerksamkeit zugewendet. „Die schon vor mehreren Jahren eingereichten Concessionsgesuche scheinen uns aber zu einem unmittelbaren sachlichen Vorgehen der Staatsregierung jetzt nicht mehr den passenden Anlass zu bieten, vielmehr wäre es wohl das Angemessenste und die Erledigung dieses wichtigen Gegenstandes am Meisten Förderndе, wenn der badische Handelsstand, welchem wir in dieser seine eigensten Interessen berührenden Angelegenheit gern die Initiative einräumen, eine Verständigung unter den bei den früheren Concessionsgesuchen Betheiligten erzielen und zur Erreichung eines den jetzigen Verhältnissen entsprechenden neuen Gesuches die Veranlassung geben würde.“ Die Handelskammer Mannheim theilte am 9. März 1869 das Rescript abschriftlich der Handelskammer Karlsruhe mit und in Uebereinstimmung mit einer früheren Erklärung der Karlsruher Handelskammer setzte sie sich gleichzeitig mit dem Präsidenten des geschäftsleitenden Ausschusses des vom 4. badischen Handelstages gewählten Gründungscomites, Georg Müller, in Beziehung. Der Präsident des geschäftsleitenden Ausschusses berief den letzteren sofort.

Am 30. Oktober 1869 wurden der Präsident des Handelsministeriums von Dusch und der Präsident des Finanzministeriums Ellstätter beauftragt, der 2. Kammer den Gesetzesentwurf die Verleihung des Rechts zur Ausgabe von Banknoten an eine badische Bank betreffend, zur Berathung und Zustimmung vorzulegen. Die Vorlage fand am 2. November statt. Beil. zum Protok. der Sitzung vom 2. Nov. 1869, 4. Beilagenh. S. 281.

In der Begründung wird mitgetheilt: die nächste äussere Veranlassung fand der Entwurf in dem bei der grossherzoglichen Staatsregierung neuerdings eingekommenen Gesuche einer Anzahl von Handelsfirmen um Ertheilung der Staatsgenehmigung zur Gründung einer Notenbank in Mannheim. Die Gründer dieser Gesellschaft sind hervorgegangen theils aus dem Consortium, welches bereits im Jahre 1864 eine inzwischen wieder hinfällig gewordene Bankconcession erhalten, theils aus denjenigen Kreisen des Handelsstandes, welche sich damals und später im Jahre 1865 auf Veranlassung des badischen Handelsstandes ebenfalls um eine solche Concession beworben hatten. In den neuen Statuten sind die Vorschläge der Commission der 2. Kammer und der Statutenentwurf des badischen Handelsstandes vom Jahre 1865 berücksichtigt. Nach den neuen Statuten soll bei der 2. Actienemission nicht den Gründern, sondern allen Inhabern von Actien ein Vorrecht nach einem nicht unter dem Nennwerth festzusetzenden Cours eingeräumt werden. Die Befugnisse der Bankverwaltung sind hinsichtlich ihres Geschäftskreises und des Umfanges der Notenausgabe beschränkt, die Vorschriften über die Deckung der umlaufenden Noten und der Depositen verschärft. Das Uebergewicht des grossen Actienbesitzes und die Tantiemen der Bankbeamten sind ermässigt. Der Reservefond wird besonders verrechnet und darf nicht zur Ergänzung der Dividende angegriffen werden. Die Zusammensetzung und Erneuerung des Aufsichtsraths ist geändert. Die unmittelbare Betheiligung des Staates an der Bankverwaltung vermittelst eines von der Regierung in den Aufsichtsrath zu ernennenden Mitgliedes ist beseitigt, und gleichwohl das Aufsichtsrecht des Staates, soweit es im Interesse der Gesammtheit unerlässlich ist, gewahrt. Die interimistische Gewalt der Gründungscomites soll nur bis zur ersten Generalversammlung dauern, für deren Einberufung eine kurze Frist nach der ersten Einzahlung festgesetzt ist.

Am 2. November wurde die Vorlage in die Abtheilungen verwiesen. Am 13. November wurde die Commission gebildet. Die Diskussion fand am 27. Januar 1870 statt und wurde in einer einzigen Sitzung beendigt. Der Entwurf wurde ohne erhebliche Aenderungen angenommen. Am 21. Februar 1871 machte das Präsidium die Mittheilung, dass die erste Kammer das Gesetz genehmigt habe.

Die Gesetzesentwürfe von 1863 und 1864 hatten hinsichtlich der Banknotenfundation nur allgemeine Bestimmungen getroffen, aber den eigentlichen Geschäftskreis der Bank nicht in ihr Bereich gezogen. Diese Unterlassung war ein Hauptmotiv zur Opposition gegen letztere Vorlage, da sowohl die ausserhalb der Kammer stehenden Fachmänner als auch die 1864er Commission übereinstimmend der Ansicht waren, dass da, wo es sich um Banknoten handelt, nur die absolut strengen Grundsätze reiner Zettelbanken gelten dürfen und eine Vermischung mit den Principien der sogenannten Creditbanken von Uebel wäre. Diese Anschauungen sind in der neuen Statutenredaction beachtet.

Bei Vorlage des Gesetzes erklärt der Präsident des Handelsministeriums, dass dadurch kein ausschliessendes Privileg geschaffen werden solle, dass aber aus Zweckmässigkeitsgründen vorerst nur eine Actiengesellschaft concessionirt werde und die Frage der Gewährung von Bankfreiheit eine offene bleibe. Diese Bestimmung war um so zweckmässiger, als eine allgemeine Regelung des deutschen Bankwesens ohnehin in Aussicht stand. Verfassung des norddeutschen Bundes Art. 4 Z. 3, 4. Der Staat behielt sich für seine Bankpolitik möglichst freie Hand vor, während im Jahre 1864 protokollarisch erklärt worden war, dass es nicht in der Absicht liege, innerhalb der Concessionsdauer (25 Jahre) das Recht der Notenausgabe an eine andere Gesellschaft zu verleihen.

Die Prüfung der Statuten für die zu concessionirende

Bank fand unter Mitwirkung von Adolf Wagner, damals Professor in Freiburg statt. Eine Aufforderung des badischen Handelsministeriums, ein Gutachten über die Errichtung von Zettelbanken in Baden und über die dabei einzunehmende Stellung des Staates abzugeben, war die ursprüngliche äussere Veranlassung zu dem bekannten Werke Wagners über das System der deutschen Zettelbankgesetzgebung. „Das neue badische Bankstatut bezeichnet einen wichtigen Fortschritt auf dem einmal festgehaltenen Concessionsstandpunkt im System der Staatscontrole und der Verantwortlichkeit des Bankverwaltungspersonals.“ Langjährige ausschliessliche Privilegien wurden der Bank nicht gewährt, um nicht der erwarteten einheitlichen oder gleichmässigen Regelung im ganzen deutschen Wirthschaftsgebiete vorzugreifen. S. Wagner, l. c. Vorwort zur ersten Aufl.; über eine einzelne Frage S. die Schrift „über die Gefahren der Erweiterung einer Zettelbank zu einer Creditanstalt durch Annahme verzinslicher Gelder mit Rücksicht auf die in Baden zu gründende Notenbank. Heidelberg (Verl. J. C. B. Mohr) 1869. (Verfasser Dr. Ploos van Amstel).

Die Constituirung der badischen Bank fand im April 1870 statt. Kaum waren die ersten Schritte zur Organisation der Bank geschehen, als der Krieg ausbrach. Die Bank nahm nun bis gegen Ende des Jahres 1870 eine abwartende Stellung ein. Das Geschäft wurde am 1. Januar 1871 eröffnet. Der Platz Mannheim stellte in den ersten Monaten der Thätigkeit Ansprüche an die Bank, die darauf hinwiesen, das successive eingezahlte Actienkapital lediglich auf das reine Discont- und Lombardgeschäft zu verwenden. Im Laufe des Jahres 1871 erreichte das Actienkapital die in den Statuten vorgesehene Höhe von fl. 10,500,000. Der aus der Begebung der zweiten Actienserie im Jahre 1871 erzielte Ueberschuss wurde dem Reservefond mit fl. 532,420 zugewiesen. Der Reservefond erreichte bis Ende 1875 die Höhe von M. 1,349,022.87 also von $7\frac{1}{2}$ % des Actienkapitals von M. 18,000,000.

Die Entwicklung des Instituts ist aus der tabellarischen Uebersicht ersichtlich.

Die ausserordentliche Generalversammlung vom 9. Dec. 1875 beschloss eine Kapitalreduction auf M. 9,000,000 und diejenigen Statutenänderungen, welche in Rücksicht auf das Reichsbankgesetz erforderlich erschienen. Die neue Fassung der Statuten hat die Genehmigung der Regierung und, soweit erforderlich, die des Bundesrathes erhalten.

## §. 27. Die Rheinische Creditbank in Mannheim. 1870—1875.

Am 12. Mai 1870 verständigte sich ein kleiner Kreis über die Gründung einer Actiengesellschaft unter der Firma Rheinische Creditbank, mit dem Sitz in Mannheim. Sie stellten die Statuten fest und gaben dem Handelsministerium behufs der erforderlichen Concessionsertheilung Kenntniss von der Gründung der Gesellschaft. In der hierauf bezüglichen Eingabe erklärte man, dass man sich verpflichte, die statutenmässig vorgesehene erste Serie der Actien — 5000 Stück im Nennwerth von einer Million Thaler — fest zu übernehmen. Gleichzeitig verpflichteten sich die Nächstbetheiligten unter sich, dass sie 2500 Stück, (1,500,000 Mark), auf eine weitere Anzahl als Gründer sich betheiligender Personen vertheilen wollten. Die Staatsgenehmigung zur Gründung der Rheinischen Creditbank erfolgte am 14. Mai 1870, unter der Bedingung, dass die Bank mit dem Betrieb der in Art. 3 ihrer Statuten bezeichneten Geschäfte nicht beginnen dürfe, bevor mindestens 20 % der ersten Serie des Actienkapitals eingezahlt sei.

Noch im Mai 1870 wurden die 2500 Stück zur Betheiligung für einen weiteren Kreis, jedoch mit Ausschluss einer öffentlichen Subscription, zugänglich gemacht. Die Betheiligung seitens der herangezogenen grösseren Firmen und Industriellen des ganzen Landes war so lebhaft, dass eine Repartition stattfinden musste.

Man beschloss daher in der auf den 15. Juni berufenen Generalversammlung nach Wahl des Aufsichtsraths den Antrag zu stellen, dass weitere 5000 Stück Actien im Nennwerth von 1000000 Thl. emittirt würden. Von dieser Summe sollten abermals 2500 Stück demselben kleineren Kreis reservirt bleiben, während 2500 Stück durch öffentliche Subscription begeben werden sollten. „Auf diesem Wege konnte das Interesse der Gründer mit dem der Bevölkerung unseres Landes in einen für die Aufnahme und das Gedeihen der neuen Schöpfung wünschenswerthen Einklang gebracht werden." (Worte des Prospects.)

Am 14. Juni beschlossen die Concessionäre und eine Anzahl Mitgründer der Rheinischen Creditbank zunächst 40 % des Capitals einzahlen zu lassen, zahlbar in 2 Terminen, am 1. Juli und 1. Oktober mit je 20 %. Am 15. Juni fand die constituirende Generalversammlung statt. In den Tagen der Einzahlung erfolgte der Ausbruch des Krieges. Daher konnte das Institut erst gegen Mitte Oktober 1870 in allen Zweigen seines Geschäftsbetriebs die Thätigkeit aufnehmen.

Diese Thätigkeit erstreckte sich von Anfang an vorzugsweise auf die Pflege des Contocorrentgeschäfts und zwar vor Allem im Grossherzogthum Baden. Durch die Pflege gerade dieser Seite des Bankgeschäfts ist die Rheinische Creditbank in kurzer Zeit eine Stütze des Handels und der Industrie in Baden geworden und sie hat hierdurch auch in schlechten Zeiten ein dankbares Gebiet der Wirksamkeit, welches eine zwar mässige aber mehr sichere Rente abwirft. Sicher ist die Rente aus dem Contocorrentgeschäft nur dann, wenn es dem Contocorrentgeber möglich ist über die Creditwürdigkeit seiner Contocorrentkunden zuverlässigen Aufschluss zu erhalten und dieselben dauernd controliren zu können. Die Beurtheilung der Creditwürdigkeit in dem Masse, wie sie für das Bankgeschäft gefordert werden muss, kann nur dann mit Zuverlässigkeit stattfinden, wenn die Thätigkeit des Bankinstituts decentralisirt ist. Diese Decentralisation ist für die Rheinische Creditbank durch die Errichtung von Filialen hergestellt worden. Freilich ist die Errichtung von Filialen auch mit Gefahr verknüpft. Diese Gefahren lassen sich — und zwar auch dann nur bis zu einem gewissen Grade — vermeiden, wenn mit der nach aussen stattfindenden Decentralisation eine energische Centralleitung sich verbindet.

An der Creirung anderer Institute hat die Bank verhältnissmässig selten sich betheiligt. Unter ihrer Mitwirkung entstanden insbesondere im Jahre 1871 die deutsche Vereinsbank in Frankfurt a. M., die Bank für Elsass und Lothringen in Strassburg und die Rheinische Hypothekenbank in Mannheim. Im Jahre 1872 wurde die derzeit in Liquidation befindliche Rheinische Baugesellschaft in Karlsruhe begründet. Unter den in den Gründungsjahren vielfach angebotenen Consortialbetheiligungen traf die Bank im Ganzen eine vorsichtige Auswahl.

Um die Funktion eines badischen Landesinstituts allseitig zu erfüllen, übernahm die Bank die Anlehen badischer Gemeinden und war für die Placirung badischer Staatsanlehen stets bemüht.

Der Versuch, neben der Rheinischen Creditbank ein anderes Creditinstitut unter dem Namen Pfälzer Bankverein zur Lebensfähigkeit zu bringen, ist den betreffenden betheiligten Firmen nicht gelungen.

Neben der Rheinischen Creditbank besteht in Mannheim noch die deutsche Unionbank. Sie gehört zu den von der deutschen Unionbank in Berlin ins Leben gerufenen Banken. Wie eine Gruppe von Vereinsbanken und Bankvereinen in Deutschland allmälig entstanden war, so beabsichtigte man von Berlin aus auch eine Gruppe von Unionbanken zu bilden. Von diesen Unionbanken besteht derzeit nur noch die Unionbank in Mannheim deren Actien in wenigen Händen sich befinden.

Zum Zweck einer Unterstützung des Handels und der Industrie durch commissionsweisen An- und Verkauf und faustpfändliche Beleihung von Waaren, insbesondere von Baumwolle und anderen überseeischen Rohproducten war im Jahre 1872 unter der Firma „Deutsche Seehandlung" eine Actiengesellschaft in Mannheim gebildet worden, welche ebenso wie der Pfälzer Bankverein nur sehr kurze Zeit bestanden hat.

### §. 28. Die Rheinische Hypothekenbank in Mannheim. 1871—1875.

Nachdem das Grossherzogthum Baden eine Zettelbank und ein Creditinstitut für Handel und Industrie besass, fehlte zur vorläufigen Vollendung der Creditorganisation eine Hypothekenbank. Ausser der allgemeinen Versorgungsanstalt hatten bisher zahlreiche Sparkassen und andere namentlich in Karlsruhe domicilirte Cassen, ferner die Stiftungen und Vormundschaften dem Realcreditsuchenden ihre disponiblen Mittel zukommen lassen und zwar vorzugsweise als kündbare Darlehen.

In dem Kreise Lörrach war auch eine Kreishypothekenbank entstanden, welche für diesen Kreis das Hauptrealcreditinstitut geblieben ist. Die Lörracher Kreishypothekenbank betreibt indessen keineswegs ausschliesslich das Hypothekengeschäft, sie hat das regelmässige Bankgeschäft in den Kreis ihrer Thätigkeit gezogen. Für die Obligationen, welche auf Grund hypothekarischer Deckung ausgegeben werden, besteht an der Gesammtheit der Hypotheken kein ausschliessliches Vorzugsrecht.

Ein Centralinstitut für den Realcredit ist durch die Rheinische Hypothekenbank zu Mannheim hergestellt worden. Wir geben in einer Tabelle eine Uebersicht über die Wirksamkeit der Bank bis zum Jahre 1875. Die Entstehungsgeschichte der Bank, sowie die Grundsätze, nach welchen die Bank organisirt ist und verwaltet wird, sind in einer besonderen Schrift niedergelegt. S. Dr. Hecht, die Rheinische Hypothekenbank in Mannheim, 3. Aufl., Mannheim 1874 (Verl. von J. Schneider). S. auch Dr. Hecht, die Mündel- und Stiftungsgelder in den deutschen Staaten. (Cotta'scher Verlag), 1875 S. 181 ff. v. Danckelmann, in dessen Zeitschr. f. Kapital u. Rente, Jahrg. 1874, S. 123—133.

### Dritte Abtheilung.

## Das Grossherzogthum Hessen-Darmstadt.

### §. 29. Die Verhandlungen wegen Gründung einer Landescreditcasse. 1826, 1827, 1829—1830, 1848, 1851.

Am 5. Oktober 1826 stellte der Abgeordnete v. Kuder in der zweiten Kammer einen Antrag auf Erlass eines Gesetzes gegen die übermässigen Maklergebühren bei Kapitalaufnahmen und auf Errichtung einer Landescreditanstalt. Protokolle der 2. Kammer, Heft 1, Beil. XXXII S. 94. „Der Nothstand der Unterthanen des Grossherzogthums äussert sich" — so bemerkte Kuder — vornehmlich in einer wahrhaft kläglichen Creditlosigkeit. Nur mit vieler Schwierigkeit werden häufig die nöthigen Kapitalien geliehen erhalten und dabei nicht selten nur durch Erlegung von übermässigen Maklergebühren." In dem vom 2. Ausschuss erstatteten Vortrag über den Antrag des Abg. Kuder — Beil. XXXIII S. 95 Heft 1 der Prot. — wurde bestätigt „das kräftigste Mittel gegen die Ausbeutung des Creditsuchenden und gegenüber dem vorhandenen Kapitalbedürfniss sei die in Vorschlag gebrachte Landescreditanstalt. Es sei der Antrag der Staatsregierung zu empfehlen und darum zu bitten, dass dieselbe noch auf dem dermaligen Landtag einen desfallsigen Entwurf an die Stände bringe." Der Berichterstatter des 2. Ausschusses für den Antrag Kuder, Elwert, arbeitete nun einen weiteren Bericht aus — Heft XII, Beil. 347 S. 140 fgde. — welcher durch die Hinzufügung von zwei Statutenentwürfen einer Landescreditanstalt dem ganzen Plan eine concretere Gestalt gab. Elwert empfahl, falls die Kammer nicht dem einen oder anderen Entwurf den Vorzug geben sollte, beide Entwürfe der Regierung vorzulegen, mit dem Ersuchen, dieselben zu prüfen und nach dem ihr genehmen Plan die Anstalt ins Leben zu rufen. Beide Entwürfe, welche mit Lit. A und B bezeichnet sind, unterscheiden sich von einander in wesentlichen Punkten:

Nach Entwurf A ist die Anstalt eine Staatsanstalt — nach B eine Privatanstalt. Nach A soll die Anstalt ins Leben treten, wenn sich eine Anzahl von Interessenten gemeldet habe, welche für den Betrag von einer Million Gulden activ und passiv an der Anstalt theilnehmen. Entwurf B bestimmt hierüber nichts. Nach Entwurf A sollen dem Gläubiger von der Anstalt die zwischen ihm und dem Schuldner vereinbarten Zinsen bezahlt werden. Nach B soll der Gläubiger nur 4 % erhalten, das andere ½ % oder 1 % soll zur Tilgung der Schuld verwendet werden. Gemäss Entwurf A soll die Anstalt nur solche Kapitalien gewähren, welche durch den doppelten Werth der liegenden Güter gesichert sind. „Nach B genügt es, wenn die zur Zahlung der Kapitalzinsen und des zur allmäligen Tilgung des Kapitals bestimmten Procentes erforderliche Jahresrente vorhanden und gesichert ist. Nach Entwurf A sollen Darlehen nur an Private gegen gute hypothekarische Sicherheit gegeben werden, nach B soll die Gewährung von Darlehen auch an Gemeinden und zwar ohne hypothekarische Sicherheit statthaft sein. Entwurf A will, dass die zur Amortisation eingehende Summe bei der Staatsschuldentilgungskasse angelegt werde, Entwurf B wünscht vierteljährliche Verloosung. Nach A soll bei dem Gläubiger die Pfandverschreibung verbleiben, während nach B die Anstalt die Pfandverschreibung an sich zieht und dem Gläubiger einen Creditbrief gibt, mithin sich als Schuldnerin darstellt. — Der Entwurf A war von dem Geheimen Staatsrath Hofmann verfasst. — S. l. c. S 61.

Die Discussion über den Antrag Kuder fand am 16. Mai 1827 statt. — Verhandl. der 2. Kammer, Heft XIV, Pr. 133, S. 33 fgde. — In der Discussion wurde hauptsächlich die Frage, ob Privat- oder Staatsanstalt, erörtert, dabei trat die trostlose Lage der Geldbedürftigen recht anschaulich zu Tage, es wurde darauf hingewiesen, dass in Oberhessen ganze Dörfer im eigentlichen Sinn creditlos seien, so dass sie auf dreifaches Unterpfand kein Geld darleihweise erhalten können. Wir erfahren ferner, dass der Statutenentwurf A bei Hofmann durch einen Plan angeregt wurde, welchen er im Jahre 1818 zur Tilgung der Gemeinschulden in Oberhessen entworfen hatte. Sehr oberflächlich ist die Kenntniss der nichthessischen Creditorganisation — cf. die Bemerkungen von Küchler, l. c. — sehr treffend ist dagegen ein Gedanke des Abg. Goldmann: man möge die projectirte Creditanstalt, wenn nicht ein neues besseres Hypothekengesetz ins Leben trete, nur an solche Gemeinden Darlehen geben, welche sich im Ganzen dafür verbindlich machten, dass bei einem Eingriff in die Hypothek die Gemeinde als solche die vollständige Fortentrichtung der Rente bis zum Ende der Tilgungsperiode verbürge, dann würden die Gemeinden auch, weil interessirt, die Taxationen überwachen.

Aus den Bemerkungen des Geh. Staatsraths Hofmann entnehmen wir, dass derselbe der Errichtung eines Pfandbriefinstituts abgeneigt ist. Diese Abneigung erklärt sich aus dem von ihm für unerlässlich erachteten Momente, dass die Anstalt unter Garantie des Staates stehen müsse, einem solchen Institute aber wolle er nicht die Ausgabe von Schuldscheinen concediren, um nicht die Summe der staatlichen Verpflichtungen zu vergrössern. Nicht uninteressant ist der Vorschlag, dass man die seitens des Schuldners zu leistenden Zahlungen durch die Steuerbehörden erheben lassen. — Die Abstimmung über den Antrag Kuder fand am 23. Mai 1827 statt — Prot. S. 139, 140. — Unter Ablehnung des ersten Theils des Antrages — auf Erlass einer Verordnung in Betreff der Maklergebühren — wurde mit 33 gegen eine Stimme die Frage bejaht: soll die Staatsregierung ersucht und insoweit als verfassungsmässig erforderlich berechtigt sein, nach dem vorliegenden Antrag eine Landescreditanstalt, sowie deren Zweck in der Berathung bezeichnet worden, nach einem von ihr beliebt werdenden, reiflich geprüften und nach ihrem Ermessen dem Zweck am Meisten entsprechenden Plane, mit Berücksichtigung der desfallsigen Grundzüge im Entwurf A und dessen, was hierüber in der Discussion geäussert worden, alsbald ins Leben treten zu lassen?

Bejaht wurde insbesondere auch mit derselben Stimmenzahl, dass die Creditanstalt unter Garantie des Staates stehen soll, und dass die Anstalt eine Organisation erhalte, wie sie bei der Staatsschuldentilgungsanstalt bestand. In der Voraussetzung der Zustimmung der ersten Kammer und der Genehmigung der Staatsregierung wollte man auch alsbald zur Wahl eines ständigen Directors und Substituten sowie eines Controleurs und Substituten schreiten. Einstimmig bejaht wurde die Frage, ob die Staatsregierung ersucht werden solle, dass sie, im Fall der Errichtung der gewünschten Landescreditanstalt Hindernisse in den Weg treten, Privatgesellschaften, welche sich zur Unterstützung des inländischen Credits bilden sollten, insoweit begünstige, als für dieselben keine Staatsgarantie verlangt werde und es nach den bestehenden Gesetzen geschehen könne. Bejaht mit 20 gegen 4 Stimmen wurde ferner auch die Frage, ob die Staatsregierung ersucht werden soll selbst für den Fall, dass die Anstalt ins Leben trete, auch entstehende Privatgesellschaften zur Förderung des Credits insoweit zu begünstigen und zu unterstützen, als für dieselben keine Staatsgarantie verlangt werde und es nach den bestehenden Gesetzen geschehen könne. Man wählte alsdann sofort den Antragsteller Kuder zum Director, Küchler zum Substituten, den Oberfinanzrath Biersack zum Controleur und den Rechnungsrevisor Schott zum Substituten des Controleurs.

Am 28. Mai 1827 gelangte der Antrag Kuder in die erste Kammer. — Verhandl. 2. Bd., Heft 5, S. 2. — Das Referat wurde von dem Geheimen Staatsrath von Wreden am 7. Juni 1827 erstattet — Heft 5, S. 61 und hierzu Beilage 146 S. 50. Der Berichterstatter anerkannte die Wohlthätigkeit und Zweckmässigkeit einer solchen Anstalt und neigte sich zu einer unter der Aufsicht des Staates gebildeten Privatgesellschaft. In der Discussion vom 16. Juni — Heft 5, S. 162 fgde. — erklärte sich der Geheime Staatsrath Hofmann definitiv für eine Staatsanstalt unter Garantie und Verwaltung des Staates und mit Statuten, welche dem Schuldner die Mittel sicherten, seinen Gutsbesitz zu erhalten und sich seiner Schuld allmälig zu entledigen. Für den Schuldner wünsche er die Unkündbarkeit der Schuld, die Zins- und Kapitalzahlung in kleinen Raten, derart, dass die Schuld in monatliche Renten verwandelt und insoweit der gerichtlichen Verfolgung und den damit verbundenen Kosten entzogen werde. In Bezug auf die Bildung einer Privatgesellschaft macht Hofmann geltend: es seien nur zwei Fälle denkbar: der erste Fall sei, dass ein Consortium von Unternehmern zusammentrete um Geld auf Grundbesitz zu leihen. Ein solches Consortium könne auf die Dauer nicht reussiren oder doch nur mit bedeutenden Privilegien seitens des Staates, es stelle sich aber als zweifelhaft heraus, ob eine solche Privilegirung zweckmässig sei. Jedenfalls müssten einer solchen Gesellschaft für ihre Leistungen Entschädigung zu Theil werden, es müssten insbesondere auch die Staatsbeamten in der Erreichung ihrer Zwecke sie unterstützen. Der zweite denkbare Fall sei die Bildung eines Creditvereins nach dem Muster anderer Länder aus der Masse der Darleiher und der Schuldner. Es sei bemerkenswerth, dass diese Creditvereine überall wo sie sich gebildet haben, nur die grösseren Grundbesitzer im Auge hatten, und in der That erscheine es nicht möglich, einen derartigen Verein unter Zuziehung auch der kleineren Grundbesitzer zu bilden. In der Discussion der ersten Kammer wurde wiederholt auf die thatsächlichen Verhältnisse der Preussischen Landschaften Bezug genommen. Die Abstimmung fand am 18. Juni statt. — Verhandl. der 1. Kammer, Heft 5, S. 200. —

Die erste Frage: tritt die Kammer den von der zweiten Kammer gefassten Beschlüssen vorbehaltlich einer besonderen Abstimmung über die Wahl der zur Creditanstalt zu ernennenden Beamten bei? wurde von zwei Stimmen bejaht, acht verneinten die Frage. Die zweite Frage lautete: will dann die Kammer dem Beschluss der zweiten Kammer in der Art beitreten, dass die Grossherzogliche Staatsregierung ersucht werden möge, den Gegenstand der Motion mit Berücksichtigung des darüber in den Verhandlungen beider Kammern liegenden Materials, einer umfassenden Prüfung zu unterwerfen und das Resultat derselben auf dem nächsten Landtag den Ständen vorlegen zu lassen? Diese Frage wurde mit acht gegen zwei Stimmen bejaht. Die zweite Kammer trat dem Beschlusse vom 22. Juni bei. Verhdl. der 2. Kammer, Heft 15, Prot. 155, S. 195—198. S. auch Verhandl. der 1. Kammer, Heft 5, S. 207.

Die Wünsche der Kammern wurden der Staatsregierung übermittelt, welche den Geheimenrath Knapp mit der eingehenden Untersuchung der Frage betraute. Das Resultat dieser Untersuchung war ein Vortrag des Referenten, der für das Verhalten der hessischen Regierung in Rücksicht auf die Gründung der Landescreditanstalt die Richtschnur geblieben ist. In dem Vortrag sind die Schwierigkeiten entwickelt, welche der Gründung einer Creditanstalt unter Garantie des Staates und unter Leitung der Staatsbehörden entgegenstehen. In Folge davon unterblieben weitere Massnahmen seitens der Regierung.

Als auf dem nächstfolgenden Landtag 1829—1830 der Abgeordnete Seitz den Antrag stellte, dass man die Staatsregierung dringend ersuche, die Landescreditanstalt ohne allen Verzug ins Leben treten zu lassen — Verhandl. der 2. Kammer, 1. Beilagenb., Beil. 68 S. 283, 284 — gestattete das Ministerium des Innern und der Justiz dem Referenten der Kammer, Elwert, die Acteneinsicht — 2. Beilagenb., Beil. 254, S. 458 — und der Referent konnte dem Gewicht der von Knapp geltend gemachten Erwägungen sich nicht entziehen. Man hatte in dem früheren Project eine Verbindung der zu errichtenden Landescreditanstalt mit der Staatsschuldentilgungskasse in Aussicht genommen. Inzwischen waren bei der Staatsschuldentilgungskasse Veränderungen eingetreten, indem dieselbe die Darlehen zu 4 % sistirte und theuereres Geld nicht verwendbar erschien. Der Referent lies daher das ursprüngliche Project fallen. Er befürwortete die Gründung einer Privatunternehmung unter der Oberaufsicht des Staates und schloss sich damit dem Plan an, dessen Durchführung bereits im vorhergehenden Jahr von mehreren Standesherren des Grossherzogthums beabsichtigt worden war. Elwert sprach die Zuversicht aus, dass patriotische und einsichtsvolle Mitbürger sich finden, welche dem Werke der Gründung einer solchen Anstalt sich unterziehen würden, sobald die Regierung ihren Willen dahin ausspreche, dass sie zum Schutz und zur Unterstützung bereit sei. „Dass die Grossherzogliche Regierung hierum gebeten werde, dahin geht der Antrag ihres berichterstattenden Ausschusses.“ Entgegen dem Ausschussantrag machte zwar Seitz bei der Discussion in der Kammer den Vorschlag, man möge mit dem ursprünglichen Project den Versuch in einem einzelnen District machen, allein die Kammer beschloss unter Ablehnung dieses Antrages, dass der Gegenstand in der von dem Ausschuss vorgeschlagenen Weise der Staatsregierung zur Berücksichtigung und Unterstützung empfohlen werde. — Verhandl. vom 31. Aug. 1830, Protok. 3. Bd., S. 763 fgde. — Diesem Beschluss trat auch die erste Kammer bei. — Verhandl. Beilagenh., Beil. 92, S. 355, ferner ibid. Protok. vom 15. Sept. 1830, S. 554 fgde.

Erst im Jahre 1848 tritt das Project der Gründung einer Landescreditanstalt uns wieder entgegen. Am 27. Januar 1848 stellte Ramspeck den Antrag auf die Errichtung einer Landescreditanstalt. Beilagenbd. I Nr. 105. S. auch den Antrag von Görz, Cretzschmar, Kahlert, von Rabenau und Hillebrand, bezüglich der Errichtung einer Landescreditanstalt vom 22. Juli 1848. Prot. 94, Beilagenbd. V Nr. 569. Ramspeck wies darauf hin, das Institut dürfte seine beste Unterstützung aus dem Fond der Grundrentenablösungsgelder, oder auch theilweise durch die Creirung eines Papiergeldes finden. Die Antragsteller vom 22. Juli legten der Kammer die Grundzüge einer solchen Anstalt vor, welche von der Mainzer Handelskammer im Einverständniss mit dem Gewerbeverein und nach vorheriger Besprechung mit den Mitgliedern des dritten Ausschusses der Kammer entworfen worden waren und sie beantragten: Die Kammer möge beschliessen, dass die Regierung zu ersuchen sei, sofort auf Grund des anliegenden Planes einen Gesetzentwurf für eine Landescreditanstalt vorzulegen.

Am 10. Februar 1851 stellte der Abgeordnete Kraft den Antrag auf Errichtung einer Landescreditanstalt. — Verhandl. der 2. Kammer, Bd. 1, Protok. 14, S. 2; Beil. Nr. 107. Er verband damit den weiteren Antrag, dass die Gemeinden mit Hilfe einer Landescreditanstalt verpflichtet sein sollten gerichtlich versicherte Kapitalien gegen Adjudication der Unterpfänder zu übernehmen. Beil. Nr. 108. Die citirte Beilage 107 enthält die Grundzüge für die zu errichtende Landescreditcasse, und diese Grundzüge seien im Folgenden mitgetheilt:

1. Die Landescreditcasse hat die Bestimmung an inländische Gemeinden und Private zu nützlichen Zwecken verzinsliche Kapitalien auf gerichtliche mit wenigstens doppeltem Immobiliarunterpfand versehenen Hypotheken zu leihen. Ausnahmsweise ist ihr jedoch gestattet, Vorschüsse von höchstens 100 Gulden im einzelnen Fall und bis zu höchstens dem zwanzigsten Theil ihres Vermögens gegen Bürgschaft der Ge-

meinden unter der Voraussetzung, dass diese ihr vollständige Deckung von Seiten des Schuldners nachgewiesen haben, ohne doppeltes gerichtliches Unterpfand zu machen. Gebäude werden in der Regel nur zur Hälfte ihres Taxationswerthes als Unterpfand angenommen. Nutzbare Realberechtigungen werden als Immobilien betrachtet.

2. Die Landescreditkasse leiht unter diesen Bedingungen jedem Inländer, der die Nützlichkeit der Verwendung nachweist, die Kapitalien zu 5 % Zinsen.

Begünstigungen im Zinsfuss geniessen indessen die Schuldner in folgenden Fällen:

a. Zum Zweck der Niederlassung und Etablirung als Ortsbürger leiht die Anstalt demjenigen, welcher weniger als 400 Gulden rentbares Vermögen besitzt, die ihm hieran fehlende Summe bis zum Betrag von höchstens 200 Gulden und zwar in diesem Fall auf von ihm besessene oder durch Verwendung dieses Anlehens zu erwerbende Immobilien, oder bis zur Summe von höchstens 100 Gulden gegen Bürgschaft der Gemeinde, zu 2 %, übrigens nur bis zum zehnten Theil ihres Vermögens.

b. Zum Zweck der Hilfe in einem durch zufällige Umstände und ohne Schuld des Entleihers z. B. durch Fallen von Vieh, Brand, Ueberschwemmung und dergleichen mehr entstandenen Nothfalle bis zu höchstens 200 Gulden im einzelnen Fall und bis zum zehnten Theil ihres Vermögens zu 3 %.

c. Zum Zweck der Bestreitung der Kosten nützlicher Anstalten und nothwendiger Bauten der Gemeinden, welche durch Communalumlagen ohne deren unverhältnissmässige Steigerung nicht wohl aufgebracht werden können, leiht sie diesen zu 4 % bis zum fünften Theil ihres Vermögens.

d. Zum Zweck industrieller Unternehmungen, welche eine erhebliche Anzahl von Arbeitern im Lande beschäftigen, zu 4½ % bis zum fünften Theil ihres Vermögens.

3. Die für die Landescreditkasse errichteten gerichtlichen Obligationen sind stempel- und taxfrei.

4. Jeder Schuldner der Landescreditkasse ist verpflichtet, zugleich mit den Zinsen eine Quote des Kapitals und zwar mindestens 1 %, die unter 2, a und b Genannten mindestens jährlich 2 % abzutragen.

5. Die Zinsen und Kapitalabtragungen werden mit den Steuern in 12 monatlichen Raten erhoben. Sobald zwei Raten zusammenkommen, ist das Kapital von selbst gekündigt und wird auf dem Executionswege beigetrieben.

6. Der Fond, aus welchem die Vorschüsse bis zur Wiedereinzahlung der Kapitalien bestritten werden, wird gebildet:

a. Zum vierten Theil aus unverzinslichen Landescreditkassescheinen, welche in Serien von 1 fl., $1\frac{3}{4}$ fl., 5 fl., $8\frac{3}{4}$ fl. und 10 fl. ausgegeben werden.

b. Zum vierten Theil aus unverzinslichen Landescreditkasse-Prämienscheinen, welche in Serien zu 17 fl. 30 kr., 25 fl., 35 fl., 50 fl. und zwar mit Angabe des Thalerfusses bei der ersten und dritten Serie ausgegeben werden. Jedem Prämienschein sind vier Prämienanweisungen (auf jeder Seite des Scheines eine) angefügt, durch welche der Inhaber dieser, vom Scheine abzuschneidenden Anweisung zum Zweck einer Prämie von 2 % des Nennwerthes des Scheines aus der Landescreditkasse zahlbar nach Ablauf des ersten, zweiten, dritten und vierten Jahres nach der Ausstellung legitimirt ist. Mit der vierten Prämienanweisung wird der Schein selbst zurückgenommen, cassirt und dagegen ein anderer mit vier weiteren auf weitere vier Jahre laufenden Prämienanweisungen versehener Prämienschein ausgetauscht.

c. Zur Hälfte aus Partialobligationen der Landescreditkasse auf Inhaber mit Zinscoupons zu 4 % auf 20 Jahre, in Serien von 100 fl., 250 fl., 500 fl. und 1000 fl. vertheilt. Gegen die dem letzten Coupon beigedruckte Anweisung wird ein Zinscouponsbogen auf weitere 20 Jahre verabfolgt. Auf den Erwerb solcher Partialobligationen werden bei allen öffentlichen Cassen zu 4 % verzinsliche Theileinlagen bis zur Erreichung der Summe von 100 fl. genommen.

7. Die Landescreditkasse ist berechtigt, alle Auszahlungen zum fünften Theil in Landescredit-Cassenscheinen (sub 6 a) zum fünften Theil in Landescredit-Prämienscheinen (sub 6 b), zu zwei Fünftel in Landescreditcasse-Partialobligationen (sub 6 c) und zu ein Fünftel in baar zu machen.

8. Die Landescredit-Cassescheine und Landescredit-Prämienscheine sind jederzeit, die Prämienanweisungen der letzteren und die Zinsabschnitte der Landescreditkasse-Partialob-

ligationen zur Verfallzeit von allen Grossherzoglich hessischen öffentlichen Kassen statt baar angenommen und müssen ebenso bei allen Zahlungen derselben im Inlande angenommen werden.

9. Die Landescreditkasse darf die sub 6 bezeichneten Schuldscheine nur ausgeben:

a. Zur Bildung eines Betriebskapitals von 200,000 fl.

b. Im Uebrigen soweit, als der Betrag der von ihr bereits erworbenen Obligationen (sub 2) reicht und zwar stets nur in dem sub 6 angegebenen Verhältniss.

10. Alle sub 6 genannten Schuldscheine der Landescreditkasse werden, nach Ablauf von zwei Jahren nach einer Emission, binnen vierzig Jahren, die Landescreditcasse-Partialobligationen mittelst Verloosung abgetragen.

11. Der Fond der Landescreditkasse kann durch Ausgabe der sub 6 angeführten Schuldscheine soweit ausgedehnt werden, als der Bedarf der Casse zum Erwerb der sub 1 erwähnten Kapitalien geht, doch niemals und unter keinen Umständen weiter.

12. Die Landescreditcasse ist eine Staatsanstalt, welche jedoch niemals ihrem Zweck entfremdet werden kann und welche unter der Garantie der Landstände steht. Ihre Verwaltung besteht aus einem landesherrlichen und einem landständigen Director, welche auf Beobachtung der obigen Bestimmungen verpflichtet sind. Diese Direction entscheidet unter Zuziehung eines Obmannes bei eintretender Concurrenz zwischen den begünstigten Ausleihungen und dazu mangelnden Fonds nach sorgfältigen Ermittlungen der Sachverhältnisse je nach Massgabe des bei dem Entleiher vorhandenen grösseren Bedürfnisses oder der grösseren Gemeinnützlichkeit über den Vorzug des Nachsuchenden.

Es ist in jeder Finanzperiode den Ständen Rechnung über den Stand der Anstalt zu legen.

Die nach Bildung eines Reservefonds sich ergebenden Ueberschüsse werden unter ständiger Mitwirkung zur Beförderung der Landeswohlfahrt verwendet.

Seinen zweiten ergänzenden Antrag motivirt Kraft folgendermassen: Es sei bemerkt worden, wie tief in manchen Landestheilen der Credit dadurch gesunken ist, dass gerichtlich verhypothecirte Immobilien nicht versilbert werden können, theils wegen einer dem wahren Interesse des Schuldners und der Communen ganz widersprechenden Rücksichtsnahme, theils wegen Mangel an baaren Mitteln. Diesem Zustande sei seitens des Staates durch eine Revision der Gesetzgebung entgegenzuwirken und insbesondere durch die Bestimmung, dass die Gemeinden künftig in allen Fällen, wo der Gläubiger einer nach Massgabe des Gesetzes gerichtlich errichteten resp. confirmirten, mit Immobiliarunterpfand doppelt versicherten und vom Ortsvorstand gebilligten Obligation durch zweimalige Zwangsversteigerung seine Hypothek nicht zu einem der Taxe ziemlich gemässen Preise anbringen könne, das Kapital nebst zweijährigen Zinsen gegen Adjudication der Unterpfänder zu übernehmen und an den Creditor zurückzuzahlen haben, vorbehaltlich ihres Regresses gegen die Taxatoren. Um diese Massregel durchführen zu können, muss der Gemeinde die Gelegenheit geboten sein, das nöthige Kapital jederzeit selbst erhalten zu können und dies sei nur durch Errichtung einer Landescreditanstalt möglich.

Ueber den Antrag Kraft auf Errichtung einer Landescreditcasse erstattete der Abg. Frank von Reddighausen Bericht. — Verhandl. der 2. Kammer, vom 3. Juni 1851, Beilagenbd. III, Nr. 342. Auf Grund des Berichtes erklärte sich der Ausschuss gegen den Antrag. In den Bericht ist ein Schreiben des Regierungscommissars wörtlich aufgenommen, welches den Antrag beleuchtet und bekämpft. Das Schreiben hebt hervor, dass der Antrag auf Errichtung eines Instituts geht, welches die dreifache Eigenschaft einer Hypothekenbank, einer Hilfskasse durch Vorschüsse und einer Notenbank besitzen werde. Als Hypothekenbank treffe das Project mit dem früheren von 1827 im Wesentlichen zusammen. Die Gründe gegen dieses Project seien in dem Actenmaterial enthalten, welches seiner Zeit das Aufgeben des Projectes motivirte und veranlasste. „Die Anregung zu den früheren Projecten hatte sich in einer Periode ergeben, in welcher auf Missjahre und Theuerung ein Sinken im Preise aller Landesproducte bis zur vollen Entwerthung gefolgt war, während der Handel in Staatspapieren eine grosse Masse von Kapitalien an sich zog und fesselte. Schon von 1827—1830 hatte sich dieser Zustand geändert. Die Producte wurden wieder abgesetzt und zu besseren Preisen, der Zinsfuss der Staatspapiere fiel, dann auch für Private, ebenso wendeten sich diesen wieder die Kapitalien zu, auch die Gemeinden konnten wieder die Zinsen von ihren Schuldkapitalien herabsetzen. Nicht ohne Einfluss blieben die Sparkassen, die auch als Leih- und Hilfskassen allmälig wohlthätig wirkten.

Es folgte dann im Grossherzogthume eine Einrichtung, wie sich ähnliches auch anderwärts in Deutschland unter dem Namen „Landescreditkasse" findet, die aber, was die Beschaffung der Mittel und deren Gewährung zum Vortheil der Bedürftigen anlangt, unübertroffen geblieben ist — die nach dem Gesetz vom 27. Juni 1836 verordnete Mitwirkung der Staatsschuldentilgungskasse zur Ablösung der Grundrenten.

Es kam hierzu im nächsten Decennium die Errichtung einer allgemeinen Rentenanstalt in Darmstadt, welche, die Zwecke einer Sparkasse und einer Hypothekenbank in sich vereinigend, insbesondere einen guten Anfang mit grösseren Darlehen auf Annuitäten gemacht hat. Ob den derzeit bestehenden Calamitäten durch eine Landescreditcasse vorgebeugt wäre, ist zweifelhaft." Was die Hilfskassen anlangt, so entstehe die Frage, ob es nicht besser sei, durch locale Pflege zu wirken, oder durch Pflege in engeren Verbänden. Besonders bedenklich aber wird das Ganze durch die Mittel, welche zur Dotirung der Hülfskassen vorgeschlagen werden.

Gegenüber dem Mehrheitsgutachten des Ausschusses auf Ablehnung des Antrags Kraft hat letzterer ein Separatvotum zur Vertheidigung seines Antrags abgegeben. Beilagenb. III, Nr. 342 zum Protok. vom 3. Juni 1851.

Frank von Reddighausen erstattete auch den Bericht über den zweiten Antrag, die Verpflichtung der Gemeinden zur Uebernahme gerichtlich versicherter Kapitalien gegen Adjudication der Unterpfänder mit Hilfe einer Creditanstalt betr. Beilagenb. III Nr. 341 zum Protok. vom 3. Juni 1851. Der Bericht sprach sich gegen den Antrag aus. Bei der Berathung in der Kammer, vom 16. Juni 1851, wurde der Antrag Kraft betr. die Errichtung einer Landescreditcasse mit 33 gegen 2 Stimmen abgelehnt und der zweite Antrag dann als mit dem ersten erledigt betrachtet. Damit war die Frage auch für die erste Kammer entschieden. S. Mittheil. vom 3. Juli 1851, Protok. 34, S. 1.

### §. 30. Die allgemeine Renten- und Lebensversicherungs-Anstalt als Depositenkasse und Realcreditinstitut.

Der Plan zur Gründung einer allgemeinen Rentenanstalt mit dem Sitz in Darmstadt wurde im Herbst 1843 gefasst. Die Statuten erhielten am 22. Mai 1844 die landesherrliche Genehmigung. Am 1. Juli 1844 begann die Thätigkeit des Instituts. Von Anfang an war mit der Rentenanstalt eine Depositenkasse verbunden. Die auf diese Kasse bezüglichen Bestimmungen scheinen unter Berücksichtigung der mit der allgemeinen Versorgungsanstalt in Karlsruhe vereinigten Depositenkasse gegeben zu sein. In der Generalversammlung vom 30. Juli 1853 wurde beschlossen in Verbindung mit der Allgemeinen Rentenanstalt als besondere Unternehmung eine Lebens- und Leibrenten-Versicherungsanstalt zu gründen. In der am 28. December 1854 abgehaltenen ausserordentlichen Generalversammlung wurden die statutarischen Bestimmungen hierfür festgestellt und sie erhielten durch die Erlasse vom (10. und) 30. März 1855 die landesherrliche Genehmigung. Damit im Zusammenhang steht die Aenderung der Firma in „Allgemeine Renten- und Lebensversicherungsanstalt zu Darmstadt."

Als Zweck der Depositenkasse bezeichnet der Bericht für das Jahr 1857, S. 4, den Besitzern müssiger Gelder im Grossen und im Kleinen Gelegenheit zur Nutzbarmachung und Aufbewahrung derselben zu geben, den Gewerbtreibenden die verzinsliche Niederlegung ihrer Betriebskapitalien zu erleichtern und durch die Annahme selbst kleinerer Ersparnisse zur Ansammlung von Kapitalien zu ermuntern. In dieser letzteren Eigenschaft erscheint die Depositenkasse gleichzeitig als Sparkasse. Eine besondere Sparkassenabtheilung neben der Depositenabtheilung ist bei der Rentenanstalt niemals gebildet worden.

Die auf die Depositenkasse bezüglichen statutarischen Bestimmungen sind in allen Ausgaben der Statuten in den Paragraphen 75 fgde. enthalten. Gemäss diesen Bestimmungen nimmt die Anstalt baare Gelder, jedoch in der Regel nicht unter dem Betrag von 50 Mark zur verzinslichen Hinterlegung an. Nach den Statuten vom Jahre 1844 war der zulässige Maximalbetrag der Hinterlegung 100 fl.; dieser Betrag ist in den Statuten von 1847 auf 25 fl. herabgesetzt und bei Einführung der Reichswährung auf 50 Mk. fixirt worden.

Auf jedes Depositum sind Nachzahlungen von mindestens 10 Mk. gestattet. Nach den Statuten von 1844 waren Nachzahlungen von 3 fl., seit 1870 bis zur Einführung der Reichswährung Nachzahlungen von 5 fl. zugelassen.

Die Anstalt haftet für die deponirten Gelder mit ihrem Vermögen und benutzt dieselben zu ihren Zwecken. Ueber jedes Depositum wird ein Schein ausgestellt, welcher von dem ständigen Director, von dem Rechner und Controleur zu unterzeichnen ist. Jede weitere Zahlung wird durch den Rechner und Controleur auf dem ersten Schein, welcher zu diesem Zwecke vorzulegen ist, quittirt. Stat. §. 76.

Die Verwaltung der deponirten Gelder geschieht nach den für die Anlegung des Activvermögens der Anstalt vorgezeichneten Grundsätzen. In jedem Rechenschaftsbericht ist der Stand der deponirten Gelder anzugeben. Der Zinsengewinn, welchen die Depositenkasse abwirft, fliesst in den Verwaltungsfond. Stat. §. 77.

Die angelegten Depositengelder werden von der Anstalt verzinst. Die Verwaltung setzt den Zinsfuss fest, bestimmt die Zeit des Beginnes und des Aufhörens der Verzinsung und hat die desfalls getroffenen Bestimmungen, sowie jede Veränderung derselben öffentlich bekannt zu machen. Eine Herabsetzung des Zinsfusses wird für bereits bestehende Depositen erst vier Wochen nach erfolgter öffentlicher Bekanntmachung wirksam und die Deponenten können innerhalb der Kündigungsfrist die Rückzahlung der hinterlegten Gelder mit der Wirkung verlangen, dass ihnen bis zur Rückzahlung beziehungsweise bis zum Ablauf der Kündigungsfrist die Zinsen nach dem bisherigen Zinsfuss vergütet werden. Die Zinsen werden nur von ganzen Marken und die darauf fallenden Quoten nur in Mark und ganzen Pfennigen berechnet. Stat. §. 78.

Vergleicht man diese Bestimmungen der neuesten Statuten mit den früheren statutarischen Bestimmungen, so ergeben sich folgende Gegensätze: Nach den Statuten von 1844 war der Zinsfuss ein für allemal auf 3 % fixirt. In der Statutenausgabe von 1847 ist der Zinsfuss auf „mindestens“ 3 % festgesetzt, jedoch mit dem Zusatz „die Verwaltung ist ermächtigt, nach Umständen einen höheren Zinsfuss eintreten zu lassen und hat jede Aenderung derselben öffentlich bekannt zu machen.“ Diese Bestimmung ist in den Statuten von 1855, 1856, 1866 beibehalten.

In den Statuten von 1866 findet sich erstmals die Bestimmung, dass eine Herabsetzung des Zinsfusses für bereits bestehende Depositen erst vier Wochen nach erfolgter öffentlicher Bekanntmachung wirksam ist. Indem die neuesten Statuten (von 1874) die Festsetzung des Zinsfusses einfach der Verwaltung überliessen, haben sie den allein correcten Weg eingeschlagen.

Während die Statuten von 1866 erstmals bestimmten, dass eine Herabsetzung des Zinsfusses für bereits bestehende Depositen erst vier Wochen nach erfolgter öffentlicher Bekanntmachung wirksam ist, enthalten die neuesten Statuten den weiteren Zusatz „die Deponenten können innerhalb der Kündigungsfrist die Rückzahlung der hinterlegten Gelder mit der Wirkung verlangen, dass ihnen bis zur Rückzahlung beziehungsweise bis zum Ablauf der Kündigungsfrist die Zinsen nach dem bisherigen Zinsfuss vergütet werden.“ Die neuesten Statuten fixiren also die Rechte der Deponenten im umfassenderem Masse, als alle früheren Statutenredactionen.

Was den Beginn der Verzinsung für die hinterlegten Gelder betrifft, so unterscheiden die Statuten von 1844 in folgender Weise: bei Kapitalien, welche in der Zeit vom 1.—10. eines Monats deponirt werden, beginnt die Verzinsung mit dem ersten Tag des darauf folgenden Monats, dagegen werden Depositen, welche nach dem 10. eines Monats verfallen, vom ersten Tag des darauf folgenden zweiten Monats an verzinst.

Die Statuten von 1847 lassen diese Unterscheidung fallen. Nach ihnen beginnt die Verzinsung eines jeden Depositums sowie jeder weiteren Zahlung ein Monat nach erfolgter Hinterlegung. Diese Bestimmung findet sich in allen folgenden Statutenredactionen bis einschliesslich derjenigen von 1870 und sie fehlt erst in den neuesten Statuten von 1874.

Nach den Statuten von 1844 sollten bei der Rückzahlung

eines deponirten Kapitals keine Zinsen vergütet werden für den Monat, in welchem die Rückzahlung erfolgt. Seit 1847 hört die Verzinsung erst mit dem Tage der Rückzahlung respective mit dem Zeitpunkt des Ablaufs des Kündigungstermins auf.

Nach den Statuten von 1844 findet eine Zinsenvergütung nicht statt, wenn ein deponirtes Kapital in den ersten drei Monaten zurückverlangt wird. Diese Bestimmung fehlt in den Statuten von 1847, in die Statuten von 1855 ist sie wieder aufgenommen und seitdem beibehalten worden; man hat indessen in den Statuten von 1874 den weiteren Zusatz gemacht, dass die Verwaltung ermächtigt ist „die bemerkte dreimonatliche auf eine kürzere Kündigungsfrist zu setzen."

Die Auszahlung der Zinsen geschah von jeher im Laufe des Monats Januar. Die in diesem Termin unerhobenen Zinsen werden dem Kapital zinstragend zugeschrieben. Stat. §. 79.

„Rückzahlungen geschehen auf Verlangen in der Regel alsbald gegen Quittung; stückweise sind vom Rechner auf dem Depositionsscheine zu bemerken; bei vollständiger ist letzterer zurückzugeben." Stat. 1874, §. 80. — In den älteren Statuten lautet die hierauf bezügliche Bestimmung: Die Rückzahlung geschieht auf vorherige Kündigung (§. 81) gegen Zurückgabe des Depositionsscheins und gegen Einlieferung einer ordnungsmässigen Bescheinigung. Die Deponenten können die Rückzahlung auch stückweise verlangen."

Die neuen Statuten enthalten in §. 80 a zunächst einen Zusatzparagraphen in Bezug auf verlorene oder beschädigte Depositionsscheine. Hiernach können die ersteren durch eine zweite Ausfertigung nur auf Vorlage einer von den Betheiligten auf ihre Kosten zu erwirkenden gerichtlichen Nichtigkeitserklärung ersetzt werden. Für beschädigte Depositionsscheine können, wenn sie nach Namen und Nummern als die Urschrift noch zu erkennen sind, ohne Weiteres Duplicate ausgefertigt werden.

Was die Kündigungstermine betrifft, so bestimmt der §. 81 der neuen Statuten: Die Anstalt ist berechtigt, für Rückzahlungen von Depositen von 200 Mk. oder mehr vorherige Kündigung zu verlangen und zwar für Beträge

1. von 200—2000 Mk. 8 Tage
2. von über 2000—10,000 Mk. 14 Tage
3. von über 10,000—20,000 Mk. 4 Wochen
4. von mehr als 20,000 Mk. 3 Monate.

In letzterem Falle können von einem und demselben Deponenten je innerhalb drei Monaten niemals mehr als 20,000 M. gekündigt werden, möge die Hinterlegung auch zu verschiedenen Zeiten und auf verschiedene Depositionsscheine erfolgt sein. (Zusatz, gemäss den Beschlüssen der Generalversammlung vom 29. September 1859).

Wenn indessen der Kasse parate Mittel zu Gebote stehen, so kann die Rückzahlung mit Zustimmung der Deponenten auch vor Ablauf des bestimmten Kündigungstermins geschehen. Die Rückzahlung erfolgt in landesüblichen Münzsorten, ohne Rücksicht auf die Geldsorten, in welchen die Hinterlegung geschah.

Die abweichenden Bestimmungen der älteren Statuten sind nicht von besonderer Erheblichkeit.

Gemäss Beschluss der Generalversammlung vom 22. September 1862 wurde als Zusatz zu den Statuten ausdrücklich erklärt, dass die Direction ermächtigt ist, wenn es besondere Umstände im Interesse der Anstalt wünschenswerth machen, die Annahme der zur Deposition angemeldeten Summe zu verweigern, oder über die besonderen Bedingungen der Annahme mit den Deponenten übereinzukommen. Die Rechtsverhältnisse des Deponenten und der Anstalt werden in diesem Falle durch Vertrag festgesetzt und die Bestimmungen der Statuten gelten nur insoweit, als sie nicht durch den Vertrag abgeändert sind. Stat. §. 82 Satz 1. Hierzu ist in den Statuten von 1870, 1874 der weitere Zusatz gekommen: dass eine Kündigung von Seiten der Anstalt die Zustimmung des Ausschusses erfordert, sowie dass die Verzinsung erst vier Wochen nach erfolgter Bekanntmachung aufhört. S. auch St. §. 78.

Das neueste Statut enthält auch eine Bestimmung über die Aufbewahrung von Werthgegenständen, unter Hinweis auf ein hierauf bezügliches besonderes Reglement.

Der Umfang der Depositenkasse in den einzelnen Jahren ihres Bestandes ist aus der Tabelle des Beilagenhefts ersichtlich.

Die Verwaltung der Depositen wird nicht nach kaufmännischen Principien durchgeführt. In Folge davon entstanden im Jahre 1870 erhebliche Verlegenheiten. „In Folge der Kriegsereignisse wurden viele Depositeneinlagen, deren Betrag die Einnahmen an solchen weit überschritt, von den Deponenten zurückverlangt und die Verwaltung der Anstalt war zur Erfüllung der diesfallsigen Verbindlichkeiten veranlasst, ausserordentliche Mittel herbeizuschaffen. Da Effecten wegen ihres gesunkenen Courses ohne bedeutende Verluste nicht verkauft und ausgeliehene Kapitalien in kurzer Zeit und unter schwierigen Geldverhältnissen nicht eingezogen werden konnten, so blieb nichts übrig, als zu Anlehen auf kürzere Zeit die Zuflucht zu nehmen. — Bericht der Anstalt für 1870. —

Die Depositengelder werden, wie bereits hervorgehoben, nach den Grundsätzen angelegt, welche für die Anlegung des Activvermögens aufgestellt sind. Die Anlage geschieht:

1. Durch Ausleihen an Private oder Corporationen gegen erste gerichtliche Verpfändung von Liegenschaften von doppeltem oder beinah doppeltem Werthe, ferner an Gemeinden, sowie an Gemeinde- und Staatsanstalten;

2. durch Ankauf von Kaufschillingen oder anderen Zielgeldern mit doppelter oder beinah doppelter Sicherheit vermöge Eigenthumsvorbehalt an Liegenschaften oder durch Verpfändung;

3. durch Ankauf von Staats-, Gemeinde- und anderen gleichgeachteten öffentlichen Inhaberpapieren, welche keinem allzu schwankenden Cours unterliegen;

4. durch Ausleihen gegen Verpfändung oder Abtretung von Forderungen der unter 1 und 2 bezeichneten Art, sowie von börsengängigen Werthpapieren von nicht allzu schwankendem Cours. Letztere sind jedoch höchstens bis zu $\frac{3}{4}$ des Courswerthes zu beleihen und unter der Bedingung des Rechts für die Anstalt, Rückzahlung binnen vier Wochen oder in kürzerer Zeit nach Kündigung zu verlangen, auch bei Nichteinhaltung dieser Frist die zur Sicherheit verpfändeten oder abgetretenen Papiere alsbald aussergerichtlich zu veräussern und aus dem Erlös, soweit möglich, sich zu befriedigen;

5. durch Ausleihen gegen Verpfändung und Hinterlegung solcher Lebensversicherungsurkunden, welche mindestens vier

Jahre in Kraft sind, gegen pfandweise Abtretung derselben und gegen angemessene Zinsvergütung. Die Grösse solcher Darlehen wird nach der Höhe der auf die Versicherung treffenden Reserve bemessen. Auf einseitige Ueberlebens- und kurze Versicherungen, sowie auf Leibrenten- und Pensionsversicherungen werden keine Darlehen bewilligt;

6. durch Ankauf oder Beleihung von Wechseln, welche nicht länger als drei Monate laufen und mit soliden Unterschriften versehen sind, jedoch nur bis zu einem von der Gesammtverwaltung zu bestimmenden Betrag. Darüber, ob und welchen Gemeinden oder Gemeindeanstalten Darlehen ohne Verpfändung von Liegenschaften zu geben, welche Gattungen von Werthpapieren anzukaufen, welche überhaupt und bis zu welcher Höhe des Courswerthes gegen Verpfändung oder Abtretung zu beleihen sind, entscheidet die Verwaltung.

Die in pos. 5 und 6 genannte Art der Anlage des Activvermögens ist erstmals in die Statuten von 1874 aufgenommen. Sie fehlt noch in den Statuten von 1870, welche ihrerseits wiederum erheblich von den älteren Statuten abweichen. In dem Statut von 1844 ist ausser den Hypotheken an Private, Corporationen und Gemeinden als regelmässige Art der Anlage der Kauf inländischer zinstragender Staatspapiere und anderer, ihnen gleichgeachteter, inländischer öffentlicher Papiere genannt. In Ermanglung dieser Gelegenheiten ist in dritter Reihe die Lombardirung von Staatspapieren oder anderen sicheren Effecten mit nicht sehr schwankendem Cours bis zu 90 % des durchschnittlichen Courswerthes zugelassen. Ausnahmsweise und vorübergehend ist in vierter Reihe auch der Kauf solcher ausländischer Staatspapiere und Effecten gestattet, welche einen wenig schwankenden Cours haben, „oder sonstige unter vorstehenden Kategorieen nicht mitbegriffene Darlehens- und Geldgeschäfte, welche sich durch vorzügliche Sicherheit empfehlen.“ Diese Bestimmungen wurden in allen Statutenredactionen bis zum Jahre 1870 beibehalten. Erst durch die Statuten von 1870 ist mit der oben hervorgehobenen Beschränkung der heutige Modus der Anlage für das Activvermögen der Anstalt hergestellt worden.

In den Geschäftsberichten findet sich bis zum Jahre 1863 keine klare Uebersicht über die Vertheilung der Anlagen des

Activvermögens. Wir ersehen aber, dass insbesondere die Anlage in Hypotheken stattfand und dass die Annuitätendarlehen seitens der Verwaltung begünstigt wurden. In der Form von Annuitäten wurden ausser den Hypothekendarlehen auch die Lombarddarlehen bewilligt.

### §. 31. Die Bank für Handel und Industrie. Gründung der Bank für Süddeutschland.

Während in Hessen für die Organisation des Real- und landwirthschaftlichen Personalcredits (mit Einschluss des sogenannten Meliorationscredits), sowie für das Depositenwesen zwar bemerkenswerthe Ansätze, aber eine noch nicht zum Abschluss gekommene Entwicklung uns entgegentreten, bietet sich für die Förderung von Handel und Industrie verhältnissmässig früh und vor Allem erheblich früher als in Württemberg und Baden ein kräftiger Mittelpunkt in der Bank für Handel und Industrie und der Bank für Süddeutschland.

Schon im Jahre 1846 war der Gedanke der Errichtung einer Bank für Süddeutschland in der Handelswelt aufgetaucht und es wurden auch bei der Regierung Schritte gethan. Dem damaligen Vertreter des Gesuches, Moritz v. Haber, wurde die vorläufige Zusicherung unter näher zu vereinbarenden Bestimmungen für den Fall ertheilt, dass sich eine Anzahl renommirter, namentlich deutscher Banquiers mit an die Spitze der Unternehmung stellen würde. Das Jahr 1848 trat dazwischen. Im Jahre 1853 wurden die Verhandlungen wieder aufgenommen. Haber trat im Verein mit Bankhäusern in Köln, Frankfurt a. M. mit dem Gesuch um Concessionirung zweier Banken an die Regierung heran. Die eine Bank sollte für das gewöhnliche Geld- Wechsel- Anlagen- Actiengeschäft und für Unternehmungen ohne das Recht der Notenausgabe ins Leben treten, die andere mit engerem Wirkungskreis, jedoch mit dem Recht der Notenausgabe thätig sein. — S. Verhandl. der 2. Kammer 1857—1859 Beil. III, Nr. 184 zum Protok. vom 4. Juli 1857: Bericht des 4. Ausschusses über die Anträge Wernher.

Am 2. April 1853 wurde der Bank für Handel und Industrie die landesherrliche Concession ertheilt. Die Concession zur Errichtung einer Zettelbank glaubte die Regierung von der Ausführung eines grossen Unternehmens zum Vortheil des Landes abhängig machen zu müssen: von der Bedingung, dass unter Vermittluug der Gründer eine Actiengesellschaft für Erbauung einer Eisenbahn von Aschaffenburg über Darmstadt an den Rhein gebildet und der Bau dieser Bahn auf das Vollständigste gesichert sein werde. Die völlige Sicherung des Unternehmens war mit Zeitverlust verbunden. Sie erfolgte gegen Ende des Jahres 1855, indem unter angemessener Subvention und Gewährleistung der beiden Banken die hessische Ludwigseisenbahn-Baugesellschaft die Erbauung der Eisenbahn von Aschaffenburg über Darmstadt nach Mainz und weiter nach Bingen übernahm. Dann erst wurden nach sorgfältiger Revision die Statuten der Bank für Süddeutschland genehmigt. Landesh. V. O. vom 5. Nov. 1855 und die Bekanntm. des Minister. des Innern vom 31. Jan. 1856, die Errichtung einer Zettelbank zu Darmstadt, unter der Benennung „Bank für Süddeutschland" betr. — S. auch Verhandl. der 2. Kammer l. c., ferner Frankfurter Actionär, Jahrgang 1855 Nr. 86 vom 19. Aug., Nr. 91 vom 23. Sept., Extrabeil. vom 7. Okt., Nr. 93.

Die Statuten der Bank für Handel und Industrie waren auf Grund der Statuten des crédit mobilier in Paris ausgearbeitet. Sie haben im Laufe der Zeit mannigfache Veränderungen erfahren müssen. Die erste umfassende Statutenänderung hat am 31. Mai 1860 stattgefunden. Vor Allem wurde der Wirkungskreis der Bank schärfer als seither durch eine neue Fassung des §. 10 der Statuten festgestellt. Die Thätigkeit der Bank wurde auf den Betrieb des Bankgeschäfts beschränkt, alle nicht im Bereich eines Bankgeschäfts liegenden Operationen, namentlich das Immobiliar- und Hypothekengeschäft, sollten ausgeschlossen bleiben. Durch eine veränderte Fassung des §. 16 wurden die Befugnisse der Bankverwaltung gegenüber der Direction schärfer präcisirt, der Direction selbst eine grössere Selbständigkeit namentlich für die Organisation von Bankfilialen, Agenturen und Commanditen gewährt. Stat. §. 30. Unter den mannigfachen anderen Bestimmungen sei die des §. 40 erwähnt, worin unter Abs. 2 in Bezug auf den Reservefond festgesetzt wurde, dass von dem 4 % des eingezahlten Actienkapitals übersteigenden Reingewinn jährlich 25 %

zur Bildung eines Reservefonds so lange in Abzug zu bringen seien, bis dieser $\frac{1}{10}$ des Actienkapitals betrage.

Eingreifende Statutenänderungen sind dann erst wieder am 6. Mai 1872 beschlossen worden: sie bezogen sich auf eine neue Präcisirung des Wirkungskreises der Bank, Stat. §. 10, sowie insbesondere auch unter Abänderung des §. 40 auf die Bildung des Reservefonds, indem bestimmt wurde: wenn der Reservefond $\frac{1}{10}$ des Actienkapitals betragen und der Reingewinn gestatten würde, an die Actionäre einschliesslich der Zinsen eine höhere Dividende als 10 % des Actienkapitals zu vertheilen, so können die diesen Satz übersteigenden Beträge bis zur Hälfte dem Reservefond überwiesen werden, insoweit die zur Vertheilung kommende Dividende nicht 15 % erreicht. Wenn 15 % Dividende zur Vertheilung kommen, so können die nach Deckung derselben verbleibenden Gewinnüberschüsse ganz dem Reservefond überwiesen werden.

Es wurde ferner unter Abänderung des §. 43 der Statuten folgender Beschluss gefasst: Der Reservefond ist zunächst bestimmt zur Deckung von Verlusten und zur Ergänzung der Actienzinsen bis 4 %. Soweit der Reservefond jedoch den Betrag von 10 % des eingezahlten Actienkapitals übersteigt, soll derselbe zur Ergänzung der Dividende bis zu 10 % einschliesslich der Zinsen verwendet werden, mit der Massgabe, dass in einem Jahre nie mehr als 4 % des eingezahlten Actienkapitals zu diesem Behuf aus dem Reservefond entnommen werden können. Wenn der Reservefond unter 10 % des eingezahlten Actienkapitals herabgesunken ist, fällt jede Dividende über die 4 % Zinsen hinaus so lange weg, bis der Reservefond wieder die Höhe von 10 % erreicht hat.

Der Wortlaut des §. 40 hat zur Folge gehabt, dass in den nächsten Jahren eine Dividende über 15 % nicht zur Vertheilung gelangte. Er hat wesentlich zur Stärkung des Reservefonds der Bank beigetragen. Der Wortlaut des §. 43 veranlasste dagegen, dass aus den angesammelten Reserven bereits für das Jahr 1873 die Summe von fl. 1,297450 entnommen werden musste. Da nämlich im Jahre 1873 nur ein Gewinn von etwas über 7 % erzielt wurde, musste zur Ergänzung der Dividende auf die statutenmässigen 10 % dem Reservefond die bezeichnete Summe entzogen werden. Als nun im Jahre 1874 ein Reingewinn von nur 6 % auf das Actienkapital erzielt wurde und abermals nach §. 43 durch Heranziehung von 4 % aus der Extrareserve die Dividende auf 10 % zu ergänzen war, beschloss man in der Generalversammlung, den Wortlaut des §. 43 dahin zu ändern, dass der Reservefond, sofern derselbe den Betrag von 10 % des eingezahlten Actienkapitals übersteige, zur Ergänzung der Dividende bis zu 8 % einschliesslich der Dividende Verwendung finden solle, mit der Massgabe, dass in einem Jahre nie mehr als 2 % des eingezahlten Actienkapitals zu diesem Behuf aus dem Reservefond zu entnehmen seien. Da der Reservefond unter 10 % des eingezahlten Actienkapitals herabgesunken sei, falle jede Dividende über die 4 % Zinsen hinaus so lange weg, bis der Reservefond wieder die Höhe von 10 % erreicht habe. Auch dieser Beschluss musste wieder aufgehoben werden. In der Generalversammlung vom Jahre 1875 wurde festgestellt, dass ein Reservefond, welcher den Betrag von 10 % des eingezahlten Actienkapitals übersteigt, zur Ergänzung der Dividende bis zu 6 % einschliesslich der Zinsen verwendet werde. Wenn der Reservefond unter 10 % des eingezahlten Actienkapitals herabgesunken sei, solle jede Dividende über die 4 % Zinsen hinaus solange wegfallen, bis der Reservefond wieder die Höhe von 10 % erreicht habe.

Wir begnügen uns mit dieser Uebersicht über einige der wesentlichsten statutarischen Aenderungen, welche im Lauf der Zeit bei der Bank für Handel und Industrie stattfanden. Die Concessionirung der beiden Banken führte zu lebhaften Erörterungen in der 2. Kammer.

Am 23. December 1856 stellt Wernher einen Antrag in Betreff „der Ertheilung einer Concession zur Errichtung der sich so nennenden Bank für Handel und Industrie, ohne Beirath der Stände, sowie der Concessionirung der damit in Verbindung stehenden Zettelbank.“ Der Antrag lautete dahin, die Kammer wolle in einen Ausschuss die eingehende Untersuchung folgender Fragen verweisen:

I. Ob durch Ertheilung einer Concession zur Errichtung der sich so nennenden Bank für Handel und Industrie ohne vorher vernommenen Beirath der Stände, sowie durch die Concessionirung einer damit verbundenen Zettelbank ebenfalls ohne vorher vernommenen Beirath der Stände, nicht das verfassungsmässige Recht der Stände gekränkt worden sei?

II. Ob, abgesehen von dem Recht der Stände durch diese Concessionen, wie sie ertheilt sind, nicht wichtige Interessen der Ehre und des Vermögens für Staat und Staatsangehörige gefährdet sind?

III. Der Ausschuss wäre insbesondere anzuweisen, durch bestimmte Anfragen bei der Grossherzoglichen Regierung bei der Untersuchung der ihm aufgegebenen Fragen wichtige Punkte aufzuhellen, worüber die beiden V. O. vom 2. April 1853 und 5. November 1855 nicht vollständig klar sind.

IV. Nach dem Ergebniss seiner Untersuchungen erwartet die Kammer vom Ausschuss Vorschläge zur Wahrung der Rechte der Stände für die Gegenwart und für die Zukunft und zur weiteren Sicherung der Interessen des Staates und der Staatsangehörigen.

Der Antrag wurde an den Ausschuss verwiesen. S. Verhandl. der 2. Kammer vom 23. Dec. 1856, Protok. 5, S. 8, Bd. I und 1. Beilagenbd. Beil. 24.

Hierzu kam am 6. Januar 1857 ein Supplementarantrag, die Emission von Papiergeld unter dem Titel „Noten der Bank für Süddeutschland“ betr.[1]): die Kammer möge erklären: dass durch die Emission von Papiergeld unter dem Titel „Noten der Bank für Süddeutschland“ ohne vorher erlangte Einwilligung der Stände die verfassungsmässigen Rechte der Stände gekränkt seien, die emittirten und zu emittirenden Banknoten daher insolange einer rechtlichen Existenz im Grossherzogthum entbehren, als eine nachtägliche Einwilligung der Stände nicht erlangt werde.

Ein zweiter Supplementar-Antrag verlässt die zuwartende Stellung, welche durch den ersten eingenommen war, um definitiv Position zu nehmen, weil die Regierung in der Zwischenzeit um Bewilligung eines Anlehens von einer Million Gulden zu $4\frac{1}{2}\,\%$ eingekommen war, welche man vielleicht in Schatzkammerscheinen hätte aufbringen können, während nunmehr eine Notenemission der Bank im Gesammtbetrag von vierzig bis achtzig Millionen in Aussicht stand.

---

1) Protok. 7, S. 3, Beil. Nr. 37.

Der Bericht über die Anträge Wernher wurde nach einer darauf bezüglichen Interpellation vom 18. Mai 1857 erstattet. (Verhandl. 1857—1859, Protok. 12 vom 18. Mai, S. 9, Bd. 1 und Beil. III, Nr. 184 zum Protok. vom 4. Juli 1857). Der Ausschuss beantragte die Ablehnung des ersten Antrags, „sowie er gestellt war" und definitiv die Ablehnung des zweiten Antrags.

In Rücksicht auf diese Anträge des Ausschusses stellte nun Wernher am 24. Juli 1857 — Verhandl. der 2. Kammer, Bd. 2, S. 13 fgde. — nach ausführlicher Begründung folgende neue Anträge:

1. Die Grossherzogliche Regierung sei zu ersuchen, die Wiederausgabe der schon einmal ausgegebenen, an die Bank für Süddeutschland zurückgekehrten Zettel sowie die Emission neuer Bankzettel solange zu sistiren, bis eine Vereinbarung der Zollvereinsstaaten in diese Verwirrung Ordnung gebracht habe;

2. das Resultat dieser Vereinbarung als eine wichtige, die Finanzen des Landes direct betreffende Angelegenheit den Kammern zur Prüfung respective Billigung vorzulegen.

3. Ohne Einwilligung der Kammern darf künftig weder von der Landesregierung noch Privatpersonen, Körperschaften oder Genossenschaften Noten, Papiergeld, gleichgiltig unter welchen besonderen Benennungen, ausgegeben, beziehungsweise in den öffentlichen Kassen als Zahlung angenommen werden.

Diese neuen Anträge wurden nach eingehender Discussion wiederum in den vierten Ausschuss verwiesen, welcher am 9. Februar 1858 seinen Bericht erstattete. Verhandl. der 2. Kammer vom 23. Nov. 1857, vom 9. Febr. 1858, Beil. Nr. 299 im Beilagenb. 5. Der Ausschuss sprach sich für die Ablehnung der Anträge aus und diesem Antrag wurde nach lebhafter Debatte am 13. März 1858 Folge gegeben.

Inzwischen war die Bank für Handel und Industrie bereits zu einem einflussreichen Institut gediehen. Vor Allem waren die geschäftlichen Beziehungen erstarkt und vermehrt worden.

Die ursprüngliche Absicht der Bankverwaltung, Zweigniederlassungen in den bedeutenderen Europäischen Handelsplätzen herzustellen, scheiterte allerdings an dem Widerstand der Staatsregierungen, da dieselben wünschten, dass selbständige einheimische Institute entstehen möchten. Die Bank nahm daher in der Form der commanditären Betheiligung an bestehenden oder neugegründeten Bankgeschäften ihre Interessen an den grossen Handelsplätzen wahr. Ihre Betheiligung wurde später auch in die Form der stillen Gesellschaft hier und da eingekleidet. Mit dem Jahre 1864 gelang es der Bank, für Frankfurt a. M. die Genehmigung zur Errichtung einer Filiale zu erhalten. Seit dem 1. Oktober 1871 ist eine Zweigniederlassung auch in Berlin thätig.

Mit dem Jahre 1871 betrat die Bank zur Herstellung dauernder Geschäftsbeziehungen noch einen anderen Weg „der vielleicht geeignet sein kann, das System der Commanditen in Zukunft zu ersetzen," Geschäftsber. für 1871, S. 13, indem sie zunächst in Amsterdam im Verein mit befreundeten Bankinstituten und Bankhäusern ein neues Banketablissement auf Actien, die Amsterdamer Bank, gründete; den dauernden Einfluss auf dieses Institut suchte sie sich durch einen grösseren Actienbesitz zu erhalten. In derselben Weise ist die Bank bei der Süddeutschen Bodencreditbank in München und der Süddeutschen Immobiliengesellschaft in Mainz betheiligt. Die Direction bemerkt hierüber in dem Geschäftsbericht für 1871 S. 12, 13: „Beide Formen (die der commanditären und die der Actienbetheiligung) bieten die Möglichkeit, die Zwecke der Bank an auswärtigen Stellen unter beschränkter Haftbarkeit zu fördern und zu erreichen. Die Commandite hat die Schattenseite, dass das Etablissement nicht allein in seinen Erfolgen, wie selbstverständlich, sondern auch in einem gewissen Sinne in seiner Existenz an die Person des Leiters gebunden ist. Die Actiengesellschaft dagegen bietet die Schwierigkeit, mit voller Sicherheit den Einfluss der Bank, den wir für ein gedeihliches Zusammenwirken für nöthig erachten, zu bewahren."

Nach dem Geschäftsbericht für 1875 hatte die Bank 14 Commanditen, nämlich in Berlin, Brüssel, Kassel, Dresden, Halle, Hamburg, Heilbronn, Mailand, Mainz, München, New-York, Paris, Stuttgart und Wien. Die Commanditkapitalien betrugen Ende 1875: M. 13,028,753.

Abgesehen von den directen Gewinnen, welche die Bank aus den commanditarischen Betheiligungen zieht, geben die

Commanditen in den Betrieb der speciellen Geschäftszweige, namentlich bei Negociirung der Finanzoperationen und Wiederbegebung der in denselben übernommenen Titres der Bank eine wesentliche und kräftige Stütze.

Schon in den ersten Jahren hat sich die Bank mit scharfem Blick das Operationsgebiet gewählt, auf welchem sie bis in die neueste Zeit eine achtungswerthe Stellung behauptet hat. Bei zahlreichen Operationen des deutschen und österreichischen Staatscredits, bei der Negociirung deutscher, österreichischer, italienischer und russischer Eisenbahnanlehen, auch bei der Gründung deutscher transatlantischer Schifffahrtslinien war die Bank betheiligt, für viele dieser Unternehmungen übernahm sie die Führung des Consortiums.

Sie betrat im Jahre 1854 das Feld der grossen Finanzoperationen durch die Uebernahme der badischen $4\frac{1}{2}$ %igen Staatsanleihe und erzielte eine Betheiligung bei der Emission der österreichischen Staatsbahnactien. Sie betheiligte sich im Jahre 1855 bei der Emission der Actien der Elisabethbahn und wirkte bei der Gründung der Theissbahn mit. Es gelang ihr im Jahre 1856 die Finanziirung des Eisenbahnunternehmens von Bingen über Mainz nach Aschaffenburg und sie betheiligte sich bei der Erweiterung des Unternehmens der Rheinischen Eisenbahn von Nymwegen bis Bingen. Im Jahre 1858 betheiligte sich die Bank bei der Uebernahme einer Schwedischen und einer Bremer Staatsanleihe sowie bei dem neuen Lotterieanlehen der österreichischen Creditanstalt. Sie befand sich im Jahre 1860 im Consortium für die Begebung einer neuen Schwedischen Anleihe, für die Uebernahme der garantirten Prioritätsanleihe der Rhein-Nahebahn, für die neuen Obligationen des Württembergischen Creditvereins.

Auch im Jahre 1861 participirte die Bank bei verschiedenen Anlehen und Operationen und zwar theils in Form von Consortien, theils in Conto-Meta-Geschäften; bei der Schwedischen Hypothekaranleihe und bei der Lotterieanleihe des Cantons Freiburg war die Bank durch die Uebernahme eines Antheils interessirt, sie vermittelte den Verkauf von sehr bedeutenden Summen Actien und Prioritäten der Hessischen Ludwigsbahn und betheiligte sich bei der Placirung von Cöln-Mindner Obligationen, sie übernahm einen ansehnlichen Theil der Emission Lit. C von Obligationen der Livorneser Eisenbahn mit einem Consortium.

Im Jahre 1862 übernahm die Bank die im Besitz der Hessischen Regierung befindlichen 1,200,000 fl. Ludwigsbahnprioritäten von 1860, eine 4 %ige Anleihe der Stadt Worms; in Gemeinschaft mit Italienischen, Belgischen und Deutschen Bankhäusern placirte sie die zur Emission gekommenen 100,000 Obligationen Serie D und restliche 20,000 Obligationen der Serie C von der Livorneser Eisenbahnanleihe. Mit Frankfurter, Cölner, Hamburger und anderen Bankhäusern übernahm sie eine Consortialbetheiligung bei der österreichischen 1860er Loose-Anleihe, und betheiligte sich innerhalb eines Frankfurter Consortiums bei einer zweiten schwedischen Hypothekaranleihe, bei einer Anleihe des crédit communal Belge. Die Bank betheiligte sich auch an der Convertirung der 4½ %igen thüringischen Eisenbahnprioritäten.

Im Jahre 1863 übernahm die Bank im Verein mit Firmen ersten Ranges eine garantirte 5 %ige Prioritätsanleihe der Moskau-Rjäsen Eisenbahngesellschaft von 5 Millionen Rubel, ferner 6 Millionen Gulden Grundentlastungen des Temeser Banats, eine 4 %ige Prioritätsanleihe der Hessischen Ludwigseisenbahngesellschaft im Betrage von c. 3 Millionen Gulden, 6 Millionen Gulden ö. W. steuerfreier Silberprioritäten der Galizischen Carl Ludwigsbahn. Hierzu kamen noch Consortialbetheiligungen bei anderen erheblichen Finanzoperationen.

Das bedeutendste Geschäft, woran die Bank im Jahre 1864 sich betheiligte, war die Emission der 1864er österreichischer Staatsloose. Gemeinschaftlich mit der österreichischen Creditanstalt in Wien übernahm sie ferner für ein Consortium die vom Oesterreichischen Staatsministerium contrahirte Lotterie-Anleihe der Rudolphstiftung in Wien im Nominalbetrag von 2 Millionen Gulden, von der Galizischen Ludwigsbahn übernahm sie, nachdem die frühere Quote von 6 Millionen Gulden steuerfreier Silberprioritäten dieser Bahn ihren Absatz gefunden hatte, weitere 5 Millionen Gulden dieser Prioritäten.

Das Jahr 1865 bot zu neuen grossen Finanzunternehmungen keine Gelegenheit.

Im Jahre 1866 participirte die Bank mit mässigen Beträgen bei der Emission der Bonds der Oesterreichischen Südbahngesellschaft, bei der Baierischen, Württembergischen und Sächsischen Staatsanleihe, bei der Uebernahme aus erster Hand von Magdeburg-Leipziger Actien Lit. B, Hessischen Ludwigsbahnactien, Altona-Kieler Actien, von Prioritäten der Oberschlesischen und der Süd-Norddeutschen Verbindungsbahn (Reichenberg-Pardubitz). Die Ausdehnung der Bankbetheiligungen bei grösseren Unternehmungen à conto meta und im Consortium war im Jahr 1867 eine namhafte. Sie übernahm im Consortium die Actien und Prioritäten der Eisenbahnlinie Fünfkirchen-Bares gegen die Verpflichtung, die Bahn nach den Vorschriften der Concessionsurkunde zu erbauen und auszurüsten, sie participirte an den von der Oesterreichischen Creditanstalt patronisirten Emissionen in Effecten der grossen Oesterreichischen Bahnen: der Siebenbürger Bahn und Franz-Josephsbahn und betheiligte sich bei der Uebernahme der Magdeburg-Halberstädter Stammprioritätsactien. Ebenso nahm sie zu Primitiv-Bedingungen Antheil an den garantirten Anlehen der Russischen Bahngesellschaften Kozlov-Woronesch und Poti-Tiflis.

Das Jahr 1868 war reich an neuen Unternehmungen und Emissionen, insbesondere gaben die in Deutschland, Oesterreich und Russland schwunghaft betriebenen Eisenbahnbauten zu vielen gewinnbringenden Emissionen Anlass. Die Bank nahm an der lebhaften Bewegung auf dem Effectenmarkt Antheil, wobei sie sich jedoch auf Staatsanlehen und Eisenbahnpapiere beschränkte und der Gründung von neuen Bankinstituten und industriellen Etablissements fernblieb. Sie übernahm im Wege öffentlicher Submission das Hessische 5 %ige Anlehen von einer Million Gulden, als Vertreter eines grösseren Consortiums schloss sie ein bedeutendes Anlehen zu Eisenbahnzwecken mit der Braunschweigischen Regierung ab, nämlich 10 Millionen Thaler Nominal in unverzinslichen Prämienantheilen à Thlr. 20 und Thlr. 1,287,000 in 3½ %igen Obligationen. Sie nahm ferner Betheiligung bei der Preussischen 4½ %igen Anleihe von 1868 und bei der Hamburger 4½ %igen Anleihe. — Unter Zuziehung befreundeter Bankhäuser placirte sie für die Hessische Ludwigseisenbahngesellschaft eine Million Thaler neuer Actien für die Riedbahn und vier Millionen Thaler garantirter 5 %iger Obligationen, ferner die Actien Lit. B der Rheinischen Eisenbahn für den Bau der Eifelbahn im Betrag von fünf Millionen Thaler etc. — Bei den Emissionen russischer garantirter 5 %iger Eisenbahnobligationen, welche im Jahre 1868 auf dem deutschen Markt stattgefunden haben, wurde die Bank der Mehrzahl nach durch die Emissionshäuser interessirt. — Sie betheiligte sich an Oesterreichischen Eisenbahnunternehmungen, indem sie in das unter Führung der Oesterreichischen Creditanstalt zu Stande gekommene grosse Unternehmen der Alföldbahn als Mitconcessionär eintrat, sie erhielt mit einem Consortium von der Ungarischen Regierung die Concession für die Bahnlinie von Arad nach Temesvar, sie wurde bei der Emission der Actien und Obligationen der Oesterreichischen Nordwestbahn betheiligt. Die Bank betheiligte sich an dem Bau und an einem Theil der Effecten der Neumarkt-Ried-Braunauer Eisenbahn.

Die Bewegung auf dem Gebiet der grossen Operationen dauerte im Jahre 1869 fort. Die Summe der von der Bank für solche Geschäfte geleisteten Einzahlungen betrug am Ende des Jahres 1869 fl. 7,807,945. 31 kr. worunter für eigene Rechnung fl. 2,617,044. 42 kr. Im Geschäftsbericht für das Jahr 1869 muss bereits darauf verzichtet werden, alle einzelnen Consortial- und Meta-Geschäfte aufzuzählen, an denen die Bank sich betheiligte. Der Geschäftsbericht beschränkte sich darauf diejenigen zu erwähnen, welche die Bank im eigenen Namen abschloss, sowie die bedeutenderen Operationen namhaft zu machen, an welchen sie sich mit anderen betheiligte. — Es gehören hierher eine 5 %ige Prioritätsanleihe der Berlin-Potsdam-Magdeburger Eisenbahngesellschaft im Betrag von 7 Millionen Thaler, eine von der Thüringer Eisenbahngesellschaft bewerkstelligte Emission von 4½ %igen garantirten Thüringer Actien Lit. C, zum Bau der Bahnstrecke Gera-Eichicht bestimmt, im Belauf von 4 Millionen Thaler. Der Bank wurde von der Hessischen Ludwigsbahn die Placirung ihrer neuen Emission von 2 Millionen Thaler 5 %iger Prioritäten übertragen. — Von der Emission der 5 %igen

Prioritätsobligationen der Oberschlesischen Eisenbahngesellschaft im Betrag von 13,395,000 Thaler, welche für den Bau der Bahnstrecke Breslau-Mittelwalde und Cosel-Frankenstein bestimmt waren, übernahm die Bank nahezu den vierten Theil. Sie betheiligte sich an einem Consortium, welches von der Köln-Mindener Eisenbahngesellschaft die von den Actionären seiner Zeit nicht begebenen 9,068,200 Thaler Nominal, 5 %iger Actien Lit. B übernahm.

Unter den zahlreichen grossen Finanzoperationen, welche in den Geschäftsberichten für 1869 und 1870 noch genannt sind, heben wir als eines der bekanntesten das Braunschweigische Eisenbahn-Verkaufsgeschäft hervor, welches im Jahre 1870 perfect wurde. Die gesammten Eisenbahnen wurden um den Preis von 11 Millionen Thaler nebst einer Jahresrente von 875000 Thaler auf 64 Jahre von der Bank als Repräsentantin eines Consortiums angekauft und von ihr wieder zum Zwecke des Betriebs und der Erweiterung der Bahn einer neu gebildeten Gesellschaft übertragen.

Im Jahre 1871 trat zur Mitwirkung bei der Placirung von Staats- und Eisenbahnanlehen auch die Mitgründung neuer Banken und Erwerbsgesellschaften, nämlich der Süddeutschen Bodencreditbank in München und der Süddeutschen Immobiliengesellschaft in Mainz, der Immobiliengesellschaft Blumenthal & Cie. in Darmstadt und der Amsterdamer Bank. Auch an der Uebernahme amerikanischer Eisenbahnbonds nahm die Bank mit grosser Auswahl Antheil.

Wir müssten einen umfangreichen Theil der Geschäftsberichte aus den letzten Jahren reproduciren, wollten wir alle grösseren Unternehmungen nennen, bei welchen die Bank seit 1871 vielfach in hervorragender Weise betheiligt gewesen ist.

Aus dem Obigen ergibt sich zur Genüge, dass die Bank für Handel und Industrie an der Lösung grosser volkswirthschaftlicher Aufgaben der letzten Jahrzehnte eifrig mitarbeitete, dass sie insbesondere um die Ausbildung des Europäischen Staatscredits in seinen verschiedensten Formen und um die Durchführung der grossen Eisenbahnbauten sich verdient gemacht hat.

Durch ihre grossen Finanzoperationen hat die Bank einen

Einfluss auf die speculativen und auf die dauernden Anlagen der süddeutschen Kapitalisten geübt.

Die Gewinne der Bank an gemeinschaftlichen Geschäften (Meta- und Consortialgeschäften) ergeben sich aus der nachfolgenden Uebersicht für die Jahre 1862—1875.

Gewinn aus gemeinschaftlichen Geschäften (Conti à meta und Consortien).

| | | | |
|---|---|---|---|
| 1862 : | fl. | 76,195.11 | |
| 1863 : | | 138,545.43 | (incl. Provis. und jouissance bei grösseren Geschäften) |
| 1864 : | | 110,103.28 | |
| 1865 : | | 113,804.11 | |
| 1866 : | | 89,329.51 | |
| 1867 : | | 324,565.56 | |
| 1868 : | | 512,701.33 | |
| 1869 : | | 331,042.01 | |
| 1870 : | | 516,907.29 | |
| 1871 : | | 1,366,411.04 | |
| 1872 : | | 1,403.773.48 | |
| 1873 : | | 628,571.35 | |
| 1874 : | M. | 570,227.13 | |
| 1875 : | | 354,039.10 | |

Die Bank für Handel und Industrie hatte, abgesehen von der Mitwirkung zur Ausbildung des Europäischen Staatscredits sowie zur Herstellung der grossen Transportanstalten zu Wasser und zu Land, noch manche andere Ziele sich gesetzt. Die Bank war in der Absicht gegründet worden, dem Handel und der Industrie nicht nur den bankmässigen Contocorrentcredit zu gewähren, sondern auch die Anlage insbesondere industrieller Unternehmungen, mit Einsicht und Zuverlässigkeit zu leiten und durch Rath und Mitwirkung solche industrielle Schöpfungen ins Leben zu rufen, welche wirklichen und anerkannten Bedürfnissen entsprechend, bei guter Leitung eine angemessene Rentabiliät verbürgen. Geschäftsbericht für 1853, S. 5. Die Bank ist „berufen, durch eigene Betheiligung und durch Anlage fremder Fonds solide und grosse Unternehmungen zu fördern und nach Kräften durch die auf einem hohen Standpunkt sich darbietende klare Einsicht in die Gesammtlage der deutschen Industrie dazu mitzuwirken, dass Unternehmungsgeist und Kapital in die richtigen, dem Bedürfniss des Augenblickes entsprechenden Bahnen geleitet werden. Ihre Organe im Inland und Ausland sollen den Export und Import und die tausendfachen anderen Beziehungen der deutschen Industrie zum Geldmarkt vermitteln. Sie hat das Recht und die Aufgabe, das Kapital, welches bei dem einen industriellen Unternehmen zeitweilig disponibel, dem anderen, welches solches in gleichem Augenblick bedarf, zuzuführen und durch diesen steten Austausch die industrielle Thätigkeit zu beleben und zu steigern." Geschäftsbericht für 1853, S. 7. Die Bank suchte sich mit einem wissenschaftlich technischen Beirath zu umgeben, der die Aufgabe hätte die Hauptgebiete industrieller und commercieller Thätigkeit, wo sie noch nicht in Angriff genommen sind oder gemeinsamer Hilfe bedürfen zu prüfen und nach erfundener Probe die neuen Werke als wirkende Kräfte ins Leben zu rufen. Wo wir unbenutzte Kapitalien der Erde und der Menschen auf diese Weise in Thätigkeit setzen und die durch Vereinigung gestärkte Masse durch die möglichst besten Geisteskräfte verwalten lassen, so setzen wir mit dem so gehandhabten Banksystem nur ein Gesetz richtiger Wirthschaft in Vollzug, was dereinst die deutsche Hansa so gross und mächtig gemacht hat: das ist eben die Vereinigung der Mittel und Menschen und diese Naturbande soll für unsere Zeit und ihre Bedürfnisse in unserem Banksystem seinen Ausdruck finden. Geschäftsbericht für 1855, S. 2, s. auch S. 6.

Die Höhe der Betheiligung bei industriellen Unternehmungen ergibt sich aus den Bilanzposten „Actien- und Kapitalbetheiligungen bei industriellen Unternehmungen," welche aus der im Beilagenheft befindlichen Tabelle ersichtlich sind.

Die finanziellen Ergebnisse dieser Betheiligungen sind aus den Gewinn- und Verlustconti ersichtlich. Da den Geschäftsberichten der Bank die Gewinn- und Verlustconti erst seit dem Jahre 1859 beigegeben sind, so beschränken wir uns auf einen Auszug vom Jahre 1859 an. Hiernach war das Gesammterträgniss aus industriellen Actien M. 1,340,514.92, während die Verluste sich auf M. 1,627,020.07 beziffern [1]).

Den Actionären der Bank ist hiernach aus der Actien- und Kapitalbetheiligung bei industriellen Unternehmungen kein Gewinn entstanden, aber auch der allgemein volkswirthschaftliche Nutzen dieser directen Betheiligung bei industriellen Unternehmungen kann nach den Geschäftsberichten nicht hoch veranschlagt werden. Er steht in keinem Verhältniss zu dem Aufwand an Zeit, an mühevoller Arbeit und zu dem übernommenen Risico.

Damit in Einklang sind die Bemerkungen, welche seitens der Bankverwaltung in dem Geschäftsbericht für 1862, S. 23 bei einem Rückblick auf die zehnjährige Thätigkeit der Bank und einer Vergleichung mit den Erfolgen des crédit mobilier in Paris gemacht worden sind: „die deutsche Gründlichkeit und Bedächtigkeit gestattet in allen Zweigen der commerciellen

---

1) In dieser Summe ist der Verlust des Jahres 1861 nicht mitinbegriffen. Derselbe betrug nach Abzug der Gewinne fl. 110,522. 34 Kr. Auf dem Gewinn- und Verlustconto des Jahres 1861 sind die Gewinn- und Verlustziffern nicht getrennt angeführt. Die im Text enthaltene Summe ergibt sich aus folgenden Positionen:

| Verlust an industriellen Actien. | | Gewinn an industriellen Actien. | |
|---|---|---|---|
| 1859 : | fl. 88,666.48 | | |
| 1860 : | „ 238,429.1 | | |
| 1861 : | S. den ersten Satz dieser Anmerkung. | | |
| 1862 : | 190,272.11 | 1862 : | fl. 63,499.57 |
| (Verluste an Betheiligungen inbegr.) | | | |
| 1863 : | 0 | 1863 : | 101,175.49 |
| 1864 : | 40,664.49 | 1864 : | 90,064. 1 |
| 1865 : | 84,388. 2 | 1865 : | 74,674 |
| 1866 : | 58,231.35 | 1866 : | 21,584.19 |
| 1867 : | 65,562.42 | 1867 : | 49,058.30 |
| 1868 : | 49,751.55 | 1868 : | 44,617.11 |
| 1869 : | 65,999.46 | 1869 : | 92,889.51 |
| 1870 : | 0 | 1870 : | 46,631. 1 |
| 1871 : | 0 | 1871 : | 22,538.25 |
| 1872 : | 0 | 1872 : | 109,533.58 |
| 1873 : | 0 | 1873 : | 65,700 |
| 1874 : | 17,931.31 | 1874 : | 0 |
| 1875 : | M. 84,337.21 | 1875 : | 0 |
| 899898.20 = | M. 1,542,682.86 | | fl. 781,967.02 = |
| Zus. | 1,627,020.07 | | M. 1,340,514.92 |

und industriellen Entwicklung nur ein langsames, vorsichtiges Vorangehen; unsere Aufgabe ist es, dieser Entwicklung zu folgen, sie zu fördern und leiten zu helfen — nur selten ist es möglich, sie mit Erfolg hervorzurufen und zu beherrschen", m. a. W., in Deutschland ist nicht der Boden für eine Unternehmungsbank, sondern im günstigsten Fall für die Financiirung der von anderen Unternehmern commercieller und industrieller Etablissements gegeben.

In der That liegt die directe Betheiligung bei anderen Banken und industriellen Unternehmungen ausserhalb des normalen Geschäftskreises eines Creditinstituts. Der beste Dienst, welchen ein Creditinstitut dem Handel und der Industrie leisten kann, besteht darin, dass es seine Mittel für den Contocorrentverkehr flüssig hält und diesen Credit in allen Zeiten, insbesondere in den Zeiten der Krisis, innerhalb der durch eine vorsichtige Geschäftsleitung gebotenen Grenzen gewährt.

Die Bankgeschichte aller Länder lehrt, dass diejenigen Institute zur höchsten Blüthe gelangen, welche sich streng auf das Programm der Creditgewährung an Handel und Industrie beschränken. Indem eine Bank in der Form von Commanditirung oder durch Actien an einem industriellen Unternehmen sich betheiligt, legt sie nicht nur einen Theil ihrer Gelder in einer dem Wesen des Creditinstituts nicht entsprechenden Weise fest, sondern sie verliert auch den unbefangenen Blick der Creditwürdigung in Rücksicht auf das Institut und dessen Clientel. Sie gewährt einem solchen Unternehmen leicht einen zu weit gehenden Credit. Geräth das Unternehmen ins Stocken, so lässt sie sich zu Vorschüssen hinreissen, grosse Vorschüsse veranlassen wiederum den Ankauf von Actien des Instituts, damit der Cours der Actien nicht sinke und schliesslich ist ganz unversehens das Unternehmen mit allen seinen Risiken ein industrielles Etablissement der Bank, das sich Jahre hindurch im Geschäftsberichte hinschleppt und den Effectenconto belastet.

Durch die directe Betheiligung an industriellen Unternehmungen wird die Verantwortlichkeit der Direction eines Creditinstituts in ungesunder Weise gesteigert: die Direction ist bei Operationen engagirt, die sich ihrer Fachkenntniss entziehen, während die Erfolge der Operationen einen wesentlichen Einfluss auf die Bilanzen des Creditinstituts üben können. Ein Creditinstitut soll der Natur der Sache nach bei solchen Operationen und Geschäften, deren Beurtheilung sich der eigenen Fachkenntniss der Direction entziehen, nicht dauernd betheiligt sein. Ein wissenschaftlicher Beirath ist für die eigene Fachkenntniss kein genügendes Surrogat. — Die Erfahrung hat gelehrt, dass selbst die Gründung und dauernde Betheiligung bei anderen Banken für ein Creditinstitut nur ausnahmsweise zuträglich ist. Die Direction der Darmstädter Bank hat in ihrem Geschäftsbericht für 1869, S. 4 diesen Anschauungen ebenfalls Ausdruck gegeben. „Der Neugründung von Banken und industriellen Unternehmungen sind wir auch im Vorjahre fern geblieben, obschon erstere uns in grössere Nähe gerückt ist. Wir sind nicht gegen die Gründung neuer Banken eingenommen — im Gegentheil, deren Vermehrung ist uns erwünscht, wir scheuen nur hierbei wie bei industriellen Schöpfungen die eigene Theilnahme, weil damit die Verantwortlichkeit stark engagirt und die ohnehin sehr in Anspruch genommene Thätigkeit zersplittert wird — Umstände, die nur da ausser Betracht bleiben müssen, wo ganz separate eigene Zwecke mit solchen Neubildungen erreicht werden. Abgesehen davon bleibt die Thätigkeit besser auf ein Fach concentrirt.“ — S. indessen auch die Bemerkungen im Geschäftsbericht der Bank für 1871, S. 18, und für 1873, S. 12.

Bei einem Creditinstitut im Stil der Darmstädter Bank wird ein erheblicher Effectenbesitz niemals zu vermeiden sein. Die Auflösung von Syndicaten, der vorübergehende Umsatz im laufenden Geschäft der Centrale, Filialen und Commanditen, die Uebernahme aus dem Bestand liquidirender und anderer Firmen, bei welchen die Bank etwa engagirt ist, die vorübergehende Anlage grosser disponibler Mittel in Staatspapieren, wenn geeignete Disconten nicht gefunden werden können: dies Alles wird stets veranlassen, dass der Effectenconto erheblich belastet wird. — Die Bank betrachtete es aber gleichzeitig „als einen wesentlichen Theil zur Erfüllung ihrer Aufgabe und zugleich eine Quelle berechtigster Gewinne, Werthpapiere auf Grund sorgfältiger Prüfung anzukaufen, zu einer Zeit, wo ihr Preis ihrem inneren Werth noch nicht angemessen ist; sie zu verkaufen, wenn die Erkenntniss dieses Werthes beim grösseren Publikum durchgedrungen ist.“ Sie bezeichnet dies als „eine so legitime Speculation wie irgend eine aus dem gesammten Gebiete des Handels und zugleich als den nützlichsten Dienst, den Creditinstitute der grossen Industrie leisten können.“ Geschäftsbericht für 1862. Unzulässig und gefährlich erscheint ihr nur „der Besitz von Effecten, dem Verbindlichkeiten gegenüberstehen, nicht aber jener, der nicht mit fremdem, sondern mit eigenem Geld erkauft ist.“

Der Effectenconto der Bank enthält sonach auch Effecten, welche auf Speculation erworben worden sind. Einer dogmatischen Untersuchung über die naturgemässen Grenzen der Wirksamkeit einer Creditbank mag die ausführliche Erörterung der Frage vorbehalten bleiben, ob und inwieweit der Erwerb von Effecten auf eigene Rechnung zum Zweck der Speculation für ein Creditinstitut berechtigt ist? Hier sei nur die Thatsache constatirt, dass durch keine auch noch so sorgfältige Prüfung eine Gewähr gegen Verluste bei Effectenspeculationen gegeben ist. Wenn der Geschäftsbericht für 1862 zur Rechtfertigung des damaligen Effectenbesitzes sich darauf beruft, dass der Besitz von Effecten nicht gefährlich sei, welcher nicht mit fremdem, sondern mit eigenem Geld erkauft ist, so ist doch zu erwägen, ob und inwieweit diese Berufung für Actieninstitute überhaupt zulässig ist, da dieselben doch thatsächlich immer fremdes Geld verwalten. Zumal doch solche Institute ohne Schädigung ihrer anderen Geschäftszweige keineswegs in der Lage sind, einen grösseren Effectenbesitz viele Jahre hindurch zu behalten „bis etwa die Erkenntniss des inneren Werthes dieser Effecten beim grösseren Publicum durchgedrungen ist.“

Wir betrachten es als einen Uebelstand, wenn der Effectenbesitz eines Instituts so gross ist, dass die Course des 31. December einen wesentlichen Einfluss auf die Dividende üben können, wenn sonach die Resultate mühevoller Arbeit den unberechenbaren Schwankungen des Effectenmarktes, dem Zufall preisgegeben sind.

Wir fügen einen Auszug aus den Gewinn- und Verlustconti an, woraus sich die Gewinne und Verluste an börsengängigen Effecten ergeben. Die Gesammtsumme der Gewinne beträgt hiernach für die Jahre 1859—1875 M. 5,947,831.34, während die Gesammtsumme der Verluste sich auf M. 6,723,947.03 beläuft.

| | Verlust an börsengängigen Effecten | | Gewinn | |
|---|---|---|---|---|
| 1859 : | fl. 987,352.08 | | | |
| 1860 : | 263,990.46 | | | |
| 1861 : | | | 517,346.15 | |
| 1862 : | | | fl. 759,423.18 | |
| 1863 : | 172,613.01 | | | |
| 1864 : | | | 156,765.31 | |
| 1865 : | | | 165,256.2 | |
| 1866 : | 223,346.33 | | | |
| 1867 : | | | 128,033.2 | |
| 1868 : | | | 44,617.11 | |
| 1869 : | | | 295,117.04 | |
| 1870 : | | | 121,522.20 | fl. 2,188,080.34 = |
| 1871 : | | | M. 1,538,171.39 | M. 3,750,995.51 |
| 1872 : | | | 658,664.44 | |
| 1873 : | 352,229.47 | | | M. 5,947,831.34 |
| 1874 : | 444,257.17 | fl. 2,443,789.32 | | |
| | | M. 4.189,353.49 | | |
| 1875 : | M. 2,534,593.54 | | | |
| | | 6,723,947.03 | | |

Besprechen wir schliesslich noch die Jahreserträge der Bank, ihre Dividenden, so ist es von Interesse sich zu vergegenwärtigen, was bereits in dem Geschäftsbericht für das Jahr 1857, S. 3 ausführlich begründet worden ist: „Von Bankinstituten darf der Kapitalist ebenso wenig, wie von industriellen Unternehmungen eine über das Mass der Durchschnittsrente des Kapitals sich doppelte und mehr erhebende Rente Jahr um Jahr dauernd erwarten. Eine solche Erwartung ist der Natur der Dinge widersprechend. Wäre sie in irgend einem Lande oder in einer Zeit begründet, so würde sofort das ganze verfügbare Kapital des Landes sich der Bankthätigkeit solange zuwenden, bis durch wachsende Concurrenz annähernd das Niveau wieder hergestellt sein würde. Mit vollem Rechte aber dürfen wir dem in Creditbanken angelegten Kapital bei guter Leitung, wenn auch keine doppelte, doch jedenfalls eine die Durchschnittsrente vieler anderen Anlagen übersteigende Rente vindiciren, da die vermittelnde Thätigkeit, welche die Banken ausüben, eine durchaus nothwendige und daher vorzugsweise productive und weil der Ertrag eines grösseren concentrirten Kapitals bei richtiger Verwendung nothwendig grösser ist, als der Ertrag der zersplitterten Theile. Der Ertrag der Banken wird mehr oder weniger schwanken, je chancöser (sic!) der Wirkungskreis derselben, je grösseren Einfluss auf die Kapitalanlagen der Banken wie auf die Geschäfte derselben die allgemeine Lage des Geldmarktes und der Industrie ausübt.

Die Chancen sind jedoch bei solid geleiteten Unternehmungsbanken keineswegs grösser, sondern im Durchschnitt geringer als bei anderen industriellen Anlagen und im vollsten Recht werden daher die Bankactien fortan wie bisher als eine Geldanlage von relativ grosser Sicherheit und vorzugsweiser Rentabilität bezeichnet werden können." Und im Geschäftsbericht für 1859, S. 7 bemerkt die Direction: Creditinstitute für Industrie und Handel haben bei richtiger Leitung ein die mittlere Kapitalrente übersteigendes Ergebniss in Aussicht.

Bei einem Rückblick auf die langjährige Thätigkeit der Bank wird man die oben bezeichneten Verdienste des Instituts anerkennen müssen. Die Bank geniesst einen wohlbegründeten Operationscredit. Die Art der Organisation des Geschäftsbetriebs und die Technik ihrer Operationen ist für die Thätigkeit anderer Banken von merklichem Einfluss gewesen.

### §. 32. Die Bank für Süddeutschland.

Die Thätigkeit der Bank für Handel und Industrie wurde durch die seit dem Jahre 1856 ihr zur Seite wirkende, derselben Direction unterstehende Bank für Süddeutschland wesentlich erleichtert und gefördert. Sie war von Anfang an ins Leben gerufen als die zur „Ergänzung der Bank für Handel und Industrie überall wünschenswerthe, ja unter Umständen nothwendige Zettelbank." Geschäftsbericht für die Generalversammlung vom 27. Mai 1856 Seite 5. In dieser Eigenschaft hat sie ihre Aufgabe gelöst, obgleich sie seit der Gründung fast dauernd mit mannigfachen Schwierigkeiten zu kämpfen hatte. Durch die in den benachbarten Staaten erlassenen Verbote in Betreff der Circulation fremder Banknoten [1]) wurde

---

1) Insbesondere das preussische Gesetz vom 14. Mai 1855, wonach fremdes auf Beträge im 14 Thlr. Fuss lautendes Papiergeld, insoweit die einzelnen Stücke desselben auf geringere Summen als 10 Thlr. lauteten, zu Zah-

die Notenausgabe der Bank für Süddeutschland erschwert und damit gleichzeitig die Möglichkeit eines umfassenden Diskontgeschäfts ausgeschlossen; die Bank musste um einen Gewinn zu erzielen die Lombards stark vermehren und einen ansehnlichen Theil des Bankcapitals hierin engagiren. Ein Versuch das Depositengeschäft in den regelmässigen Kreis der Thätigkeit zu ziehen, gelang ihr nicht. Die Verwaltung beschloss zwar im Jahre 1858 auf Grund des Statutes und mit Zustimmung der Regierung zinstragende auf kurze Kündigungstermine rückzahlbare Obligationen auf den Inhaber auszugeben. „Diese Obligationen sollten vorzugsweise zur vorübergehenden rentbaren Anlage müssig liegender Cassenbestände, überhaupt aller Capitalien dienen, welche nur kurze Zeit entbehrt werden und desshalb meist keine nutzbringende Verwendung finden." Allein im Laufe des Jahres 1860 wurden an verzinslichen Schuldscheinen nur für fl. 108,700 ausgegeben und hiervon wurden fl. 88,700 zur Einlösung präsentirt, so dass Ende 1860 nur fl. 20,000 in verzinslichen Obligationen ausstanden; Ende 1861 beliefen sich die in Umlauf befindlichen verzinslichen Schuldscheine nur auf fl. 50,000, Ende 1862 auf fl. 48,400, Ende 1863 auf fl. 6,400 und Ende 1864 auf fl. 1,400. Die Bank war sonach wesentlich darauf hingewiesen, neben dem Diskontgeschäft von nicht erheblichem Umfang das Lombardgeschäft zu pflegen und als sie die müssigen Bestände hierin nicht vollständig beschäftigen konnte, so wendete sie sich auch dem Ankauf von Eisenbahnprioritäten zu.

Seit dem Jahre 1862 wurden endlich die Noten im Publikum mit gesteigertem Vertrauen entgegen genommen. In Folge davon nahm das Diskontgeschäft grössere Dimensionen

lungen nicht gebraucht werden durften. Das Gesetz trat mit dem 1. Januar 1856 in Kraft. Unter dem 25. Mai 1857 wurde mit Wirksamkeit vom 1. Januar 1858 für Preussen das Gesetz publicirt, wonach ausländische Banknoten oder sonstige auf den Inhaber lautende, unverzinsliche Schuldverschreibungen ausländischer Corporationen, Gesellschaften oder Privaten, ohne Unterschied des Münzfusses, auf welchen sie lauteten, oder des Betrages, zu dem die einzelnen Stücke ausgefertigt waren, zu Zahlungen nicht gebraucht werden sollten. In Rücksicht auf diese gesetzlichen Bestimmungen fand ein Congress der kleinstaatlichen Zettelbanken am 19. Oktober 1857 statt. S. hierüber Frankfurter Actionär 1857, Nr. 200, v. Poschinger, Bankwesen und Bankpolitik in Preussen, Bd. 2, §§. 103 fgde.

an. Der Effectenconto blieb noch immer sehr hoch, der Lombardconto verminderte sich um eine erhebliche Summe durch Rückzahlungen. Bei dem tiefen Stand der Effectencourse waren Ende 1863 starke Abschreibungen nöthig. Die Banknotencirculation aber, welche sich im Jahre 1862 gegen das Jahr 1861 verdoppelt hatte, verdreifachte sich im Jahre 1863 gegen das Jahr 1862 und damit wuchs auch das Diskontgeschäft. Auch im Jahre 1864 steigerte sich die Notencirculation und das Diskontgeschäft. Die Notencirculation fand aber eine Schranke an der Bestimmung der Statuten, wonach dieselbe auf das Doppelte des eingezahlten Actiencapitals beschränkt war und die Bank wurde durch diese Bestimmung gerade zu der Zeit gehemmt, wo der höchste Diskontsatz des Jahres eintrat und die stärksten Anforderungen sich geltend machten.

Hatte man im Jahre 1860 eine Kapitalreduction durchgeführt, so regte man nunmehr wieder den Gedanken einer Erhöhung des reducirten Actienkapitals an. In der kritischen Periode des Jahres 1866 stellte die Bank jede Ausgabe von Noten ein, sie sistirte die Discontirung, entäusserte sich desjenigen Theiles ihres Portefeuilles, dessen Einzug menschlichem Ermessen nach zunächst für sie erschwert werden konnte und bezog grosse Beträge baaren Geldes. In Folge hiervon verminderte sich die Notencirculation im Jahre 1866 um fl. 1,380,108 kr. 45. Auf dem Effectenconto musste die Bank auch in diesem Jahre erhebliche Abschreibungen machen, obwohl sie nur Staatspapiere und Eisenbahnprioritäten besass. Damals kam die Bank zu der Erkenntniss und zu dem Beschluss, „die wieder gebesserten Coursverhältnisse zu einer Reduction des Effectencontos zu benutzen und denselben überhaupt künftig in möglichst enge Grenzen einzuschränken.“ Der Entschluss ist nicht von nachhaltiger Wirkung gewesen. Das Jahr 1867 war insofern nicht günstig, als es einen constant niederen Zinssatz hatte; der Durchschnittszins stellte sich für das Institut auf $2^1/_4$ % für Discont und auf $4^2/_3$ % für Lombard, die Notencirculation hob sich stetig und erreichte von dem Monat September an fortwährend das statutenmässig zulässige Maximum. Es reifte durch diese Thatsache immer mehr die Erkenntniss, dass eine Ausdehnung der statutengemäss zulässigen Ausgabe von Banknoten nothwendig sei. Eine Entscheidung hierüber war am Schluss des Jahres seitens der Regierung noch nicht erfolgt. Der Effectenbestand wurde den gewonnenen Principien gemäss im Laufe des Jahres reducirt, er bestand nur in Eisenbahnprioritäten.

Auch im Jahre 1868 blieben die wenig günstigen Verhältnisse vorherrschend. Dies gilt insbesondere vom Discontgeschäft. „Die Resultate dieses wichtigen Geschäftszweiges ähneln denen des vorausgegangenen Jahres bis auf geringe Bruchtheile, sowohl was das Gesammtergebniss des Discontgeschäfts als was die Durchschnittsdiscontsätze anlangt.“ Die Höhe der Notencirculation war so, wie sie bei der Beschränkung auf das Doppelte des eingezahlten Actiencapitals in der Regel sein konnte. Die Verwaltung erachtete eine Ausdehnung auf den dreifachen Betrag des eingezahlten Actienkapitals für nothwendig. Die Regierung aber konnte sich nicht dazu verstehen, sie erklärte sich zwar principiell geneigt, verlangte aber Gegenleistungen, welche einzuräumen der Aufsichtsrath sich nicht für berechtigt hielt. Der Effectenbesitz wurde durch Erwerb 5 %iger hessischer Ludwigsbahnprioritäten und 5 %iger hessischer Staatsobligationen vermehrt.

Durch Rescript vom 20. Nov. 1869 endlich wurde erreicht, was die Bank lange erstrebt hatte, dass nämlich gestattet wurde, Banknoten bis zum 3fachen Betrag des in Umlauf befindlichen wirklich eingezahlten Actienkapitals auszugeben. Die Erweiterung der Concessionsrechte war von keiner Gegenleistung bedingt. Das Rescript führte sofort zu einer Interpellation in der 2. Kammer — Protok. der 2. Kammer vom 29. Nov. 1869, Prot. 57, S. 8 fgde. — und zu selbständigen Anträgen vom 11. December 1869 — Beil. I zu Protok. vom 11. Dec. 1869, Beil. V, 331, 332. Der erstattete Ausschussbericht vom 28. Dec. 1869 ging auf Ablehnung der Anträge, jedoch sollte die Regierung ersucht werden 1. das Zustandekommen eines das Bankwesen betreffenden Bundesgesetzes im Bundesrath des norddeutschen Bundes nach Kräften zu fördern, 2. bis dahin ohne Mitwirkung der Stände weder der Bank für Süddeutschland weitere Concessionen zur Ausgabe von Noten über die Bestimmungen des §. 12 Nr. 2 Abs. 2 ihrer Statuten und die Concession vom 20. Nov. 1869 hinaus zu ertheilen, noch sonst Banken mit Noten zu concessioniren. Eine Majorität des Ausschusses beantragte ferner zu erklären: dass die Regierung durch die der Bank für Süddeutschland ertheilte weitere Concession vom 20. Nov., insbesondere dadurch, dass sie nicht einmal eine Gegenleistung dafür bedungen, das Interesse des Landes nicht gewahrt habe. Der ganze Ausschuss aber beantragte, dass die Regierung bei der Bank ihren ganzen Einfluss geltend mache, damit die letztere gewissermassen als nachträgliche Gegenleistung in den Städten Worms, Offenbach, Giessen Bankfilialen oder Agenturen errichte. Die Angelegenheit kam im Jahre 1869 nicht zur Erledigung.

Das Jahr 1870 liess die Bank nicht zum vollen Genuss ihrer erweiterten Rechte gelangen. Sie versuchte aber inmitten der Krisis allen berechtigten Forderungen gerecht zu werden, die Discontirungen wurden nur in Hinsicht auf die Umlaufszeit beschränkt, der Lombardverkehr wurde nach Thunlichkeit fortgesetzt, man kam den Bedürfnissen der Staatsverwaltung, Städte und Corporationen aus Anlass der Kriegslasten im weitesten Maasse nach und hob baldmöglich die vorübergehenden Beschränkungen im Discont- und Lombardgeschäft wieder auf. Die Durchschnittscirculation der Noten war grösser. Der Effectenconto hatte einen namhaften Bestand.

Im 16. Geschäftsjahr, 1871, wurden die höchsten Resultate seit Begründung der Bank erzielt, zugleich aber auch die Grundlagen zu einer weiteren Entwicklung der Bankthätigkeit nach mehreren Richtungen hin gelegt. Zunächst wurde mit Genehmigung der Landesvertretung durch Erlass der Staatsregierung vom 28. Sept. 1871 anerkannt, dass neben der in dem Erlass vom 19./20. Nov. 1869 gegebenen Befugniss das in dem Statut und der ursprünglichen Concession wurzelnde Recht ungeschmälert fortbestehe, wonach es gestattet sei auf Grund der Erhöhung des an jenem Tage vorhanden gewesenen Actienkapitals, welche auf dem Weg der Begebung von Actien oder der Einzahlung auf Actien stattfinden möchte, das Doppelte des erhöhten Betrags an Banknoten zu emittiren. Hiergegen übernahm die Bank die Verpflichtung in Mainz, Giessen, Offenbach, Worms Agenturen zu bestellen, welche den Discont- und Lombardverkehr mit der Bank vermitteln und die Banknoten in Metall umwechseln sollten. Die

Bank nahm an, dass dadurch eine unmittelbare Berührung derselben mit allen Kreisen des inländischen Handels und Gewerbfleisses entstehen und dem Notenumlauf breitere Grundlagen gegeben würden. Das Actienkapital wurde erhöht, die Notencirculation stieg. Die Discont- und die Zinsraten für Lombarddarlehen ebenso wie der Zinsertrag der Effecten war allerdings im Lauf des Jahres niedriger, als im Vorjahre.

Das Jahr 1872 bot nichts Bemerkenswerthes. Als die Bewegung wegen Errichtung einer Reichsbank entstand, schloss sich die Bank den Instituten an, welche eine Denkschrift an das Reichskanzleramt ausarbeiteten, um gegen die Schaffung einer privilegirten Reichsbank und für ein Bankgesetz sich auszusprechen, das zum Mindesten den bestehenden Privatbanken gestatte, ihre Thätigkeit unter Normativbedingungen festzusetzen, „welche die Rücksicht auf wohlerworbene Rechte mit der Wahrung der öffentlichen Interessen vereinige."

Im Jahre 1873 nahm das regelmässige Geschäft einen ausserordentlichen Aufschwung, die Notencirculation vermehrte sich stark. Der höchste Stand der Notencirculation war im Jahre 1873 fl. 25,919,906 gegen fl. 19,318,217 von 1872; während im Jahre 1872 nur fl. 14,841,861 durchschnittlich in Umlauf waren, hat sich diese Summe im Jahre 1873 auf fl. 22,038,389 gehoben. Die Rente aus dem Discont- und Lombardgeschäfte sowie aus der Anlage in Effecten war höher als im Vorjahr.

Durch das Reichs-Münzgesetz vom 9. Juli 1873 und das Specialgesetz vom 21. December 1874 mit Wirkung vom 1. Juli 1875 hat in dem Leben auch dieser Notenbank eine neue Phase begonnen, auf welche hier derzeit nicht näher einzugehen ist.

FSC
www.fsc.org
MIX
Papier | Fördert gute Waldnutzung
FSC® C083411

Kolibri 360 GmbH
Ferdinand-Jühlke-Straße 7
99095 Erfurt, Deutschland
produktsicherheit@kolibri360.de